北京理工大学基层党建工作系列丛书

春华秋实

张舰月　管师华　孙硕 ◎ 主编

党建扎根

北京理工大学出版社
BEIJING INSTITUTE OF TECHNOLOGY PRESS

版权专有　侵权必究

图书在版编目（CIP）数据

春华秋实 / 张舰月，管帅华，孙硕主编. --北京：北京理工大学出版社，2021.6
　　ISBN 978-7-5682-9906-0

Ⅰ. ①春… Ⅱ. ①张… ②管… ③孙… Ⅲ. ①中国共产党—高等学校—党的建设—北京—文集 Ⅳ. ①D267.6-53

中国版本图书馆 CIP 数据核字（2021）第 115905 号

出版发行 /	北京理工大学出版社有限责任公司
社　　址 /	北京市海淀区中关村南大街 5 号
邮　　编 /	100081
电　　话 /	（010）68914775（总编室）
	（010）82562903（教材售后服务热线）
	（010）68944723（其他图书服务热线）
网　　址 /	http://www.bitpress.com.cn
经　　销 /	全国各地新华书店
印　　刷 /	北京地大彩印有限公司
开　　本 /	710 毫米×1000 毫米　1/16
印　　张 /	24
字　　数 /	356 千字
版　　次 /	2021 年 6 月第 1 版　2021 年 6 月第 1 次印刷
定　　价 /	99.00 元

责任编辑 / 武丽娟
文案编辑 / 武丽娟
责任校对 / 刘亚男
责任印制 / 李志强

图书出现印装质量问题，请拨打售后服务热线，本社负责调换

北京理工大学基层党建工作系列丛书

丛书编委会

主　　编　项昌乐

副 主 编　李德煌　张舰月

编　　委　（按照姓氏笔画排列）

丁刚毅　王　征　王亚斌　王美玲　王泰鹏

王振华　龙　腾　冯慧华　朱光辉　刘　川

刘　渊　刘存福　李汉军　杨　晖　肖　雄

何骁威　邹　锐　张　笈　张　瑜　张振华

陈　珂　林　杰　金　军　金海波　周　波

周连景　赵文祥　胡晓珉　饶晓炜　姜　艳

娄秀红　徐承俊　高伟涛　崔　嵬　董兆波

蔡婷婷　蔺　伟　管帅华　颜志军　薛正辉

春华秋实

编委会

主　　编　张舰月　管帅华　孙　硕
副 主 编　杨　玥　陈皓禹　沈　毅　简林强
编　　委　（按照姓氏笔画排列）
　　　　　王朝阳　王福亮　刘芳熙　许　晶
　　　　　李肖平　辛丽春　林　婷　战勇钢
　　　　　傅正堂　谢雨珈　滕　强　霍　晶

序言

高校是培养社会主义建设者和接班人的重要阵地。习近平总书记指出,"办好中国的世界一流大学,必须有中国特色","我们要认真吸收世界上先进的办学治学经验,更要遵循教育规律,扎根中国大地办大学"。习近平总书记的重要讲话、重要指示精神为我们指明了前进方向,提供了根本遵循。高校党建是党的建设新的伟大工程的重要组成部分,高校基层党组织是党在高校全部工作和战斗力的基础。坚持和加强党对高校的全面领导,必须夯实高校党建工作基础,强化院(系)党组织政治功能,全面增强高校基层党组织生机活力。

"求木之长者,必固其根本"。高校党建就像成长的大树,党支部建设是党建工作的基础和根本,是"党建"这棵大树的根系。只有"树根"深扎沃土,夯实生命之基,"党建"的大树才能根深叶茂、叠翠千丈。基层党组织建设工作一定要落地生根、抓稳抓实,坚持联系群众,全心服务群众,从群众中来到群众中去,把为人民服务理念贯彻到实际工作中去。北京理工大学党委把"延安根、军工魂"的红色基因赓续到基层党组织建设中,把党支部建设成为师生群众的"主心骨",增强基层党员群众对党支部的信任感、依赖感。

党的各级组织是党的一切力量的来源,只有让党的组织强壮有力、有序运转、步调一致,才能抵挡住风吹雨打。党员如大树上的万千树叶,只有悉心培养，及时修剪，党员队伍才能不断更好地发展壮大。

　　本丛书把高校基层党建工作用木林做比拟，形成了生动的高校基层党建"木林景象"：从种下"红色基因"的种子开始，培根铸魂，启智润心，锻造强大枝干，为国家培养红色栋梁之才。《沃土培苗》汇编了新时代大学生党员入党的初心挚语；《木林峥嵘》展现了"十三五"时期，学校各基层党组织的特色做法与经验总结；《繁叶华章》记录了教师党员在建党百年之际礼赞党的丰功伟绩，抒发胸襟的点滴文字；《春华秋实》梳理了近年来党员群体的课题研究成果；《赤心采撷》凝结了党校干部培训中学员们对于工作的思考与体会；《党建经纬》摘录了校、院两级的党建工作制度，用制度扎起规范党员行为、组织生活开展的"篱笆"。"一年树谷，十年树木，百年树人"，高校党建以立德树人为根本，扎根中国大地，为党育人，为国育才。

　　本丛书为高校基层党建工作做出了有益示范，可以作为党务工作者学习参考的范本。

丛书编委会
2021 年 6 月

前言

北京理工大学有着深厚党建研究历史积淀，学校党委一直高度重视对党建研究课题的培育、立项、实践推广等工作，涌现出了一大批理论水平扎实、创新思路突出、理论与实际结合紧密的优秀党建课题。这些党建课题，是北理工厚植党建沃土、浓郁红色氛围、为党育人的一枚枚硕果。

本书汇编的党建课题来源广泛，有学校各基层学院党组织的党建研究优秀成果，有职能部门的党建特色经验，有党务工作者的党务实践探索，这些思想硕果，经过初步筛选、课题立项、中期培养与考察、专家结题审查等步骤，在理论高度、实践经验凝练等方面具有鲜明的北理工特色，是学校一直以来对党建研究工作高度重视的成果展示。

该书精选了从 2015 年至 2019 年，累计 5 年的党建研究课题，以时间为主脉络，再按照党建课题属性进行分类，逻辑脉络清晰，可读性强，便于读者对学校的基层党建工作的研究领域、内容进行了解。

本书提供的北理工党建研究经验与成果，可为本校及全国兄弟院校的党建研究工作提供参考与借鉴。

书中提到的时间节点以成文时间为准。

《春华秋实》编委会
2021 年 3 月

目 录

2015 年党建课题汇编

延安根、军工魂党建专题

北理工军工特色在大学生思想政治教育中的传承与创新研究 …………… 003

徐特立教育思想下的学校党外干部培养选拔任用机制研究 …………… 029

延安精神及其在高校建设中的继承和弘扬：以北京理工大学为例 ……… 040

党建理论研究专题

落实"三严三实"，切实加强学校领导班子作风建设 ……………………… 068

基于价值澄清理论的高校社会主义核心价值观教育与实践研究 ………… 081

师生党支部党建专题

新时期高校教师党支部作用发挥的途径和机制研究 ……………………… 091

学生党支部与团支部、班委会协同工作机制研究 ………………………… 099

2016 年党建课题汇编

党建融媒体建设专题

发挥新媒体平台作用增强党建理论学习实效研究 ………………………… 111

自媒体视域下高校学生党建工作模式创新研究 ················ 119

新形势新党建专题

新形势下高校中层干部分类教育培训的探索研究结题报告 ········ 136

新时期理工科高校青年教师思想状况及引导对策研究 ············ 149

学生培养党建专题

基于组织形式改革的研究生基层党组织建设途径研究与实践 ······ 162

高校赴国外学习的学生党员发展教育管理问题研究 ·············· 168

2017年党建课题汇编

"互联网+"党建专题

"互联网+"背景下高校利用"两微一端"平台树立先进党员典型的研究 ·· 177

"互联网+党建"新形态下的"五微一体"党员学习教育模式探究 ······ 191

"两学一做"党建专题

"两学一做"学习教育实践育人长效机制研究 ···················· 202

加强党支部组织生活政治性、原则性实现途径和长效机制研究 ····· 210

优秀党员文化传承专题

高校发挥老党员思想引领示范作用的研究 ······················· 217

高校教师党支部书记"双带头人"培育工作机制研究 ············· 230

2018年党建课题汇编

强化基层组织力党建专题

以提升组织力为重点加强理工科高校学生党支部建设创新研究 ···· 239

以提升组织力为重点加强基层党组织建设研究 ……………… 250

教学改革党建专题

书院制模式下大学生党员先锋模范作用发挥研究 ……………… 265

大类培养背景下高校社区学生服务型党组织建设研究 …………… 271

学生管理党建专题

艺先锋

　　——艺术教育融入学生党员思想政治教育的实践研究 ……… 279

基于中外合作办学项目学生思想特征的国际教育学院党校建设模式

　　创新和工作机制研究 …………………………………………… 287

2019 年党建课题汇编

基层党建协同创新专题研究

"三主体双带头一融合"基层党建协同创新研究 ………………… 301

新时期高校学生党课模式创新实践

　　——以"真辩明红趴馆"新型互动党课模式为例 ……………… 308

党员网络安全意识培养专题研究

"智慧党建"的网络安全保障理论与实践研究 …………………… 313

新时代我国高校学生网络意识形态安全研究 ……………………… 319

新时代海归人才党建专题研究

归国留学人员统战工作机制研究 …………………………………… 335

我校留学归国青年教师的入党动机及影响因素调查研究 ………… 343

2015年党建课题汇编

延安根、军工魂党建专题

党建理论研究专题

师生党支部党建专题

延安根、军工魂党建专题

北理工军工特色在大学生思想政治教育中的传承与创新研究

课题负责人：李赫亚

一、绪论

军工特色是北京理工大学在办学过程中形成的独特品质，也是北京理工大学区别于其他高校的鲜明特征。北理人深受军工特色的熏染，打上了军工特色的深刻烙印。北理人之所以成为北理人，军工特色也是塑造北理人优秀气质的重要原因之一。北理工军工特色在大学生思想政治教育中具有特殊的现实意义。

本课题的研究目标：本课题拟将北京理工大学的军工特色与大学生思想政治教育纳入研究视野，厘清北理工军工特色的特殊内涵与其在北理工思想政治教育历史中的影响，结合当前社会主义核心价值观践行的社会现实，挖掘北理工军工特色对于大学生思想政治教育独特的教育功能。

本课题的研究内容：拟将北理工军工特色与大学生思想政治教育融合，分析北理工军工特色在大学生思想政治教育中的传承与创新这一主题，具体研究内容分为以下四大块：

一是探讨北京理工大学军工特色的具体含义。解读自延安自然科学院创办起，北京理工大学的军工特色在中华人民共和国成立前、中华人民共和国成立后至改革开放前、改革开放至今三大历史时期的具体内容，综合凝练北理工军工特色的具体内涵。

二是军工特色与大学生思想政治教育结合的历史传统梳理。通过北京理工大学在思想政治教育方面的资料搜集与分析,梳理在北理工办学历史上将军工特色与大学生思想政治教育结合的历史,解析北理工军工特色在培养人才方面的特殊作用。

三是北理工军工特色与大学生思想政治教育结合的现实性分析。分析在当前时代背景下,北理工军工特色对当代大学生思想政治教育的必要性与现实意义。

四是新媒体环境下北理工军工特色对大学生思想政治教育实效性的有效路径探析。分析军工特色在大学生思想政治教育中有效落实的对策与具体措施,结合历史传统,如何实现军工特色在大学生思想政治教育中的传承与创新。

本课题依据研究内容拟解决的问题主要有三个:一是北理工军工特色内涵包括的内容;二是当前时代背景下北理工军工特色在大学生思想政治教育中的特殊现实意义是什么;三是北理工军工特色在大学生思想政治教育中传承与创新的具体对策与措施。

本课题的标志性成果为包含四大块研究内容的一份研究报告。

二、北京理工大学军工特色的具体内涵

北京理工大学隶属于工业和信息化部(以下简称"工信部"),是中国共产党创办的第一所理工科大学,历经七十五年的办学历程,目前已发展成为一所理工为主、工理文协调发展的全国重点大学,是中华人民共和国成立以来我国重点建设的军工高校之一,也是首批进入"211工程"和"985工程"国家重点建设行列的高校之一。北京理工大学的前身是1940年创办的延安自然科学院。起自于抗战烽火,作为中国共产党创办的第一所理工科大学,其厚重的历史孕育了北京理工大学丰富而独具的军工特色。七十五年来,北京理工大学军工特色的独特品质成为其区别于其他高校的鲜明特征。置身于历史和现实的氛围中,北理人深受军工特色的熏染,打上了军工特色的深刻烙印。具体而言,北京理工大学的军工特色的具体含义就是以国家利益为上的为国情怀与服务时代需要的大局观念、勤勉艰苦的奋斗品质与攻坚克难的进取精神、治学严谨的尚实作风与同心协力的团队意识。

（一）以国家利益为上的为国情怀与服务时代需要的大局观念

北京理工大学七十五年来的办学历史中处处折射着以国家利益为上的为国情怀与服务时代需要的大局观念。

1940年延安自然科学院创办后，培育为抗战建国服务的技术人才、培养红色的国防工程师就深深植根于学校的早期发展史中。办学宗旨是学校办学目的的浓缩，体现着学校的培养目标和对未来发展趋势的展望。延安自然科学院的办学宗旨是"以培养抗战和建国的技术干部和专门技术人才为目的"，培养既通晓革命理论又懂得自然科学的专业人员。这个富于时代特色的办学宗旨一方面体现了延安自然科学院成立于战火纷飞的抗战时期的战时特点，另一方面也折射出老院长徐特立本人的教育理念。在当时全民族抗战的语境下，坚持全心全意为人民服务的根本宗旨，把为抗日战争和边区经济建设服务作为办学的目的。

培养抗战的技术干部是符合国家需要的，也是基于以国家利益为上的现实考虑。延安自然科学院创办于抗战的艰苦时期，而且是异常艰难的相持阶段。陕甘宁边区条件非常简陋，由于日本对国民党方面的"以政治进攻为主、军事进攻为辅"的策略，第二次国共合作出现了一些变化，甚至出现了恶化。抗战形势发生了重大的变化。在这种情况下，为了赢得抗战的最后胜利，中国共产党需要更多的战略物资储备来壮大自身的力量，自力更生发展边区经济是当时唯一的选择。而战时经济发展的中心工作是偏重于战时工业的发展。这些严酷的现实需要大批的懂得自然科学技术的人才，没有这些人才，发展边区的经济、改进技术落后的局面只会沦为空谈。在这样的现实背景下，培养技术人才的问题迅速提上日程。同样，这个办学宗旨也会为今后的国家建设储备人才，因此，"以培养抗战和建国的技术干部和专门技术人才为目的"，培养既通晓革命理论又懂得自然科学的专业人员的办学宗旨是和延安自然科学院创办时期的时代背景吻合的，符合了当时为促进边区工业生产和保证国防建设而建立延安自然科学院的时代需要。

1945年日本投降后，中共中央做出了战略调整，为创建中华人民共和国而积极准备。延安自然科学院师生于12月到达张家口。而此时由于战乱和时局的原因，经中央研究决定，自然科学院师生留在华北地区办学，与当地的晋察冀边区工科职业学校合并为晋察冀边区工业专门学校。1946年4月，晋察冀边区的北方大学工学院成立。1946年11月，晋察冀边区工业专门学校与晋察冀边区铁路学院合并为晋察冀工业交通学院。1947年11月，晋察冀工业交通学院预科迁到井陉，改名为晋察冀工业学校。1948年8月，北方大学工学院迁移井陉，同年10月，北方大学工学院与晋察冀边区工业学校合并成立华北大学工学院，学院直属华北人民政府公营企业部领导。1949年，华北大学工学院迁址北平。华北办学时期，学院围绕"为边区服务"与"建设新中国"，继承了延安自然科学院时期办学的优良传统，形成了独特的教学方针、为我国解放区的建设和新中国的成立做出了自己的重大贡献，对中华人民共和国成立后在北京办学打下了坚实的办学基础。

华北大学工学院自1952年1月1日起改为北京工业学院。北京工业学院在36年的办学生涯中积累了丰厚的办学经验，提炼了富于鲜明特色的办学思想，为北京理工大学的建设与发展奠定了深厚基础。北京工业学院在1953年—1957年初步建成了火炮、自动武器、引信、坦克、雷达等14个基本配套的兵工学科专业；1961年，北京工业学院以导弹为主，同时设置与尖端专业密切联系的常规专业，诸如飞行力学与飞行操纵、火箭发射装置与地面设备等。这些专业设置凝聚了鲜明的兵工特色，由此使北京工业学院的办学特色中凝聚了鲜明的服务国防特点。1988年更名为北京理工大学后，根据国家发展需要，北京理工大学充分发挥军工专业的优势和特色，在专业设置上的鲜明特色为学校军工文化氛围的形成打下了基础。在服务于国防科技工业的进程中，热爱祖国、为国争光的坚定信念；勇于登攀、敢于超越的进取意识；科学求实、严肃认真的工作作风；同舟共济、团结协作的大局观念；淡泊名利、默默奉献的崇高品质已经成为全校师生员工的核心价值观和精神文化的主旋律。

在新的历史条件下，学校服务面向定位是基于学校在发展中要坚持和发扬北京理工大学军工优势与军民结合的特色，坚定不移地为国防科技工业服务，为国民经济建设服务，为首都经济和社会发展服务。根据这样的发展规划，学校的服务面向定位是立足国防、面向全国、服务地方；学校的类型定位是基于学校在面向新世纪的发展中进一步促进教学、科研有机结合，大力推动产学研结合合作，为国家创新体系和社会主义现代化建设提供知识创新与智力支援，因此，学校由教学研究型大学逐步建设为研究型、开放式大学；学校科类定位是鉴于学校在面向 21 世纪的发展中，要根据国家发展需要，加强学科专业建设，促进自然科学、社会科学、工程科学之间的交汇与融合，催生新的学科点，不断提高学校对经济发展和社会进步的适应性，全面提高人才质量。这体现出学校在发展中将自身发展与捍卫国家安全紧密结合的神圣使命感，也是学校多年来在发展中形成的为国防科技工业服务的厚重历史积淀，具有鲜明的军工特色。

总之，自延安自然科学院建校以来，在七十余年的办学生涯中，北京理工大学始终把"一切为了党的事业，一切服从国家的需要"作为办学的宗旨，在各个历史时期都紧密围绕党和国家的中心任务来办学，以国家的利益为上的为国情怀是北理工军工特色的一个重要内涵。

（二）勤勉艰苦的奋斗品质与攻坚克难的进取精神

在北京理工大学的办学历史中，一直都非常注重克服一切困难迎难而上的奋斗精神，这也是北理工军工特色的内涵之一。

延安自然科学院创办于艰苦的抗战时期，办学基础非常薄弱。在这种情况下，延安时期的办学思想始终贯穿了坚持"艰苦奋斗、自力更生"的思想，引导、鼓舞师生克服困难，不断改善办学条件。

延安自然科学院的创办本身就是攻坚克难的结果。在创办自然科学院的问题上，曾经就有一些质疑的声音，主要是认为边区经济困难、物质基础薄弱，不具备创办条件。但是在徐特立等人的领导下，因陋就简地创办了延安自然科学院。延安自然科学院创办之后将自力更生、艰苦奋斗融进了日常教育之中。延安自然科学院的教室、图书馆、学员宿舍等公用设施都是在山坡上打的土窑洞和在山下建的平房，试验条件更是简陋，但就是在这种条件下，学院仍将艰苦奋斗、自力更生的精神深植在学员们的血脉之中，学院培养出诸如核动力专家彭士禄、被称为"中国地热之父"的任湘等著名科学家；也用自己的科研能力实实在在地为抗战边区解决了一些实际问题，化学系科学院副院长陈康白与华寿俊到三边考察，共同试验晒盐新方法，在沙滩上修建盐田并取得了成功，解决了边区靠天吃饭的实际问题；化学实习工厂在学院教务处处长屈伯川的领导下，制造出了肥皂；教员林华经过研究与试验，成功采用边区原料试制玻璃和工业耐火材料，边区第一批的玻璃针管、灯罩、玻璃瓶、玻璃杯等就是在此条件下制作出来的；教员华寿俊经过研究，首创马兰草造纸术；在延安自然科学院师生的努力下，边区的第一炼铁厂建立了起来，产学研三位一体的办学思想与实践为边区经济做出了重大贡献。可以说，延安自然科学院产学研一体的办学思想与实践在为革命战争服务、为边区经济发展服务中符合实际情况，也立足高远，同时，这一办学思想与实践也积累了宝贵的经验，积淀了厚重的传统。

在华北办学时期，学院在艰苦的战争环境中，为解放区培养出了大批的优秀人才，为中华人民共和国的成立储备了知识精英力量。学院之所以会做出如此突出的贡献，是因为突出和遵循了以下的办学思想并在实践中将这些办学思想贯彻落实下去，从而得以在教育上取得了卓著的成绩。战争时期华北大学工学院基本上是在战火中完成教学任务的，为了躲避飞机与炸弹的袭击，学院不得不经常搬迁和转移，每次搬迁和转移后，师生们就要自己创建办学条件，继续进行教学工作。

在北京工业学院办学思想的推动下，学院坚持以国家经济建设和国防科技发展需要为导向，攻坚克难，积极进取，为中华人民共和国国防科技工业技术的发展做出了贡献，曾研制和创造了多个第一。1956年，学院研制成功我国第一台电视发射接收装置，而且还拥有了我国电视第一频道的使用权；1958年，学院研制出中华人民共和国成立的第一台大型天象仪，同年还研制出我国第一枚二级固体高空探测火箭并发射成功；1959年，学院研制出我国第一辆轻型坦克，并装备了军队；20世纪六七十年代，学院还研制成功我国第一部低空测高雷达和我国第一台20公里远程照相机，并先后装备军队。进入20世纪80年代末以来，世界形势发展飞速变化，新技术层出不穷。在国家综合国力的竞争中，高尖端的创新技术占据非常重要的地位。在这样的时代背景下，高等教育不仅要为国家建设培养高品质、高层次的人才，而且还要站在时代的潮头，在科研领域中建功立业，为提高科研能力、发展科研力量提供平台，成为国家重要的科研基地。北京理工大学在改革开放以来，科研能力不断提升，在新的历史条件下，根据世界和国家发展的形势，在办学方向上做出了调整。学校在面向21世纪建设的筹划中，明确了学校服务面向定位、学校类型定位以及学校科类定位。学校服务面向定位是基于学校在发展中要坚持和发扬北京理工大学军工优势与军民结合的特色，坚定不移地为国防科技工业服务，为国民经济建设服务，为首都经济和社会发展服务。

（三）治学严谨的尚实作风与同心协力的团队意识

北京理工大学从办学至今，在发展历程中始终体现出了治学严谨的尚实作风，在教学与科研中，在授业与求学中，都深深展现出理工人的这一精神品质，同时，学校的每一个历史性进步和每一项教学、科研成果的取得都是与团队的共同努力分不开的。在尚实的作风中深深地融进了同心协力的团队意识，这一点也是北京理工大学作为一所军工院校所具有的军工特色的一大内涵。

早在延安自然科学院时期，老院长徐特立就认为："一切科学都是建筑在产业发展基础上的，科学替生产服务，同时，生产又帮助了科学正常的发展，技术直接地和生产联系起来，技术才会有社会内容，才会成为生产方法和生产方式的一部分"，基于这个原因，"科学教育与科学研究机关以方法和干部供给经济机关，而经济机关应以物质供给研究和教育机关。三位一体才是科学正常发育的园地。"在三位一体办学思想的影响下，延安自然科学院虽然在基础薄弱的基础上建成，但是延安自然科学院注重与建设厅等机关所属的工厂农场联系起来，徐特立院长曾经设想由这些单位共同组成"学校管理委员会"，而工厂、农场的负责人对人才培养有发言权，学校再按照这些单位的实际需要来培养人才。延安自然科学院十分注重培育科研的氛围，设立了研究部组织本院研究工作，通过实行"走出去，请进来"的措施，拓宽对外交流渠道，吸引社会各种专门人才进行院内交流研究。为将科研转化为物质能力，延安自然科学院在大学部下设了物理、化学、生物、地矿四个系，在这四个系下相应建立了金工、铸工、锻工、木工车间的机械实习工厂和化学实习工厂，另外还设立了生产、科研、实习一体的光华农场。这种集"产学研"功能于一体的教育模式，体现出务实的价值追求与浓厚的团队意识，推动延安自然科学院取得了一系列重要成就，并且为学校以后的发展打下了坚实的基础。

华北大学工学院在办学上继续继承和发扬延安办学时期实事求是的求实作风，师生"老老实实按照科学规律办事"，在生活上表现出朴素的作风，在学习上表现出认真的态度。在华北办学时期，学院在办学思想上从边区建设出发，认真研究中国以及世界的实际情况，提出理论与实际相互结合的教育方针，在教学与科研中将理论与现实情况结合起来，形成互补，提出用正确的立场、群众的观点、科学的方法，分析客观实际现象，使之上升为理论，依据实际情况运用到实践中去，反过来再用实际的行动效果来继续丰富发展理论内容，使之更加完善。1951年，学院曾经组织了一次建校以来规模最大、时间最长的大规模实习，有23个班级的学生到重工业部、轻工业部、燃料工业部所属厂矿进行了实习，取得了非常好的效果。为推行实事求是、理论与实际相结合的办学思想，学院提出学习是为了认识真理，更是为了实行真理，为实践而学习，要有认真的学习态度，老老实实做学问，要求师生员工做到"心口一致，言行一致"。学院设立了大学部、高职部、补习班和机械、机电、化工、土木班。大学部设大学班、先修班、预备班。在课程的开设上，开设与实际建设相关的课程，并推行学院学员去实地实习。教员不能照本宣科，要将教学变成一门实实在在的学问，积极地钻研和探索，将实实在在的知识交给学生。

中华人民共和国成立初期，北京工业学院在办学的历程中同样彰显出严谨的治学理念和对团队意识的弘扬。学院提出学校在任何时候都必须以教学为主。学校首先要搞好教学，同时要进行科学研究。学院响应聂荣臻元帅"高等学校应以教学为主，同时积极开展科学研究"的号召，将教学与科研联系在一起，将科研、生产列入教学计划。同时，学院强调进行科研必须从实际情况出发，要实事求是，力所能及。学生也要参加生产劳动实践，但是目的是通过参加生产劳动，培养劳动习惯，向广大工农群众学习，同工农群众密切结合，克服轻视体力劳动与体力劳动者的观点，将理论与实际紧密地结合在一起，充分重视教学、科研、生产的三结合。随着国际形势的变化，我国的国防和军队的现代化建设都面临着机遇和挑战。国防科工委的任务实施了战略转移，实行军民结合、平战结合、军品优先、以民养军的战略方针。努力发展国防科学技术研究，积极研制具有世界先进水平的武器装备，是新时期的主要课题。随着教育部教育方针的明确与国防科工委战略任务的转移，作为国家重点高等院校和服务国防的院校，北京工业学院在办学宗旨与办学方向上也着力进行了调整，主要是由单一的工科向以工为主，工、理、管、文多学科方向转变，同时，由单一的产品型军工专业向以学科为主的军民结合型专业转变。学院的办学方向与办学宗旨的调整也反映在改革开放后北京工业学院的办学指导思想与办学实践中。

北京理工大学很好地秉承了学校发展历史中这一军工特色的内涵。结合改革开放新时期国家的战略需要，将严谨治学的求实作风与同心协力的团队意识深深地融进了办学生涯中，取得了非凡的成就。2015 年我校共获得 6 项国家科学技术奖，其中由姜春兰教授主持完成的"串联攻坚系统技术"项目和杨荣杰教授主持完成的"某种水中装备关键技术"项目获得国家技术发明奖二等奖，由崔平远教授主持完成的"深空探测任务轨道设计技术"项目获得国家科技进步奖二等奖，由胡更开教授与外单位合作的项目"皮肤与牙—热—力—电耦合行为机理"获得国家自然科学二等奖，由黄河燕教授与外单位合作的项目"在线社交网络分析关键技术及系统"获得国家科技进步二等奖，由何洪文教授与外单位合作的项目"节能与新能源客车关键技术研发及产业化"获得国家科技进步二等奖。可以说，这每一项成就都离不开尚实的作风与团队意识，而这也正是北京理工大学在办学七十余年中军工特色的一个重要内涵。

三、北理工军工特色与大学生思想政治教育结合的历史传统梳理

北京理工大学在办学的七十余年中都非常注重将军工特色与大学生思想政治教育相结合，并在这方面已然形成了深厚的历史传统。也正是依托这一历史传统，北京理工大学为国家培养出了大批优秀的展示出理工人独有的军工精神气质的国防人才，这也是北京理工大学自建校以来在大学生思想政治教育方面的一大亮点。以下以延安自然科学院、华北大学工学院办学时期与北京工业学院时期为例加以说明。

（一）延安自然科学院与华北大学工学院办学时期学校在思想政治教育课程上的设置凸显了对军工特色内涵中务实求学、学成为国为民的重视

在延安自然科学院时期，为将自力更生、艰苦奋斗的精神深植在学员们的血脉之中，延安自然科学院开设了"边区建设理论"，让学员充分了解边区建设的各种问题；开设了"中国革命史"让学员懂得革命的使命与意义，而

"革命人生观"的课程则旨在培养学员健康向上的人生观,通过这一系列课程的开设,延安自然科学院在对学员的思想政治教育中强化了自力更生、艰苦奋斗的理念。此外,在专业课程的授课中,也创造性地利用实地试验等环节,培养学员的吃苦耐劳、自己创造条件解决问题的能力。

在华北大学工学院办学时期,秉承全心全意为人民服务的宗旨,将国家和人民的利益放在首位,提出培养人民的知识分子,使得培养出来的人才都能成为人民最忠实的勤务员,将"人民的利益放在第一位,自己准备牺牲一切来维护人民的利益"。学院对新生学员进行了学习目的与动机教育,要求学员对学习态度、纪律性与革命自觉性有深刻的认识,并建立批评与自我批评制度教育,通过这些教育,使学员统一思想,明确自己肩负的重任,以适应工业解放区建设发展需要。1948年学院从华北大学总部请来一位政治教员,首开"新民主主义论"课程,每周一次。

(二)北京工业学院时期的偶像教育呈现出学校对学生服务国防的坚定理想信念的培育

北京工业学院成立于中华人民共和国成立初期,其办学宗旨为:"逐步发展成为国防工业学院、国防工业大学,并使之成为我国国防建设中新的高级技术骨干之主要来源。"为适应我国兵器工业服务国防的战略需要,北京工业学院的办学宗旨就被赋予了神圣的使命——为国防建设培养高级的专门人才,北京工业学院由此被赋予了鲜明的国防特色。北京工业学院除继承与发扬延安自然科学院、华北大学工学院办学时期的优良历史传统之外,着力探索办学思想,走出了自己的办学道路。北京工业学院响应党中央国务院的号召,非常注重社会主义思想的教育。经常组织师生员工学习"教育学",批判资产阶级教育思想,树立以马克思主义为指导的社会主义教育思想。强调教育为无产阶级政治服务,培养学生德智体全面发展,理论联系实际,注重集体主义思想教育。社会主义教育使学院在培养什么人的问题上非常明确:培养适合国家建设需要、具有马克思主义世界观、忠诚于祖国人民的事业、体格健全、掌握现代科学技术和知识的各类专门人才。为此,北京工业学院在成立之初,就非常注重马克思主义哲学的教学地位。1952年,从干部、学生中抽选的第一批到中国人民大学培训的人员回校,学校成立直属第一教研室,即政治教研室。组织师资力量在全院开设"政治经济学"、"马列主义基础"（即"联共（布）党史"）、"新民主主义论"三门马克思主义理论课。1955年，从"马列主义基础"课中又分出"马克思主义哲学"课，并在新生中开设"中国革命史"课，在二年级学生中开设"马克思主义哲学"课，在三年级学生中开设"政治经济学"课。北京工业学院通过实施马克思主义理论教育，坚定了广大师生的政治素养，使学院师生提升了政治素质与道德素养，将坚定社会主义信念内化在心中，树立起为社会主义事业奋斗的崇高追求。这是北京工业学院在中华人民共和国成立后办学思想中非常突出的一点。

北京工业学院非常注重将军工人物的典型事例引入对学生的思想政治教育，这也是学校思想政治教育中传承军工特色的一个重要做法。吴运铎这位老军人的光辉事迹具有典型的示范意义，激起了广大师生为中国的国防事业而奉献力量的无限热情，成为广大师生学习的偶像。师生们以吴运铎为自己的榜样，学习他刻苦钻研的探索精神，学习他顽强的品格和坚强的意志。广大师生员工们不仅在平时的工作和学习中学习吴运铎，更为重要的是与吴运铎本人保持着经常性的联系，与他展开了互动交流。师生们学习吴运铎的来信，并将吴运铎本人请到学院做报告，现场聆听这位军工老前辈对于人生的感悟，面对面地学习他的精神。1956年5月30日，远在苏联克拉斯诺亚尔斯克市实习的吴运铎给北京工业学院12511班的同学们写来了一封热情洋溢的来信，这封信就登载在《北京工业学院校报》上，主题是勉励同学们克服各种困难，向科学进军，做时代的年轻人，完成党交给的使命。吴运铎在信中深情地写道：向科学进军是一个响亮的激动人心的号召，我们要很快赶上世界先进科学水平，在我国的国防科技工业建设上也会涌现出许多优秀的专家和工程师。他们结合自己的工作，紧密联系群众，让祖国的国防事业更强大。成长为优秀的人才是吴运铎对于北京工业学院学子的殷切希望。他认为为祖国明天奋斗是同学们的责任，也是党和人民的重托，勉励同学们要不折不扣地完成好任务。而要很好地完成党和人民交给的任务首先就要刻苦学习，掌握好科学知识，这是一个必要的前提。吴运铎在信中还告诫同学们：学知识就要付出代价。在学知识的过程中，任何消极等待、牢骚和厌倦都是不会给自己带来半点知识的。在学习中会遇到各种困难，这是非常正常的事情。如果害怕困难只能说明经不住考验，躲避困难和我们这个时代的青年是不相称的，害怕困难是学不会知识的。所以学习知识要不怕吃苦，要勇于克服畏难思想，战胜困难。知识的获得也是战胜困难的结果，在学习中解决了困难人是会感到幸福的，而因害怕困难就选择逃跑的人是不会享受到这种幸福的。吴运铎以自己的人生经历感悟到人生中新的事物太多，一辈子也学不完，在学了新事物之后，人更加想学新的东西，恨不得有两个太阳轮流照耀来更好地完成党和人民交给的任务。他自己就真是恨不得抓住所有的时光学习新事物。因此，同学们要抓紧美好的青春时光，自强不息地勤学苦练，掌握新事物、新知识，做时代的年轻人，更好完成党交给我们的使命。

吴运铎把一切献给党、献身军工的可贵精神极大地影响了师生员工们的奋斗热情，鼓舞他们勇攀科技高峰。通过与吴运铎的互动交流，北京工业学院的学子们更加认识了这位老军工人身上的可贵品质与高尚情操。尤其是青年学子们更为吴运铎坚强的毅力与他对军工事业的执着追求所感动，大家纷纷表示要努力学习科学文化知识，立志将来向吴运铎那样把一切献给党，为中华人民共和国的发展贡献自己的力量。吴运铎，这个老军工人鲜活的人物形象，对于当时北京工业学院的学子而言具有特殊的意义。

1958年1月23日的北京工业学院的校报上刊载了一篇小说《考试》，描写了主人公小李在一场考试中失利，心情特别失落到重新鼓起勇气战胜自卑的故事。在描写同宿舍的同学与小李谈心的对话中，作者就引用了吴运铎的一段话："生活永远不会是风平浪静的，而没有困难的道路是不能想象的道路。我们的格言是寻找困难，顽强战斗！"通过同学的帮助，小李在吴运铎精神的感召下认识到：在今天，有多少像吴运铎一样的人物，在崇山峻岭中，在荒无人烟的戈壁滩上，冒着生命危险在为社会主义事业而奋斗着。学习上遇到的困难是不能算作困难的，学国防专业很光荣，我们所肩负的责任更大，遇到的困难也就更多。不能因为一次考不好，就失掉信心，还怕别人取笑，要从考试失败中找出自己在学习上的不足，总结经验，在以后的学习中不断提高。小李重温了自己刚考上北京工业学院时的那篇日记："北京——祖国的心脏，在毛主席的身旁，那是最美丽的地方。我将在那里学好本领，把红色国防工程师的职责担当；将要用我亲手设计的武器，把我们的战士武装，捍卫我们神圣祖国的国防。任何困难也不能把我阻挡，为了这崇高的理想，决心把我的青春和毕生精力献上。"

1957年4月20日下午，应广大师生的邀请，吴运铎来到学院给大一同学做了一场报告，阐述"把一切献给党"以及"什么是真正的幸福"两个主题，他讲述了自己在党的培养下成长为共产主义战士的历程，介绍了成长中生动的革命故事，谈了他对幸福观的理解。这场报告受到了大家的热烈欢迎，使大家在听报告中受到了一次深刻的思想教育，精神上受到极大的震撼。同学们为吴运铎把一切献给党的崇高精神与坚定信念而感动，更为他对幸福的理解深深折服。同学们表示要向吴运铎学习，为祖国的国防事业而努力学习和工作。

1958年1月7日的北京工业学院的校报上刊登了吴运铎同志的一篇文章，题目叫作《比》。文章中写道：在我们的四周，有一种比的思想，它到处寻找无力抵抗病菌侵袭的人，导致患者精神萎靡无心工作。我们要对比有一种新的看法：应该比过去在旧社会所受到的革命痛苦以及革命的英雄气概、比谁对人民群众的贡献最大、比艰苦朴素；而不是比地位、比待遇、比个人享受、比铺张浪费。比来比去，一旦不能满足个人欲望，就会有不满情绪，就会觉得党和人民对不起自己。这样的人总觉得自己不如别人，心里有一个公式，参加革命的时间与个人地位应该是成正比的，应该是直线上升的。因为心中的这个公式，所以在看到老同学、老同志的地位比自己高时，心理不平衡就产生了，感到自己受到了委屈，满腹怨气，工作起来自然就没有了热情。吴运铎说：我们参加革命是自愿的，是为了解放全人类的崇高事业，绝对不是把自己存在银行里，捞一笔丰厚的利息。对于参加革命时间的长短，也就不能向在银行里计算利息那样来计算，革命是艰苦的斗争，每个革命者都应该有牺牲的精神，处处计较个人的得失，不能成为野心永无止境的个人主义者。作为人民的勤务员，为了个人的得失有意制造别人的痛苦是丑恶的行为，根本谈不上为人民服务。一分钱一分货的服务是为人民币服务而不是为人民服务。学校里也有一些同学，没有树立远大的接班人的理想，缺乏对社会的责任感，处处计较个人得失，处处和别人比享受，把学习目的建在个人主义基础之上，整日盘算着个人的"高官厚禄"，想着名誉、地位、金钱等，他们所说的为人民服务只是在人前说的表面话，不是发自内心的为人民服务。好逸恶劳，特别厌恶体力劳动，看不起体力劳动，在生活上与人比阔气比排场，在吃穿上讲究，不能与人民同甘共苦。吴运铎通过自己的亲身经历告诉同学们：劳动可以增进知识，可以锻炼身体，可以锻炼人们热爱劳动的优良品质，而炽热的劳动热情会促使我们为人民做更多的贡献。他勉励同学们要树立热爱劳动的思想，因为只有劳动才能创造一切，他告诫青年人不能产生攀比的思想，尤其是在物质上产生攀比思想是非常有害的。劳动会给人带来幸福，而贪图享受、无止境地讲究个人享受，会使人的生活走向空虚，最终一事无成，自己不劳动那就一定会成为侵占其他人劳动成果的懒汉。青年人要树立起全心全意为人民服务的伟大志向，努力前进。吴运铎的这篇文章引起了同学们对于劳动与普通劳动者的思索。

吴运铎把一切献给党的高尚情操深深感动着北京工业学院的学子们，激发了他们对党、对国家、对民族强烈的责任意识。同学们深切地感受到自己身上的担子是神圣而光荣的，任务也是艰巨的。为了完成党和人民的重托，在吴运铎精神的感召下，同学们还参加社会活动，力所能及地为社会做贡献。1956年元旦，同学们来到北京的一所军医院为伤病员进行文艺演出，从解放军身上感受人民子弟兵将一切都献给国家和人民的革命热情，增强革命的乐观主义精神。

吴运铎，这位老军工，我国国防科技工业的前辈，就是这样以他把一切献给党的炽热追求鞭策着北京工业学院50年代的学子们，激发他们对于人生的无限思考，从而成为学子们崇拜和学习的人生偶像。

七十余年来，北理学子的偶像崇拜与学习随着时代发展有所变化，但献身国防科技事业的精神内涵却持久未变。作为我国第一所国防院校，北京工业学院在20世纪50年代曾提出培养"红色国防工程师"的培养目标，教导青年学子"热爱专业""牢固树立为建设强大的国防而奋斗的坚强信心"。从此，国防科技界的典范人物成为学子偶像中特别的一个群体，他们在自己的工作岗位上做出了突出的贡献，是国防科技界的精英。他们身上展现着军工战线知识分子的风貌，体现了军工人的坚定信念、执着追求。大学生处在人生成长的黄金阶段，他们肩负的历史责任非常重大，对国家和民族的责任感是他们历史感中的重要组成部分。大学课堂开设了"中国近现代史纲要""毛泽东思想、邓小平理论和'三个代表'重要思想概论"课程，其目的就是培养当代大学生崇高的历史责任感。军工精神中的国家利益至上的价值理念具有巨大的感染力量，能够感染大学生不断深化对中国近现代历史的理解，加深对改革开放以来社会主义建设的具体认识，明确当代大学生对于国家和民族的重要意义。所以，军工精神是宝贵的教育资源，在课堂教学中，融入军工精神教育中以国家和民族利益为重应是培养大学生历史感的题中之义。新时期，军工行业将发展的视点放在了攻破难关、着力创新上面，不断创新、打造精品、追求卓越是军工行业全员上下的奋斗目标。军工精神引领着军工人为国防科技工业的发展、捍卫祖国和民族的尊严贡献力量，同样，军工精神中的追求卓越的品质也在不断鼓舞着当代大学生勇于创新的品质。在我国构建社会主义和谐社会的背景下，建立自主创新型国家需要大批的创新人才。大学生无疑是重要的生力军，他们不仅要学会书本知识，更应该注重创新能力的提高。所以，军工精神中创新意识的教育功能是无穷的，能激励大学生站在时代前沿，找准自己的发展位置，立足实际、开拓进取。

四、北理工军工特色与大学生思想政治教育结合的现实性分析

作为一所军工高等院校，北京理工大学具有军工院校重视中国革命传统教育的历史传承、徐特立等老一辈革命精神和延安精神的历史积淀以及富于军工文化特色的校园文化氛围。这些蕴含北理人精神特质的宝贵精神财富都是北理工军工特色与大学生思想政治教育结合的现实依据，从中能提炼出对大学生思想政治教育具有极大价值的教育元素。

（一）学校具有军工院校重视中国革命传统教育的历史传承

军工高等院校非常重视中国革命历史的传承，这一点也深深地融在了北京理工大学思想政治理论课教学团队的建设之中。学校注重让从事思想政治理论课教学的每一位教师在对学校历史的追溯中、从对学校在历史上对国家国防事业所做出的贡献中去体悟和明晰思想政治理论课在塑造人才中的重大影响。教师在对中国革命传统的历史传承中，要在内心深处真正从教师自身的角度去尊重和热爱自己所从事的工作，认识思想政治理论课对于大学生成长成才的重要意义，从而生发出对教学工作的深沉热爱及厚重的责任感，全心全意地倾注于教学。这是军工高等院校在思想政治理论课教学团队的建设中所体现出的一个重要特点。

北京理工大学是一所具有革命传统的军工高等院校，历经延安自然科学

院、华北大学工学院、北京工业学院的发展时期,于 1988 年更名为北京理工大学。创办伊始,学校就非常重视对思想政治理论课教师历史责任感的培养。1940 年创办的延安自然科学院是北京理工大学的前身。当时正值抗战时期,办学条件异常艰苦,而成立于烽火硝烟中的延安自然科学院承载了特殊的历史使命——为抗战和成立中华人民共和国培养科学技术人才。此后,北京理工大学在办学过程中,多年来坚持教育为国防建设、为经济建设服务的办学方针,坚持自力更生、艰苦奋斗的革命精神,坚持正确的人才培养目标,坚持通才与专才相结合的教育,为国家培养了一批又一批优秀的人才,为中华人民共和国建设尤其是国防建设做出了自己的贡献。而在这期间,思想政治理论课教师队伍随年代变迁虽有过人员变动与更替,但在思想政治理论课教师团队的建设中却始终秉承了深入了解学校办学历史、传承发扬革命传统,将高度的历史责任感融合在平凡的教学工作中,并用这种责任感去凝聚教学团队,使之成为教学团队全体成员的心理依归。20 世纪 50 年代,还是在北京工业学院时期,学校就曾提出培养红色国防工程师的教育目标,全校师生围绕这个目标奋勇开拓,政治课教师将对祖国国防事业的深切热爱转化为强烈的工作热情,围绕如何培养大学生的优秀思想品德和高尚情操、使之成长为为祖国国防建设贡献力量的人才而尽心尽力。在学校的发展中,这种源自中国革命历史、祖国国防建设的高度责任感已经内化为思想政治理论课教师奋进的具体而生动的内在动力,也成为思想政治理论课教学团队一股强大的凝聚源,体现着北京理工大学思想政治理论课教学团队建设的特色。

(二)学校具有徐特立等老一辈革命精神和延安精神的历史积淀

徐特立是延安自然科学院的老院长,是学校早期的创办者之一。徐特立不仅是无产阶级革命家,也是一位著名的教育家。他为学校的发展呕心沥血,他关于教学方法、大学生的人生成长以及青年教育等诸多方面的思想对思想政治理论课教学有着重要的启示作用,也成为后来学校思想政治理论课教学团队建设所继承的宝贵精神财富。1961 年,徐特立应邀而来学校做报告,思想政治理论课教师深切感受到徐老的革命热情和对青年一代殷切的希望,深感自己教书育人责任的重大;2010 年,在学校建校 70 周年之际举办的徐特立教育思想研讨会中,思想政治理论课教师重温徐特立"实事求是,不自以为是"的教诲，更是感受到徐特立教育思想对于学校思想政治教育工作的重要意义。可以说，徐特立等老一辈的教育思想是北京理工大学思想政治理论课教学团队建设中重要的一种精神传承。

延安自然科学院老院长徐特立提出的教育、科研、生产三位一体思想在北京理工大学的办学中具有重要影响，对思想政治理论课教学团队的建设也起到了非常大的作用。思想政治理论课的教师为了更好地搞好教学工作，提升教学质量，将教学与科研并重，围绕自己的专长展开社会科学研究工作，提高研究能力，以实现以研促教。团队教师在研究中坚持严肃、严格、严谨的科学作风，其中，在研究内容上所涉及的对校史的研究、对徐特立教育思想的研究，都是立足于学校自身发展实际而延展出的研究课题；教学团队所开展的研究项目中，有的是与军工企业进行的一些横向研究课题，呈现出对国家国防事业发展的关注，在一定程度上体现出军工高等院校思想政治理论课教学团队在研究视野上较为独特的关注点。北京理工大学从延安走来，延安时期是北京理工大学光辉的起点，体现了中国革命的辉煌进程，也正是在延安时期奠定了北京理工大学军工院校的基础，北京理工大学经常会组织教师带领学生去延安寻根，进行社会实践活动。教师们怀着对延安特殊的思想感情，深入了解学校所走过的历史岁月，思想境界得到了提升。浓郁的延安情结已经深植在思想政治理论课教学团队中，激发教师在教学生涯中追源溯本，铭记历史，发扬延安建校时期艰苦奋斗、实事求是、埋头苦干、团结互助的优良革命传统，树立崇高的历史责任感和神圣的历史荣誉感，激励自己在工作中爱岗敬业、扎实进取。

（三）学校具有富于军工文化特色的校园文化氛围

军工文化是全体军事工业成员在一定的社会历史条件下，在长期实践中逐步形成并被普遍认同的行业文化，是军工行业特定的价值观念、制度规范、道德礼仪和行为方式等文化要素的总和。从结构而言，军工文化是军工行业精神文化、制度文化、行为文化、物质文化的总和。以1931年官田兵工厂的创办为标志，军工文化伴随着人民军工事业的起步至今已走过了90余年的光辉历程。军工文化形成了以"国家利益至上"为核心的价值体系，其优秀的文化品质极大地推动了我国国防科技工业的发展，对弘扬社会主义主流文化、促进人民群众树立社会主义核心价值观都具有重要的文化价值。军工文化由推动国防科技工业发展的单一的文化效力日益向社会层面拓展，呈现出多重的文化效应，发挥出强大的文化生命力。作为社会主义先进文化的重要组成部分，军工文化丰富的文化内涵在潜移默化中体现出影响人民群众责任感的形成、规范社会群体行为的文化功能，在激发群众创新意识的培养、凝聚社会力量等方面呈现出一定的文化优势。尤其是在弘扬爱国主义精神、促进人民群众树立坚定的理想信念、培养崇高的思想境界和社会主义核心价值观方面，军工文化更是起到了积极的导向和激励作用，从而在社会主义和谐文化的建设中发挥出愈加显著的作用。

在军工文化的文化效应日益凸显的背景下，军工文化的建设也受到了密切的关注，形成了浓郁的建设氛围。尤其是2007年以来，原国防科工委下发了《国防科工委关于加强军工文化建设的指导意见》等关于推动军工文化建设工作的文件，加强了军工文化建设评估指标体系的建构，推出了一批军工文化建设的示范单位和教育基地，极大地促进和繁荣了军工文化的建设与发展，取得了显著的成效；军工文化作为社会主义的先进文化进入了学者的研究视野，研究者群体也从军工行业内部人员拓展到高校等研究机构的学者。近年来，作为文化研究中的一个领域，军工文化研究的成果不断涌现，其文化功能的发挥日益凸显，其在我国社会主义建设中的积极作用也更加突出。

北京理工大学作为一所军工院校在发展历程中承载了军工、国防等时代的重要命题，其校园文化也打上了鲜明的军工文化烙印，富于浓郁的军工文化气息。军工文化主要有先进性、科学性和组织纪律性三个特征，其五个方面的基本内容包括：①热爱爱国，服务国防，集中体现了军工人的军工爱国精神。②团结协作，顾全大局。军工建设必须服从国家经济建设和国防现代化建设，服务于新军事变革的需要，体现军工集体精神。③忠诚敬业，甘于奉献。理工人谱写了一曲曲为国为家孜孜奉献的浩然正气之歌，体现了军工奉献精神。④艰苦奋斗，自主创新。北京理工大学从建校伊始就一直坚持"艰苦奋斗、自力更生"的宗旨，走自主发展的道路，体现了军工创新精神。⑤崇尚科学，精益求精。长期以来，理工人培养了高度的科学意识和质量意识，体现了军工科学精神。

2006年12月，北京理工大学成立了军工文化教育研究中心。在国防科工委机关党委的领导下，在校党委的高度重视下，北京理工大学更是以军工文化教育研究中心为主要研究力量，广泛动员、群策群力，围绕着"什么是军工文化""怎样建设军工文化"两个核心问题深入开展理论研究，取得了一定的理论成果。同时，对军工文化的历史、内涵、功能等进行了深入的探讨，在军工文化研究方面取得了丰硕的成果，获得了学术界的高度认可。

生活在富于浓郁军工气息的校园文化氛围中，北理工师生展现出军工人的精神风貌。坚定的政治信仰、顾全大局的奉献精神、服务国家民族的忠诚情怀、科学严谨的求实作风与严肃的纪律意识等都已经潜移默化地融在理工人的血液中，在精神风貌上具有独特的气质。2016年1月7日，在党委学生工作部和国防生选拔培养工作办公室的邀请下，原总参兵种部政委田永清少将以"送给大学生的人生十宝"为题，在中心教学楼报告厅为北京理工大学在校学生作了一场精彩的报告。田将军对北理工国防生良好的精神风貌和全面的综合素质给予了高度的评价。他说，我先后到过中央党校、国防大学、北京大学、清华大学等多所军地高校作报告，今天来到北京理工大学与同学们面对面交流，感到北理工的国防生就是不一样，国防生进大学是一块质朴的纯钢，去部队就应该是一柄闪亮的利剑。他希望同学们锻炼健康的身体，保持乐观的心态，插上理想的翅膀，走出精彩的人生，为实现强军梦、强国梦做出积极贡献。

五、新媒体环境下实现北理工军工特色与大学生思想政治教育融合实效性的路径探析

新媒体环境下，网络资源极为丰富，如何实施思想政治教育是教育界面临的一个重要课题。北京理工大学独具的军工特色蕴含着丰富的、正能量的文化元素，在当代大学生思想政治教育中具有重要的导航价值，对大学生培育和践行社会主义核心价值观具有实践意义。而在这一时代背景下，利用好新媒体的有利条件，要实现北理工军工特色与大学生思想政治教育有效融合，在传承中凸显创新、进一步提升实效性，还应着力在如下五个方面加以重视：教育者应进一步提升理论素养和政治素质；课程设置特色应彰显关照理工科背景学生的教学设计思路；教学方法特色应突出以校庆为契机进行砥砺教育；实践教学方面应加强实地现场体验式教学的运用；充分发挥以本校师生为教

育素材的教学资源特色，形成亲和力效应。

（一）教育者应进一步提升理论素养和政治素质

军工高等院校对教师个人修养的要求是非常高的。由于办学的特殊性，军工高等院校的纪律性很强，而严密的组织纪律性是由理论修养和政治素质决定的。作为承载灵魂工程师职责的思想政治理论课教师，理论素质的要求又要高于其他专业的教师。在思想政治理论课教学团队的建设中，军工高等院校始终坚持将过硬的理论修养和政治素质与教师的人格魅力相结合，提倡教师要以自身去影响和带动学生用理论结合实践去研究问题和解决问题。这一点也是军工高等院校在思想政治理论课教学团队建设中呈现出的又一个鲜明特色。北京理工大学作为一所军工高等院校，在思想政治理论课教学团队的建设上也体现出这个特色：过硬的理论修养和政治素质始终是思想政治理论课教学团队的共同追求。这里所说的理论素养，是一个广义的范畴，包括对马克思主义中国化历程的理解，对马克思主义、毛泽东思想、邓小平理论、"三个代表"重要思想、科学发展观的深入领会；政治素质指的是牢固树立社会主义核心价值观，增强对国家和民族的热爱等。教师要坚持教书又教人，并在教学和生活中率先垂范，引导学生去消化理解理论知识，树立正确的世界观、人生观和价值观。在教师个人理论修养提升的基础上进一步提升思想政治理论课教学团队的整体理论水平，是北京理工大学思想政治理论课教学团队建设的一项重要内容。

中华人民共和国成立初期，社会主义建设如火如荼，我国的国防建设尚处于起步阶段，北京工业学院时期的政治课教师在全校性的学习老军工吴运铎的氛围中，感受到吴运铎为祖国军工事业所做出的巨大贡献源于他将一切献给党的坚定信念、来自他为祖国军工事业而奋斗的崇高理想信念，精神上受到极大的鼓舞，理想和信念更加坚定；20世纪80年代末90年代初，学校又针对政治课教师提出了明确的要求，即"要用马列主义、毛泽东思想的基本理论来研究新情况、解决新问题，使政治课不断适应社会主义现代化建设发展的新形势。"在国际形势风云变幻、苏东剧变的背景下，思想政治理论课教学团队更是加强了教师自身的社会主义思想教育，包括形势政策教育、普法教育以及专题教育等，增强教师队伍的政治素质，加强其对社会主义理论的深入理解。1992年,《北京理工大学关于加强教书育人、管理育人、服务育人工作的规定》对教师提出了"三育人"的明确要求:"教书育人的关键在于教师,教师的政治素质直接关系学生的政治思想和人生导向。"这些都充分凸显了理论修养和政治素质在思想政治理论课教师团队建设中的重要性。

长久以来,北京理工大学思想政治理论课教学团队时刻注重自身的理论修养和政治素质的提高,团队教师在钻研经典原著、学习文件中,注重掌握系统的马克思主义理论体系,丰富自己的理论知识,并将自己对理论的深入理解贯穿在自己的实际教学之中。教学团队在理论修养上的严格要求,使得团队成长为一支政治素质高、具有政治责任感和政治鉴别力、纪律性强、言行一致的教学队伍。也正是由于具备了过硬的理论修养和政治素质,在育人过程中,教学团队才能做到注重以情感人,以理服人,以身作则,对大学生起到积极的引导作用。

新媒体环境下的信息传播渠道与手段日益多元化,也因其丰富的信息量与富于个性的表达方式而颇受大学生群体的喜爱,对大学生的人生塑造产生了重要影响。新媒体传播的正能量和健康、阳光的观念,强化着高校思想政治教育主渠道的教育效果,激发大学生群体形成正确的道德观、神圣的责任感,唤起年轻人的奋斗意识;然而,新媒体环境下由于信息传递海量杂陈,泥沙俱下,有些大学生鉴于人生阅历疏浅,对于一些颓废的、扭曲的价值观念也在潜意识里接受下来,从而导致某些学生对理想、信念缺乏坚定信仰,表现为道德观念滑坡、意志力不强、缺乏诚信意识等。新媒体的这种负能量效应,其结果是弱化了高校思想政治教育的效果。为了更好地占领大学生思想政治教育的主阵地,帮助大学生树立正确的三观,北理工的思想政治教育者更应该弘扬加强教师队伍的政治素质和理论素养的优良传统,当好大学生成长路上的引路人。

(二) 课程设置特色应彰显关照理工科背景学生的教学设计思路

军工高等院校首先是理工科特色浓郁的院校,理工科专业涵盖了学校的大部分专业设置。以理工科教学对象为背景而考虑的课程设计应该成为北京理工大学思想政治理论课的一个重要特色。

自从"05方案"实施以后,北京理工大学积极落实方案,在思想政治理论课教学中也积极进行一些教学改革，锐意创新，在课程设置上探索出必修加选修的模块化教学模式。学校高度重视必修课程即"中国近现代史纲要""毛泽东思想和中国特色社会主义理论体系概论""马克思主义基本原理""思想道德修养和法律基础"四门课程的教学。此外，在此四门必修课的基础上，开设了十余门与之配套的选修课，包括"中国近现代人物""兵器科技史概论""电影艺术修养""世界遗产""东西方思想概论""美学漫步"等多门课程，每个学生在大学四年中，除了在修满必修课学分的同时，还要保证选修课的修课量，以便在知识体系中实现思想政治理论课必修课与人文素质选修课的有效衔接与融合。必修加选修的教学体系体现出对于军工类高校教学对象的关照。

第一，北京理工大学绝大多数学生为理工科专业背景，他们的专业与未来要从事的工作大多都为理工领域，这些学生与文科专业背景的学生相比，对于问题理解的角度与方式有所不同，配套的选修课程不仅在知识背景上可帮助学生弥补专业背景知识的不足，而且融知识性与趣味性于一体的教学模式也能够让理工科背景的同学开阔思路，加深对四门必修课的理解，如曾经开设的"美学漫步"就在一定程度上体现出面对理工科专业为主的学生群而要实现的人文与理工的专业互补；第二，必修加选修课的课程设置在一定程度上实际上能体现出北京理工大学的军工特色。如结合学校的国防与军工特色而开设一门选修课，这对于北理工大学生结合学校的发展来充分理解我国国防科技工业发展的历程是有所裨益的。

（三）教学方法特色应突出以校庆为契机进行砥砺教育

起自抗战烽火，作为中国共产党创办的第一所理工科大学，其厚重的历史孕育了北京理工大学丰富而独具特色的校园文化。培育为抗战建国服务的技术人才、培养红色的国防工程师已经深植于学校的早期发展史中。以校庆为契机，在校庆活动中追溯校史，自觉向曾经为祖国国防事业做出贡献的校友学习，激励学生的成长，将学生的发展与祖国发展紧密结合，将思想政治理论课教学融进学校的校园文化建设，注重校庆在思想政治理论课教学中的持久效力，多年来已经成为北京理工大学思想政治理论课教学中颇具特色的内容。

首先，可以在校史回溯中深化责任意识教育。每次校庆，学校都会对从延安自然科学院创办以来的学校发展历史进行回顾与追溯，让学生在深入了解学校历史的基础上，明确自己的人生成长目标。值得注意的是，校庆时期邀请著名人士与校友的讲述可让同学们充分领悟人生价值的真谛，感悟自己的奋斗对国家和民族的重要意义，使思想境界得到提升。这一点也是学校延续多年的做法。早在1980年，学校就曾邀请时任解放军军事学院副院长的何长工来校讲话，他曾经指出工业学院关系我们军队装备的改革，关系我们进行现代化的战争，它是我们军队建设的脑袋瓜子，这对同学们启发很大。其次，可以在校友业绩的感召中施行励志教育。校友是北理工人的骄傲，他们的奋斗业绩也是学校思想政治理论课教育中的主要教育资源，许多优秀的校友从学校走出，用北理工人坚定的意志与出色的学术与技术，在自己的工作岗位上做出了出色的成就。通过与校友们的亲切互动，同学们能进一步树立起为母校争光的信念，决心向校友学习，将来用自己的成就为学校赢得荣誉。与同学们走出去拜访校友相呼应的是学校将杰出的校友请回学校，面对面地与更多的同学交流，讲述他们所经历的流金岁月。诸如，在70年校庆的背景下，学校请来一批杰出校友与同学们进行交流。延安自然科学院时期的老校友李伦中将来校做了一场精彩的讲座，李伦将军从青年时代到戎马岁月的追忆使同学们真切感受着将军的成长印迹；校友、雷达工程专家王小谟院士做客"共青讲堂"，他深情的大学时代的回忆让现场的同学深受感染，而他以"从优秀到卓越"为题的探讨则让大学生们对如何成为一个卓越的人才受益良多；校友、中科院电子所所长吴一戎院士应邀来校做的"微波成像与稀疏微波成像"专题讲座，让同学们感受到科学的无穷魅力和探求真理精神的执着，对同学们树立为科学献身的远大理想意义重大。以上这些活动还可以让同学们在参与校庆活动中传递北理工精神。在思想政治理论课程的教学中，学校应非常注重课外的教育即让学生参与到教学环节，实现自我教育的目的，从而激励北理工学子们铭记并用实际行动践行"德以明理，学以精工"的校训，"团结、勤奋、求实、创新"的校风，"实事求是，不自以为是"的学风。

以校庆为契机所进行的砥砺教育可以为北京理工大学的思想政治教育营造浓郁的氛围，环境的濡染也能使每一个大学生身处其中，心灵受到洗礼与净化，激发他们为校争光的强烈情怀，从而实现长远而持久的教育效应。

（四）实践教学方面应加强实地现场体验式教学的运用

社会实践课程是思想政治理论课教育的重要组成部分。北京理工大学在社会实践方面有许多尝试。除去为配合课堂教学而在教学中组织的实践活动之外，学校还应经常组织实地现场体验式教学，从以往的运用效果看，教育效果是显著的。这种实践教学场景的选择可以依托于以下两类：一类是通过走访一些延安、官田等革命老区和革命圣地，以激发大学生历史情怀。通过这种实地现场教学的实践形式，通过走访革命老区和革命圣地，更好地让同学们深刻体悟我国老一辈革命家的奋斗历程。对于同学们而言，这种现场教学非常具有视觉上和思想上的震撼力，让他们从此情此景去追忆过去的岁月，从心灵深处真正去体悟延安精神的真谛，激发继承革命先辈的光荣传统的历史情怀，从而更加感悟和珍惜今天学习机会的难得，树立报效祖国的远大志向；另一类是通过参观一些国防科技工业部门单位，激励学生为国防科技工业而奋斗的奉献情怀。同学们深入企业一线观看企业与学校联合研发的某综合传动装置的试验检测；参加与军品设计院各部门责任人的座谈会；到工艺所、加工和装配车间听人做现场讲解和参观等。在实践活动中让同学们加深有关企业安全保密教育、对企业文化历史的了解，对于我国大型国防科技企业发展的现状有了直观的认识，对于军工行业"百年军工，质量第一"的深刻意蕴也有了深入体会和认同，更加加深了对于军工文化内涵的理解。这种活动的开展有利于同学们在身临其境中明确作为一名具有鲜明国防特色院校的大学生肩上所承载的时代使命，从而在人生价值的定位中进一步坚定为祖国国防事业奋斗的信念。

（五）充分发挥以本校师生为教育素材的教学资源特色，形成亲和力效应

信息社会，网络资源的丰富、迅捷引起了教育者的充分重视。在思想政治理论课程的教育中，在教学资源的运用上，在大学生思想政治教育中应充分运用网络教学资源，使网络教育的效应得到足够的发挥。值得注意的是学校应在这个教学环节中更多地从本校师生中找寻教学素材，注重打造亲和力，由此在情感教育上形成真切而具有感召力的具体效应。

马克思主义学院本身设有专题网站，可以针对大学生思想政治教育主题

开辟有关北理工军工特色与社会主义核心价值观教育相融合的专栏，运用新媒体技术手段，以本校师生感人事迹为切入点，展现理工人的独特气质和精神风貌，营造浓郁的榜样效应，形成北京理工大学思想政治理论课教育中的品牌内容。

此外，教师还可以以本校师生为切入点，做成案例教学，让同学们从熟悉的人和事中收获身边的感动，在思想上形成震动，传输正能量，从而迅速而广泛地达到教育的目的，这应该成为北京理工大学思想政治理论课教学中具有实效性的常态性做法。

六、结论

军工特色是北京理工大学在办学过程中形成的独特品质，也是北京理工大学区别于其他高校的鲜明特征。北理人深受军工特色的熏染，打上了军工特色的深刻烙印。北理人之所以成为北理人，军工特色也是塑造北理人优秀气质的重要原因之一。北理工军工特色在大学生思想政治教育中具有特殊的现实意义。具体而言，北京理工大学的军工特色的具体含义就是以国家利益为上的为国情怀与服务时代需要的大局观念、勤勉艰苦的奋斗品质与攻坚克难的进取精神、治学严谨的尚实作风与同心协力的团队意识。

北京理工大学在办学的七十余年中都非常注重将军工特色与大学生思想政治教育相融合，在这方面已然形成了深厚的历史传统。也正是依托这一历史传统，北京理工大学为国家培养出大批优秀的展示出理工人独有的军工精神气质的国防人才，这也是北京理工大学自建校以来在大学生思想政治教育方面的一大亮点。延安自然科学院与华北大学工学院办学时期学校在思想政治教育课程上的设置上凸显了对军工特色内涵中务实求学、学成为国为民的重视；北京工业学院时期的偶像教育呈现出学校对学生服务国防的坚定理想信念的培育。

作为一所军工高等院校，北京理工大学有军工院校重视中国革命传统教育的历史传承、徐特立等老一辈革命精神和延安精神的历史积淀以及富于军工文化特色的校园文化氛围。这些蕴含北理人精神特质的宝贵精神财富都是北理工军工特色与大学生思想政治教育结合的现实依据，从中能提炼出对大学生思想政治教育具有极大价值的教育元素。

新媒体环境下，网络资源丰富，如何实施思想政治教育是教育界面临的一个重要课题，而在这一时代背景下，利用好新媒体的有利条件，要实现北理工军工特色与大学生思想政治教育的有效融合，提升实效性，还应着力在五个方面加以重视：教育者应进一步提升理论素养和政治素质；课程设置特色应彰显关照理工科背景学生的教学设计思路；教学方法特色应突出以校庆为契机进行砥砺教育；实践教学方面应加强实地现场体验式教学的运用；充分发挥以本校师生为教育素材的教学资源特色，形成亲和力效应。

参考文献

［1］《北京工业学院校报》，20 世纪 50—80 年代。

［2］《延安自然科学院史料》第 1 辑，北京工业学院 1985 年版。

［3］《延安自然科学院史料》第 2 辑，北京工业学院 1985 年版。

［4］《延安自然科学院史料》第 3 辑，北京工业学院 1985 年版。

［5］《北京理工大学志》编纂委员会．北京高等学校校志丛书：《北京理工大学志》［M］．北京：北京理工大学出版社，1995.

［6］谈天民．从延安走来——北京理工大学的办学道路［M］．北京：北京理工大学出版社，2004.

［7］国防科技工业军工文化建设协调小组．军工文化论文集［M］．北京：北京理工大学出版社，2006.

［8］郭丽萍，王娟，李赫亚．青春绽放　偶像同行：北理工学子偶像变迁之路［M］．北京：北京理工大学出版社，2010.

［9］《北京理工大学年鉴》编纂委员会．北京理工大学年鉴（2011 卷）［M］．北京：北京理工大学出版社，2012.

［10］李林英，郭丽萍．新媒体环境下高校思想政治教育教学研究［M］．北京：人民出版社，2014.

徐特立教育思想下的学校党外干部培养选拔任用机制研究

课题负责人：马永霞

党的十八大报告明确提出："社会主义协商民主是我国人民民主的重要形式。要完善协商民主制度和工作机制，推进协商民主广泛、多层、制度化发展。"党的十八大以来，各地积极支持民主党派更好履行参政议政职能，大力培养锻炼优秀党外后备干部成为党的统一战线的一项基础性的战略任务。高等院校作为高等教育的重要组成部分，同时也是党外人士相对集中的地方，不仅为高校内部培养了一批党外干部，同时也为国家行政机关单位输送了大批党外骨干。党外干部作为党和国家干部队伍的重要组成部分，其培养选拔任用的工作是高校民主政治建设的一项重要工作，也体现了高校领导班子建设的民主化进程。如何更好地落实中国特色社会主义政治发展的"协商民主制度化"这一基本建设，完善学校党外干部培养选拔任用机制，是高校党组织面临的迫切问题。徐特立作为我国著名的教育家，以其丰富的高校教育管理经验和教育理念为我们提供了宝贵的经验。

一、研究概述

（一）研究目的

高校党外代表人士是高校教学、科研、管理队伍中的重要组成部分，他们有较强的活动能力和参政议政能力；高校党外干部的培养选拔任用机制研究有助于发挥我国社会主义政治制度的优势、巩固党的执政基础和推动新形势下统一战线事业的不断发展。本课题以徐特立的教育思想为指导，通过文献查阅以及对学校党外代表人士进行的调研，管窥学校党外知识分子的成长现状，了解他们的基本情况，针对学校党外干部的任用条件、培养选拔中存在的主要问题进行探究和思考，并提出相应的对策，完善学校党外干部的培养选拔任用机制，以促进新形势下党外代表人士队伍建设不断上台阶、上水平。

（二）研究意义

高校党外干部工作是高校干部工作的任务之一，是高校统战工作的基础性工作。高校党外干部工作自身就具有一定的意义，它包括许多环节，严格按照发现、培养、选拔、考核和管理等环节来做好党外干部工作，才能把高校内优秀的党外知识分子选拔出来，积极地为学校的和谐发展做贡献。党外干部工作过程还有利于探索出新形势下高校党外干部工作的有效机制及其党外干部的成长规律，有利于为高校统战工作寻找更好的方法等。由此可见，研究高校党外干部工作是有一定必要性的，具有一定的现实意义。

1. 有利于加强高校干部队伍建设

高校党外干部工作是统一战线工作的基础性工作。十七届四中全会指出"统一战线历来与党的建设息息相关，巩固和壮大统一战线是加强党的执政能力建设和先进性建设、完成党的执政使命的必然要求""选拔和推荐更多优秀党外干部担任领导职务"，这些都为新时期加强高校党外干部工作指明了方向。加强党的执政能力建设，既需要我们党自身的努力，也需要党外干部的积极参与。新的历史条件下，加强高校党外干部工作，有利于提高我国干部队伍的整体水平，为构建和谐社会、进一步提高我党的执政能力建设，提供强有力的干部保障。

2. 有利于加强高校思想政治工作

思想政治工作是高校一项十分重要的工作，高校的出发点和落脚点都是教书育人。"高校党外知识分子在教职工中所占比重很大，占高校知识分子总人数的55%~60%"，其中汇集着各方面的代表人物，他们有的是某学科的带头人，有的从事教育管理工作，为高校创造了大量的财富，在提高学校的教学水平和科研能力上做出了大量的贡献。建设一支思想政治素质好的高校党外干部队伍，可以协助其他的党外教师做好思想政治工作，因为党外干部具有一定的代表性，由他们带头做思想政治工作，效果会更加显著。同时，高校的党外干部大多数还工作在教学科研的第一线，有机会接触学生们，他们的言行及学术造诣都深深影响着高校的莘莘学子。他们可以结合一定的教学内容向学生们宣传中国共产党领导的多党合作和政治协商制度，宣传党的方针、政策等，引导学生们树立正确的政治方向，使学生们了解我国特色的政党制度是如何形成的以及它的特殊意义。

（三）研究现状

随着培养、选拔党外干部工作相关文件的相继颁布实施，学术理论界也开始逐渐关注党外干部工作的相关研究。迄今为止，关于党外干部工作的著作、论文还是比较丰富的，但多是综述性地介绍党外干部工作的整体发展历程，而对于具体的党外干部工作的环节则研究得很少。同时由于我国的多党合作制度是在我国特定的政治历史环境下形成的，是具有中国特色的政党制度，所以包含在这一制度中的党外干部工作，国外的相关研究很少。在专著方面，单纯研究高校党外干部工作的著作非常少，大多包含在研究高校统战工作的著作中。

根据中国期刊全文数据库，从2000年到2015年这十五年间以"党外干部"为题名的论文有783篇，而1980年到1999年以"党外干部"为题名发表的论文只有144篇。2000年以来以"党外干部"为题名的论文逐年增加，由此可见"党外干部"领域研究的重要性。但是在这些理论成果中很少有学者对于"高校党外干部"这个领域进行研究。从论文成果来看，以"高校党外干部"为题名的论文仅有33篇，以"全文"进行搜索有97篇。其中以"高校党外干部培养选拔"为主题的论文有15篇，以"全文"形式出现的有33篇，由此也可以看出高校党外干部工作研究的薄弱。通过仔细研读相关的高校党外干部工作的文章，发现目前学者们主要围绕高校在培养选拔党外干部的意义、现状、规律及其对策等几个方面进行论述。在高校党外干部工作意义方面主要有《论新时期加强高校党外干部队伍建设的重要意义》（侯志明，2013年）等；在高校党外干部工作中存在问题方面有《高校新一代党外后备干部队伍建设面临的问题与对策》（傅彪，2014年）等；在党外干部现状方面有《高校党外知识分子思想政治现状及对策研究》（郎学田，2011年）等；在高校党外干部工作对策方面有《高校党外干部选拔任用机制问题分析及对策》（胡宇，2015年）、《新时期高校党外干部队伍建设略析》（田春艳，2014年）等。

通过现有的搜索资源可以查到关于党外干部工作的专著只有一本，即王北新主编的《培养选拔党外干部》一书。而关于高校党外干部工作的研究，到目前为止并没有真正意义上的专著，成果多散见于一些论述统战理论的专著里。如蔡明主编的《新世纪新阶段统一战线理论读本》一书，作者在这本书的第三部分阐述了如何开展培养选拔党外干部工作以及如何充分发挥党外领导干部的作用。伏来旺主编的《统战与和谐》一书中的"多党合作"部分阐述了如何做好党外干部队伍建设以及党外干部应该要重视哪三种关系等。郑克强主编的《高校统战理论与实践》一书是由北京市高校统战理论与实践研究会组织编写的，北京高校统战部在学习贯彻全国和北京市统战工作会议精神的基础上，总结了五年来北京高校统战工作的经验，汇报了统战工作取得的成果，明确提出了北京高校今后在统战工作方面的各项任务。其中关于如何开展高校党外干部工作也有详尽的论述，这对于其他高校开展好党外干部工作有一定的借鉴作用。严平编著的《统战法宝学与行的感怀》一书从不同视角，结合作者多年从事统战工作的实践，详细论述了统战"法宝"在新世纪、新阶段的重要作用。全书从"统战理论""多党合作""统战评说""调研笔记"四个方面，全面反映了统战工作的新情况、新问题以及思考和对策。作者在"统战评说"篇中就如何改进高校统战工作以及如何培养选拔高校党外干部谈了自己的认识和体会。高校的党外干部工作大都是由各高校的统战工作者来研究的，因此，关于高校党外工作的研究成果还多散见于一些统战文集中。中央统战部、教育部联合举办了多次高校统战会议，每一次会议都会出版一本高校统战理论的文集，如：第十三次高校统战工作研讨会论文集《新发展新探索大作为》和第十四次高校统战工作研讨会论文集《科学发展观与高校统战工作研究》。

在梳理中发现，几乎没有论著来论述徐特立的教育思想在高校管理中，尤其是在高校党外干部培养选拔任用过程中所起到的作用和指导。而徐特立作为我国伟大的共产主义战士和杰出的无产阶级教育家，在其漫长的教育领导生涯中拥有着丰富的教育管理实践经验。在学校管理工作中，他特别注重党外干部的意见。任自然科学院院长期间，为了集思广益，徐特立将四名党外人士纳入了自然科学院学习委员会，体现出其民主教育的高校管理思想。

二、徐特立的民主教育思想以及高校党外干部培养选拔任用的重要性

（一）徐特立民主教育思想的溯源

早年徐特立在法国勤工俭学，并考察过比利时和德国的教育，随后在俄罗斯进行深造学习，深入地接触到了西方的资本主义教育，受到了与国内不同的教育思想的影响。在法国他看到了"校长与房同坐谈天，毫无隔阂，先生与学生互称先生"的场景，回国后在长沙师范任教期间，他坚持与学生同桌吃饭，还在学校成立了学生自治会，并让其参与学校的事务管理。在抗日战争期间，陕甘宁边区要从39名候选人中选出18名政府委员，其中共产党员占7名，略超过1/3，为了更好地实施"三三制"政策，徐特立身体力行，声明退出候选人名单，经大会通过，以党外人士白文焕递补，促使"三三制"政策的实施。徐特立的行为既体现出他的顾全大局，又体现出他的民主管理思想。在创办延安自然科学院之初，有些人对要不要在边区办学以及怎么办学持有不同意见，徐特立积极组织师生们讨论创办自然科学院的问题，还撰写了《怎样进行自然科学的研究》《怎样发展我们的自然科学》等文章参加讨论。经过师生们的民主讨论，最终达到了提高认识、统一思想、明确办学方针的目的，使自然科学院在短时间内就办出了成绩。徐特立始终坚持实践是检验真理的唯一标准这一马克思主义基本观点，使得民主教育思想在实践中不断深化，他认为"独裁总是落后的，民主总是进步的"，还坦言"民主的本意就是不由少数人包办"。中华人民共和国成立后更明确地指出办学校"不是靠校长一个人独干，或党或学生来独干，是要党、政、群合作分工共干。"这体现了徐特立丰富的教育管理经验以及对社会主义民主办学内涵的完整把握，同时也深刻地阐明了他先进的民主办学理念，他的民主管理思想对党外干部的培养选拔任用有着指导意义。

(二) 高校党外干部培养选拔任用的重要性

1. 有利于推进高校民主政治建设

我国是工人阶级领导的以工农联盟为基础的人民民主专政的社会主义国家。中国共产党领导的多党合作和政治协商制度作为我国的基本政治制度将长期存在和发展，应加强党外干部培养选拔，发挥党外干部示范引领作用，充分体现我国人民民主政权的性质。高校是党外干部人才培养的集聚地，只有加强高校党外干部人才队伍建设，做好培养选拔党外干部的工作，才能实现统一战线的可持续，才能保障干部来源的多样性，进而有利于高校民主政治建设的推进。

2. 有利于务实高校各级领导班子建设

高校党外干部是党外知识分子中的代表，对他们进行培养选拔任用，不仅可以为优秀党外人才提供施展才华的舞台，同时也有利于调动广大党外知识分子在教学、科研、管理工作上的积极性，为高校的发展提供有力的人才保障。把他们安排到高校合适的领导岗位上，从不同角度对高校管理工作进行考虑，使研究变得更加深入全面，有助于进一步加强和夯实各级领导班子建设，有效提升高校科学民主决策能力。

3. 有利于提高党外干部综合素质

高校是民主党派成员和党外知识分子的云集之处，汇聚了党外各领域、各层面的高学历、高素质人才，使得高校成为培养选拔任用党外人才的源头。就目前高校党外干部安排现状而言，党外干部无论是在数量上或者是在质量上都远跟不上新时代的民主政治建设需要，随着社会主义民主政治体制改革的推进，将会有更多的党外人士担任领导干部，对高校党外干部的培养选拔任用将更具有针对性，从而有助于提升高校党外干部参政议政的能力以及综合素质的培养，吸引更多的党外优秀人才，使高校储备党外干部标准得到进一步提高。

三、高校党外干部在培养选拔任用过程中存在的不足

(一) 对党外干部认识存在不足

在干部组织的结构构成中，切忌仅把党外干部的选拔当成点缀。相关部

门缺乏与党外人才的合作意识，同时也缺少对党外干部培养选拔工作的重视。随着高校管理体制改革的深入，受合作办学体制和教学科研体制等一系列改革的影响，高校下属的学院以及科研机构内部的自主管理权限增大，从而形成了学校和其下属机构两级利益相对分层的新局面。高校大多以教学和科研为工作重心，对于干部的培养选拔工作，尤其是基层党外干部的培养选拔工作难免会疏忽。加之基层在人才使用方面论资排辈的传统思想比较严重，基层选拔人才主要通过出身、资历、工龄以及个人能力水平等标准进行审核，使得党外干部在选拔过程中受限很大，大部分不具备竞争优势。许多党内干部认为，党员是优秀的群体，党外人士不在考虑范畴之内，致使许多优秀的人才被埋没。党外干部队伍发展空间小、机会相比党员较少，党外人士也丧失了参政议政的积极性，客观上产生了党外干部数量较少、源头不足的现象，对党外干部的选拔培养造成了一定的困难。

（二）对党外人士的沟通不足

学校高层领导的重视是做好党外干部培养选拔工作的关键，主要体现在学校领导部门对党外人士的沟通交流方面。很多情况下尤其是学校党委部门缺乏对党外干部的沟通交流，从而导致不能更加深层次地了解党外干部的工作现状。其次表现为不了解党外干部的思想动态、工作状态以及领域擅长等，致使部分党外干部的在岗工作实操性不强，难以发挥党外干部应有的作用。部分党内干部对党外干部认识存在片面性，认为配备来的党外干部是政治需要，是"花瓶"，是组织配备结构性的需要，不用特别重视，针对部分工作，完全不用与党外干部进行协调和沟通。种种思想使得很多党外干部降低了对工作的积极性，有的甚至影响到自身能力发展。就现状而言，大多数党外干部只有建议权、参谋权，难有表决权，特别是在少数服从多数的议事原则下，党外干部在责任定位、决策模式、沟通协调等方面与实际还存在差距，出现了难以完全到位的现象。对党外干部的培养，所在部门没有明确的培养目标和培养计划，进而也影响到了党外干部在工作上的发挥。

（三）对党外干部工作经验机会不足

一般情况下，大部分高校党外干部进入学校组织部门的时间比党内干部要晚,相对于党内干部来说,没有经过系统全面的政治思想学习以及有序的岗位职能锻炼等过程,因此政治把握能力和行政管理能力相对不足。受传统观念"党管干部"的影响,即便从高校层层选拔出来,任职情况基本为副职,"一把手"的工作很少让党外干部担任。这就大大降低了党外干部工作的积极性,同时也减少了党外干部在岗位上自主锻炼的机会,不利于党外干部的培养。以某高校为例,学校党委十分重视党外人士的队伍建设工作,涌现出一批政治思想坚定、与党同心同德、业务能力突出的高层次党外人才。有些党外代表人士担任了人大代表、政协委员、党派委员和其他一些社会职务,还有些党外代表人士在学校担任各级领导干部或者学术骨干,基本上都立足于自身工作岗位,在学校各领域的发展建设中做出了重要贡献。但是被学校各部门任用为领导干部"一把手"的党外人士数量却很少,产生了行政管理能力相对不足的现象。

(四)党外干部培训锻炼机会不足

对于党外干部培训锻炼的机会,高校不敢把党外干部放在险、难、重的岗位,怕他们难担重任,觉得冒险性太大,使得他们失去了在复杂的环境中磨炼意志、增长才干的机会。在理论培训方面也有所欠缺,不能集中针对党外干部进行系统性培训。由于参加理论培训的党外干部人员比较少,所以往往很难进行组织培训,同时其培训时间也得不到相应的保证。更不要提党外干部参加更高层次的理论学习机会,党外干部得不到培训机会,同时也影响了对党外干部政治素质和工作能力的培养,难免出现党外干部学习提高难、提拔任用更难的尴尬局面。

四、徐特立教育思想下的党外干部培养选拔任用工作的有效实现途径

(一)提高党外干部认识,加强干部储备

高校党委应提高对党外人员的认识,同时提高对培养选拔党外干部工作重要性的认识。徐特立指出:"先进的政党,每一步骤都不会忽略过去的历史,同时每一步骤,都照顾着将来。抓住中心的一环,又照顾到锁链的全面,

就必须有周密的计划和详细的调查。"必须摒弃"优秀分子都在党内了""非党员干部安排过多会削弱党的领导"等思想认识，切实加强校党委对党外干部的培养选拔。要树立前瞻意识和战略眼光，在培养党内后备的同时不要忘记党外干部后备培养。后备干部的培养工作是培养高等院校党外优秀干部的有效途径。围绕党外干部成长进步的特点规律，制订详细的培养计划和方案，从而促进党外干部综合素质的提高。针对党外后备干部经历单一的问题，在培训其新理论知识的同时，加强锻炼平台建设。让党外干部尽可能多地了解群众并深入基层进行锻炼，提高其处理事务的能力。在确定后备干部时，在同等条件下可以优先对党外干部进行考虑。

（二）重视党外干部沟通，完善选拔机制

高校领导要注重与党外干部的沟通，了解他们的现实情况。徐特立在任自然科学院院长期间，尤其是在"整风"运动中，为了深入了解各层级人士的意见，特意将三位党员退出，并改为吸收四名党外人士参加自然科学院学习委员会，使得一些长期得不到统一的问题很快达成了统一的认识。徐特立的民主教育思想还认为校长的职责并非可以独断专权，他是联系上级和下级的纽带，是搞好同志之间关系和校务安排的保证。同样，学校党委要做好党外干部的工作，党外干部犯了错误也应该及时指出，不要因为其不是党内人员而不去管理。徐特立认为教育不仅仅是传授知识，更重要的是教人，从培养他们的自信心、自尊心中去批评他们的坏处。党外干部的沟通与培养要有针对性，要定期开展必要的联谊和座谈会等活动，就某个问题或者某项工作展开必要的研究与讨论，增强党外人士与党内干部的沟通，了解党外人士的思想动态，从而有助于党外干部的选拔培养工作。同时也应注意党外干部自身的组织培养建设，促使他们在党领导的多党合作和政治协商制度中更好地发挥其模范带头作用。

（三）定向培养党外干部，建立工作机制

在延安自然科学院当院长时，徐特立就曾想："成立一个'学校管理委员会'，各工厂、农场的负责同志，也作为主人翁参加，彼此商谈，工厂、农场需要哪一种人才，学校就培养哪一种人才"。同样，针对党外干部的自身情

况，不同的背景、经历使得他们的培养路径不可能与党内干部完全一样，因此采取定向培养的方法十分重要。对于需要党外干部的领导岗位，相关部门将其定向选培并作为后备干部人选。通过一系列的考核环节，选拔出政治素质好、思想觉悟高的优秀党外后备干部，并进行专门统一的干部业务培训。强调党外干部的在岗学习，把党外干部的培养作为日常工作进行。除了参加行政性的工作会议外，也可以邀请他们参加一些党组织的活动。同时建议行政部门把"党政分设"，并尽早拟定关于党外干部担任行政正职与党组织负责人的工作运行机制。

（四）加强对党外干部培训，增强培训机制

高校党外干部是广大党外人士中具有代表性的一个群体，同时也是我国建设具有中国特色社会主义进程中不可缺少的政治力量。对待党外干部同样也要高标准、严要求、强管理、重监督。除了相关的岗位锻炼外，党外干部也应该加强党的学习培训。徐特立认为"真正有学问的人，没有不虚心学习，无分古今中外，任何阶级，任何党派，都一样要向他们学习。"总之，要把党外干部培养成真正有学问的人，需要组织真正地加强培训力度。除了举办培训班、研讨班，开展岗位轮换等，应鼓励党外干部进行短期深造和攻读学位。把日常教育工作放在党外干部的思想政治教育工作上，帮助他们认真学习和理解党的基本理论和基本路线。同时，加强党外干部自身的管理培训，把党外干部培养成"专业精通、科研扎实、管理一流"的优秀党外人才。

参考文献

[1] 湖南省长沙师范学校. 徐特立文集 [M]. 长沙：湖南人民出版社，1980：42-43，57-58.

[2] 武衡，谈天民，戴永增. 徐特立文存（第三卷）[M]. 广州：广东教育出版社，1995：39-40，67-68.

[3] 武衡，谈天民，戴永增. 徐特立文存（第二卷）[M]. 广州：广东教育出版社，1995：177.

[4] 吉多智，李国光，戴永增. 徐特立教育学 [M]. 广州：广东人民出版

社，1990：328-330.

[5] 中央教育科学研究所. 徐特立文集［M］. 北京：人民教育出版社，1979：61-62，97-98.

[6] 潘望喜. 延安整风运动史论［M］. 南京：金陵出版公司，1993.

[7] 刘德华. 中国教育管理史［M］. 郑州：河南教育出版社，1990.

延安精神及其在高校建设中的继承和弘扬：以北京理工大学为例

课题负责人：张红峻

1935年10月19日毛主席率中央红军到达陕北吴起镇（今吴起县）至1948年3月23日，为迎接全国解放战争的胜利，毛主席东渡黄河，前往华北，中共中央在陕北领导中国革命近13年，在党的历史上被称为"延安时期"。延安时期是中国共产党思想上走向成熟、理论上走向定型的重要时期，是中国共产党组织和队伍不断走向壮大的历史时期，是中国共产党政治上走向成熟的辉煌时期。在这段时期内，在特殊、艰难的历史环境、条件下，中国共产党培育了以坚定正确的政治方向，实事求是的思想路线，全心全意为人民服务的根本宗旨，自力更生、艰苦奋斗的创业精神为主要内容的延安精神。在延安精神的形成和培育过程中，以中国共产党人为代表的中华民族优秀儿女的艰苦奋斗是延安精神形成的实践来源。延安精神的原生形态就是当年在延安形成的抗大精神、延安整风精神、张思德精神、南泥湾精神、白求恩精神、延安县同志们的精神和延安劳模精神等，是各个原生形态精神的升华。作为中国共产党历史上创办的第一所理工、农科高等学校，延安自然科学院（北京理工大学前身）是延安精神形成的重要参与者，在延安精神的培育和弘扬过程中发挥了独特的历史作用。

一、延安自然科学院是延安精神的重要培育和践行者

延安精神是中国共产党集体智慧的结晶。在延安精神的培育和形成过程中，延安自然科学院在办学目的、办学方针、人才培养等各方面生动地体现和诠释了延安精神，是延安精神形成和培育的重要参与者。

（一）服务国家的价值取向是为人民服务宗旨的深刻体现

延安自然科学院的创办是在极其艰难的环境中创办起来的，1938年10月，日本侵略者占领了广州、武汉之后，抗日战争进入了相持阶段。日本侵略者对国民党战场停止了进攻，把主要力量转移到中国共产党领导下的解放区战场。在这种形势下，1939年1月，国民党召开了五届五中全会，决定将政策重点转向解放区，掀起了反共高潮。1939年6月，国民党制造了湖南平江惨案，惨杀新四军通讯处工作人员，秘密颁发"限制异党活动"案，停止发给八路军、新四军的装备和军饷，并对中共中央所在地陕甘宁边区实行经济封锁，以扼杀陕甘宁抗日根据地。陕甘宁边区本来就是地广人稀和经济落后的地方，基本上没有什么工业，一些必需的生活资料和生产资料，如钢铁、布匹、农具、纸张、火柴、肥皂等很多都要由外地输入。国民党停发军饷和实行经济封锁，给陕北尤其是延安的财政经济和人民生活造成了很大的困难，正如毛主席后来在总结这一时期的困难时所说的："我们曾经弄到几乎没有衣穿，没有油吃，没有纸，没有菜，战士没有鞋袜，工作人员在冬天没有被盖。国民党用停发军费和经济封锁来对待我们，企图把我们困死，我们的困难真是大极了。"① 在此严重关头中共中央于1939年2月2日在延安召开了生产动员大会，李富春同志作了生产运动的意义、目的、计划及实施办法的报告，毛泽东同志也讲了话，党中央号召边区人民掀起大生产运动，粉碎敌人的封锁和进攻，把抗日战争进行到底。

为了边区在国民党反动派的封锁之下，自力更生，发展生产；为了全国解放后建设新中国，这就必须努力学习一些科学技术知识。② 延安自然科学院就是在这样的历史条件下酝酿诞生的。可以说，延安自然科学院的创办就是为了服从抗日战争的需要，服从于陕甘宁边区经济社会发展的需要。正如1939年5月30日《新中华报》有关边区自然科学研究院（延安自然科学院的前身）定期成立的新闻报道所指出的：中共中央为促使边区工业生产的进

---

① 《延安自然科学院》，《延安自然科学院史料》第2辑，北京工业学院，1985年版，第1页。
② 《延安自然科学院——我的母校》，《延安自然科学院史料》第2辑，北京工业学院，1985年版，第111页。

步和保证国防经济建设的成功,决定最近在延安创办自然科学研究院。① 对于延安自然科学院创办的宗旨,在自然科学院招生启事中,也曾有明确的论述:本院以培养抗战建国的技术干部和专门技术人才为目的。② 对于这一点,也正如叔仁在《自然科学院访问记》中所记述的:在今天抗战建国的当中,为着充实国防建设的力量,准备建国中的新芽,所以,"自然科学院"就是在这种抗战建国中的经济建设的原则下创立起来的。③ 由此可见,服务于抗战的需要,为抗战胜利后国家的建设准备技术人才是延安自然科学院建院的宗旨,体现了服务国家的价值取向,是为人民服务宗旨的深刻体现。

延安自然科学研究院不仅是以服务国家为建院的价值取向,在实践中也坚定地贯彻和落实这一价值取向。在服务陕甘宁边区、服务抗战建国的需要中发挥了重要的作用。正如1939年12月23日《新中华报》所指出的:延安自然科学研究院"自成立以来,对边区经济建设有很大技术的改进。"④ 在延安自然科学院的办学过程中,对于贯彻服务于抗战建国需要的这一价值取向进行了积极的落实,在纺织、火柴、肥皂、造纸和医疗器械等方面为满足陕甘宁边区经济社会发展需要做出了重要的贡献。以延安自然科学院机械实习厂为例,为了满足边区的各种需要,"对任务我们是来者不拒,不厌其小、不厌其烦、不厌其杂,成批的要接,单件的也干,凡没有人干的我们都接,故任务一直十分饱满,职工经常加班加点,较好地完成了十分繁杂的各种机械加工任务。"⑤ 在人才培养方面,"先后在延安自然科学院学习过的学生,据不完全的初步调整统计约有三百人,在全国解放以前,大学部的二十多人都先后分配在延安和其他根据地工作,高中部的大部分和初中部的一部分同学,

---

① 《边区自然科学研究院定期在延成立》,《延安自然科学院史料》第1辑,北京工业学院,1985年版,第9页。

② 《自然科学院启事三则》,《延安自然科学院史料》第1辑,北京工业学院,1985年版,第13页。

③ 《自然科学院访问记》,《延安自然科学院史料》第1辑,北京工业学院,1985年版,第23页。

④ 《自然科学研究院召开科学讨论会 陈云等中央领导同志莅临指导》,《延安自然科学院史料》第1辑,北京工业学院,1985年版,第10页。

⑤ 《艰苦创业,为教学和边区建设服务》,《延安自然科学院史料》第2辑,北京工业学院,1985年版,第138页。

根据革命工作需要先后离校分配工作,全国解放以后三十多年以来,这批当时到延安参加革命的青年学生,经过党的教育、学校学习和工作中的实际锻炼,绝大多数人政治觉悟、业务知识和工作能力方面不断进步提高,他们分布在全国各地,许多人都成了业务专家和领导骨干,有大学教师,有研究机关的研究员,有生产部门的工程师,有高等学校和研究机关的负责人,有中央和省、市、自治区的党政领导干部,正在为我国的'四化'事业做出积极的贡献。"① 这些无不体现了延安自然科学院服务于陕甘宁边区经济社会发展、服务于抗战建国的价值追求,深刻诠释了服务国家的价值取向。

(二)"三位一体"的办学方针是对实事求是思想路线的生动诠释

自然科学的教育与研究事业,需要经常与实际事业部门取得深切的合作与联系,才能在人力、财力、物力的各方面得到调剂的效果。也唯有与实际部门相联系,才能不脱离客观,才能使教育与研究工作有正确的对象与中心所在,同时也帮助了经建工作更好地完成。② 这一点是延安自然科学院办学过程中始终坚持和恪守的重要原则。教学、科研和生产"三位一体"是延安自然科学院办学的主要方针。对于这一点,延安自然科学院从一开始就重视开展科学研究,并把教学、科研和生产结合起来。正如徐特立当时明确提出的教学和科研、生产必须"三位一体"。③

为了贯彻和落实教学目标和要求,延安自然科学院善于针对学员的实际情况安排学习的方案,如学员学哪个年级,根据原有文化基础而定。文化基础较好的到大学部或大学预科学习。文化基础差的,先读初中,再转预科和大学。少数学员由于学习成绩优异,被送去苏联深造。也有一些学员,开始虽在高年级学习,因跟不上班被降到下一年级。④ 也如,延安自然科学院的教

---

① 《延安自然科学院》,《延安自然科学院史料》第 2 辑,北京工业学院,1985 年版,第 13 页。
② 《读〈关于延安干部学校的决定〉》,《延安自然科学院史料》第 1 辑,北京工业学院,1985 年版,第 84 页。
③ 《培养革命科技干部的摇篮》,《延安自然科学院史料》第 2 辑,北京工业学院,1985 年版,第 86 页。
④ 《延安自然科学院的部分情况》,《延安自然科学院史料》第 2 辑,北京工业学院,1985 年版,第 109 页。

育在目前完全是配合实际的需要；在大学部是注重国防经济建设中实际学术的研究，中学部是偏重实用科学与技术的学习，同时学习其他；大学、高中是两年半，初中是两年，在这中间我们是以理论与实际的配合教育，并授以社会科学，强化民众对中国前途的认识，而为新生的光明的中国而奋斗！① 这是使教学与学生的实际情况相结合的生动体现，体现了中国共产党在办学过程中坚持实事求是的科学精神。

在教学科研过程中，注重理论与实践的统一，注重教学、科研和生产实践的"三位一体"是延安自然科学院的重要办学方针。延安自然科学院在注意加强基础理论教学的同时，也十分注意加强教学实践环节，使教育与生产劳动相结合。学院成立不久，就在教育处处长屈伯川领导下办起了机械实习工厂、化工实习（一开始叫玻璃实习工厂），并陆续建立了学校农场和科学馆以及化学实验室、生物实验室等教学、生产设施。② 当时延安自然科学院教学计划规定，学生的学习时间占 80%，生产时间占 20%。各系学生的生产劳动，尽可能结合所学专业。如机工系学生参加钳工、车工、木工、翻砂等劳动。化工系学生参加制造炸药、肥皂、火柴、玻璃等劳动。③ 正如 1940 年 10 月 27 日《新中华报》所评价的：自然科学院开课以来，对于学员之理论与实践的联系甚为注意，近由教育处处长屈伯川同志领导，组织一实习工厂，分化学、金工、木工等三部分，现已就绪，不日即可开工先期制造肥皂。④ 同时，为了加强院内教学与边区工农业生产实际的联系，学院聘请边区实际工作部门的负责人或技术人员到校兼任教员。据 1944 年 6 月统计，这些兼职教员占全院教员总数的 6.9%。⑤

在办学的过程中，对自然科学院的教学方针曾出现了是办"理科学院"

---

① 《自然科学院访问记》，《延安自然科学院史料》第 1 辑，北京工业学院，1985 年版，第 23—24 页。

② 《培养革命科技干部的摇篮》，《延安自然科学院史料》第 2 辑，北京工业学院，1985 年版，第 85 页。

③ 《培养革命科技干部的摇篮》，《延安自然科学院史料》第 2 辑，北京工业学院，1985 年版，第 86 页。

④ 《一九四〇年自然科学院消息四则》，《延安自然科学院史料》第 1 辑，北京工业学院，1985 年版，第 21 页。

⑤ 《培养革命科技干部的摇篮》，《延安自然科学院史料》第 2 辑，北京工业学院，1985 年版，第 86 页。

还是办"工农学院"的争论,形成了两种不同的主张:①有些同志主张理论是很重要的,因为目前自然科学教育,不一定要与目前边区经济建设政策,或战时经济政策相符合,也要为将来远大的前途着想。②有些同志主张恰是与上面①相反,主张目前自然科学教育,是要以解决目前经济问题为目标,不可好高骛远,要为了遥远的将来。这两种主张,互相坚持着。① 这种争论到一九四二年下半年已很尖锐了,为了解决这一争论,党中央决定召开一次讨论大会,讨论延安自然科学院的教育方针,最终对自然科学院的性质、方针和教学原则作出了结论,确定它为工农学院,要贯彻理论联系实际和为工农业生产服务的方针,要注重启发教育,要"学以致用"。② 为了与此种教育方针相衔接,延安自然科学院将生物系改为农业系,物理系改为机械工程系,化学系改为化学工程系,撤销地矿系。③

对于教学、科研、生产三结合,徐特立有着深刻的认识和见解:在教学中,坚持马克思主义关于"教育同物质生产结合起来""造就全面发展的人的唯一方法"的理论。他认为:生产是教育的内容,同时就是科学的内容;科学从生产出发,一方面增强我们的国力,另一方面帮助科学自身的发展;如果科学脱离了生产,那么科学本身就会走到斜路上去。在实践上,徐特立积极推动教学、科研、生产三结合,理论联系实际的教学方法。在他的推动下,在理论教学方面增加基础知识课程的同时,学院创办了机械和化工厂以及农场;兴建了科学实验馆等。这些厂地既是学生参加生产劳动的生产场所,也是教学和进行科学研究的园地。④ 徐特立认为:一切科学都建筑在产业发展的基础上,科学替生产服务,同时生产又帮助了科学正常的发展。技术直接地和生产联系起来,技术才会有社会内容,才会成为生产方法和生产方式的一

---

① 《读〈关于延安干部学校的决定〉》,《延安自然科学院史料》第1辑,北京工业学院,1985年版,第81页。

② 《回忆延安自然科学院》,《延安自然科学院史料》第2辑,北京工业学院,1985年版,第22页。

③ 《延安自然科学院》,《延安自然科学院史料》第2辑,北京工业学院,1985年版,第6—7页。

④ 《回忆徐老创办延安自然科学院点滴》,《延安自然科学院史料》第3辑,北京工业学院,1985年版,第224页。

部分,才会使科学家的眼光放大,能照顾全局。① 使教学、科研、生产相结合,相互促进,形成"三位一体"是延安自然科学院重要的办学指导方针,也是党的实事求是思想路线在办学过程中的生动体现。

(三)"又红又专"的育人目标是对坚持正确的政治方向的深刻注脚

坚定的政治方向就是要树立远大的理想和坚定的信念,就是要在树立远大的共产主义理想的同时,脚踏实地地完成党在每个阶段所面临的阶段性任务,正确处理好最高纲领和最低纲领之间的辩证关系。在树立高远的理想信念的同时,为实现党在各阶段具体的工作任务而积极奋斗,无条件地服从党的召唤。对于这一点,《中共中央关于党员参加经济工作和技术工作的决定》曾深刻地指出:每个党员必须无条件地服从党对他的工作分配,纠正某些党员不愿参加经济和技术工作以及分配工作时讨价还价的现象。②

具体到人才培养目标方面,在努力造就"业务专家"的同时,延安自然科学院十分重视对学生进行政治理论教育,用马列主义、毛泽东思想武装学生的头脑,使学生树立起正确的政治方向。1940年9月1日,延安自然科学院举行开学典礼,陈康白副院长首先讲话,在概略地讲了自然科学院的性质、任务、筹建经过、教学方针的同时,对于人才培养的目标,他指出:"要培养出我党的第一代红色的科技人员。"③ 李富春在1940年9月延安自然科学院开学典礼上宣布,自然科学院的培养目标是"革命通人,业务专家。"这是"又红又专"的育人目标在延安自然科学院时期的深刻体现。这八个字深深铭刻在师生的心坎上,教师按照它来培养学生,学生按照它来严格要求自己,在又红又专的道路上奋勇前进。④

具体到人才的培养过程中,除了注重专业、业务知识学习外,重视政治

---

① 《怎样进行自然科学研究》,《延安自然科学院史料》第3辑,北京工业学院,1985年版,第39页。
② 《中共中央关于党员参加经济工作和技术工作的决定》,《延安自然科学院史料》第1辑,北京工业学院,1985年版,第27页。
③ 《延安自然科学院的创建过程》,《延安自然科学院史料》第2辑,北京工业学院,1985年版,第44页。
④ 《培养革命科技干部的摇篮》,《延安自然科学院史料》第2辑,北京工业学院,1985年版,第80—81页。

理论课学习，使广大师生、学员系统学习马克思主义的科学知识并确立起正确的政治思想观念是延安自然科学院教育内容的重要组成部分。据统计，延安自然科学院的政治理论课教学时数占总教学时数的20%。① 也据校友回忆，其上学的第一学期的课程，主要是数学、物理、化学、外语等基础课。政治课每周一天，主要是学习马列主义和党的方针政策。② 为了突出对政治思想理论课程的重视，这些课程很大程度上由学院主要负责人带头讲授。如李富春同志讲党史，徐老讲"联共（布）党史"和哲学课，并在哲学课程中专门开辟了"自然科学概论""自然科学史"等章节，引导学生掌握和运用自然辩证法。一些老校友回顾自己后来在科技工作中注意运用唯物辩证法来分析复杂的问题时，表示首先得益于当年在延安所学的哲学课程。该院还开设"革命人生观"课，使学生从社会发展规律上认识到确立革命人生观的必要性。③ 1941年，徐特立接替李富春担任延安自然科学院院长，徐老来校后，从教育方针到课程设置，从政治思想工作到后勤工作，都亲自过问，具体安排。他给教师、干部和同学讲政治理论课，宣传马列主义、毛泽东思想，激励和教育我们年轻一代。④ 徐特立十分关心学生的全面发展，特别关心他们在政治上的健康成长。他亲自抓学校的政治思想工作，亲自讲授联共党史、中共党史、马克思主义哲学课程。他经常通过组织各种活动去进行政治思想工作，使同学们受到了生动而深刻的教育。⑤

自然科学是人们争取自由的一种武器。正如物质的武器一样，它本身是没有阶级性的。它可以为奴隶主阶级、封建阶级、资产阶级所用，也可以为无产阶级所用。但形成某种体系，掌握和运用它的人，是有阶级性的，也正如组成军队，掌握和使用它的人是有阶级性的一样。虽然资产阶级的科学人

---

① 《培养革命科技干部的摇篮》，《延安自然科学院史料》第2辑，北京工业学院，1985年版，第83—84页。
② 《延安自然科学院的创建过程》，《延安自然科学院史料》第2辑，北京工业学院，1985年版，第46页。
③ 《培养革命科技干部的摇篮》，《延安自然科学院史料》第2辑，北京工业学院，1985年版，第83—84页。
④ 《关于创办延安自然科学院的经过》，《延安自然科学院史料》第2辑，北京工业学院，1985年版，第67页。
⑤ 《徐老在延安自然科学院》，《延安自然科学院史料》第3辑，北京工业学院，1985年版，第216页。

才也可以为无产阶级所用,但是,无产阶级要发展自己的科学事业,就不能寄希望于没有经过思想改造,也就是没有改变阶级性的资产阶级人才,这里有个立场、观点和方法的根本区别。① 因此,在学习业务知识的同时,必须高度重视学生思想政治素质和品格的养成。徐特立就多次向学员们谈到:我们办科学院不仅传授知识,更重要的是教人,使同学们成为掌握科学技术并具有崇高理想的人才,好为抗战建国,为共产主义事业英勇奋斗。办学校忽视培养方向,这样的教育是失败的。我讲同学们要做革命通人和业务专家,就是要大家在学好科学技术课的同时,认真读好马列和毛主席的著作,用马列主义武装自己的头脑。一个人要有伟大的人生目的,要有革命理想和信仰,为无产阶级崇高的共产主义事业而活着。②

除了学院领导高度重视思想政治理论教育,党的重要领导干部对于学院的思想政治教育也高度重视,如当时中央组织部秘书邓洁在学院承担了"中国革命问题"的教学,叶剑英参谋长多次到学院给学生作时事、形势报告③,毛主席亲自为该院题写校名。1944年周扬同志转达了毛主席对该院学生的指示:"科学院学生要一面在工厂实习中学习实际知识,一面改造思想"。这给同学们指明了努力的方向。④

在政治理论课的学习中,注意学习的方法和形式是思想政治课取得实效的重要保证。如肖田、师秋朗等校友所回忆的:"政治是要经常学习的。我们每周有半天的政治课,内容或是系统理论,或是时事、政治形势,或是教员讲授,或是集体讨论,而讨论常常是学习的主要形式。在讨论会上,大家各抒己见,充分发挥不同的见解,思想非常活跃,发言热烈,真理愈辩愈明,不同见解在讨论中渐趋一致,有时由教员解答和分析。每讨论一次,每个人都感到一种很大的满足,无限畅快。这种思想解放、广泛讨论的气氛,形成

---

① 《关于创办延安自然科学院的经过》,《延安自然科学院史料》第2辑,北京工业学院,1985年版,第71页。

② 《回忆徐老创办延安自然科学院点滴》,《延安自然科学院史料》第3辑,北京工业学院,1985年版,第225页。

③ 《延安自然科学院的部分情况》,《延安自然科学院史料》第2辑,北京工业学院,1985年版,第109页。

④ 《培养革命科技干部的摇篮》,《延安自然科学院史料》第2辑,北京工业学院,1985年版,第80页。

了生动活泼的政治局面。"① 那时的思想教育抓得好,主要与业务结合,与纪律结合,与中央的方针政策相结合。② 良好的思想政治教育使延安自然科学院广大师生有着坚定正确的政治方向。"我们所有的教员和学员,有的是认准了共产党是对的,冒着生命危险,历尽艰辛从前方敌占区、从后方国民党统治区来到延安的,有的是从小就在党的培养教育下,在党的怀抱中成长的。这些同志对共产党将在全国取得胜利从不怀疑,共产主义的美好憧憬是我们奋斗的目标,这共同的理想、共同的信念,把我们紧紧地联系在一起。"③

(四)在艰难困苦中办学是自力更生、艰苦奋斗的创业精神的鲜明体现

延安自然科学院是在陕甘宁边区外部遭到封锁,内部经济发展遭遇困难、物资匮乏的社会历史背景下,创办起来的一所高等学校。在办学的过程中必定要遇到重重的困难与阻力。延安自然科学院的办学过程和伟大成就的取得,也更鲜明地体现了延安时期以中国共产党为代表的边区民众自力更生、艰苦奋斗的创业精神。

延安自然科学院是在一穷二白的基础上创建起来的,在受国民党经济封锁的情况下,延安自然科学院的学生买不到纸笔墨、没有书籍④,师资、教材、仪器、文具等无一不缺,而且要自己动手,解决衣食住行的问题。⑤ 在建院的过程中,广大的学生、干部自己动手,如整修道路、平整场地,自己动手建窑洞等。⑥ 通过自己的努力,为延安自然科学院的建立和开展教学工作奠定了坚实的基础。

学院建立起来之后,在办学的过程中,同样面临着极大的困难。没有教

---

①③ 《艰苦而幸福的学习生活》,《延安自然科学院史料》第 2 辑,北京工业学院,1985 年版,第 154 页。

② 《访华寿俊、王士珍同志》,《延安自然科学院史料》第 2 辑,北京工业学院,1985 年版,第 97 页。

④ 《抗战五个年头中的教育》,《延安自然科学院史料》第 1 辑,北京工业学院,1985 年版,第 77 页。

⑤ 《关于创办延安自然科学院的经过》,《延安自然科学院史料》第 2 辑,北京工业学院,1985 年版,第 66 页。

⑥ 《延安自然科学院的创建过程》,《延安自然科学院史料》第 2 辑,北京工业学院,1985 年版,第 44—45 页。

室，教学条件非常艰苦，下雨天就在窑洞里上课；太阳出来了，在树上挂块黑板上课；没有粉笔、钢笔，写字就用石笔在石板或地上画等。① 1940年到1942年，陕甘宁边区经济非常困难，物质生活很艰苦，虽然有中央的重视和各方面的支持，但是办学条件还是很艰难的，许多困难需要师生员工自力更生设法解决，如自己做黑板，帮助化学厂做粉笔、做墨水，教师们自己动手写教材，刻蜡版，印讲义、做生物实验用的标本、制造物理和化学实验用的仪器等。教职工和学生都实行供给制，每人每月只发很少的生活费用，伙食除照顾少数教师吃中灶外（细粮多一些），一般职工和学生一样吃大灶（大多是粗粮、小米等），有时粮食供应不足，还不得不以黑豆之类来补充。副食经常是用很少量的油炒的简单的白菜、萝卜或土豆片，很少吃肉。但是凭着一股子革命的热情和艰苦奋斗的精神，教师认真负责教学，职工积极热情工作，学生勤奋努力学习。学生除了上课外，都能抓紧时间自学。晚上没有电灯，连煤油灯和蜡烛也没有，每个窑洞里只有一盏小油灯，五六个人就围着它孜孜不倦地刻苦学习。② 据屈伯川回忆，在功课紧张的情况下，自然科学院师生还挤出时间来自制一部分教学用具，自己修建道路围墙，并开荒种地，为了准备过冬，男同学上山砍柴烧炭，女同学改制冬衣，将老羊皮大衣两件改三件，切实做到自力更生，改善生活，创造学习条件。③

延安自然科学院是在抗日战争极端困难的时候由党中央直接领导创办的第一所理工、农科高等学校，现在来看，那时学校的教学设备、师资队伍是相当差的，但与当时延安的其他学校相比，在教师队伍的业务水平上、学习年限上和教学内容上还是一所比较正规的高等学校。当时办这样的学校是很不容易的，师生员工艰苦奋斗的工作、学习精神是值得发扬的。④ 同时，自力更生、艰苦奋斗的办学精神，也使自然科学院的广大师生在思想

---

① 《访华寿俊、王士珍同志》，《延安自然科学院史料》第2辑，北京工业学院，1985年版，第97页。

② 《延安自然科学院》，《延安自然科学院史料》第2辑，北京工业学院，1985年版，第9—10页。

③ 《延安自然科学院的创建过程》，《延安自然科学院史料》第2辑，北京工业学院，1985年版，第45页。

④ 《延安自然科学院》，《延安自然科学院史料》第2辑，北京工业学院，1985年版，第13页。

品格方面得到了积极的塑造和锻炼。据很多校友回忆,在自然科学院的工作、学习、生产活动等,都是使人怀念的。特别是培养学生注重德智体全面发展,给人们留下了深刻的印象。比如进院后的学习生活,不单是读书受教育,也还参加体力劳动,如建校、开荒、种地、积肥、烧炭、纺线、织毛衣、编草鞋,加上各种实习,整个学习期间,始终未脱离劳动。这些生产劳动,对一些青年学生来说,不仅可以增加生产知识,磨炼体格,更有意义的是从中体会到了劳动人民的思想感情,锻炼了革命意志。① 在艰难困苦中办学并取得伟大成就,为自力更生、艰苦奋斗创业精神的形成做出了重要的贡献。

作为中国共产党在延安时期创办的第一所理工、农科高等学校,延安自然科学院以服务抗战建国为价值取向,服从国家的战略需求,紧跟党走,在艰难困苦的条件下,从陕甘宁边区的实际出发,坚持教学、科研、生产"三位一体"的办学方针和"又红又专"的育人目标,并取得了伟大的历史成就,为陕甘宁边区经济社会的发展,为抗战建国做出了巨大的贡献,在延安精神的形成过程中发挥了自己应有而独特的作用,为后人留下了宝贵的精神财富。正如胡琦、何华生等人所说的:"延安自然科学院的路子是走得对的,经验是宝贵的,值得认真总结和借鉴。这些经验是:为革命而学习;艰苦朴素,自力更生;理论与实践结合,基础理论与技术并重;为国民经济和人民生活的需要服务,近期和长远的需要兼顾;批评与自我批评的作风,严肃的空气和活跃的生活;师生之间的同志式关系;深入的政治思想工作和党员的先锋作用等。"② 延安自然科学院遗留下来的宝贵的精神财富值得我们永远地铭记和学习。

二、延安精神在社会主义革命和全面建设时期的继承与弘扬

1945 年,抗日战争胜利后,根据国内形势发生的重大变化,为夺取全国胜利、加速人才培养,根据中共中央的战略部署,延安大学的自然科学院

---

① 《延安自然科学院的创建过程》,《延安自然科学院史料》第 2 辑,北京工业学院,1985 年版,第 52 页。

② 《关于创办延安自然科学院的经过》,《延安自然科学院史料》第 2 辑,北京工业学院,1985 年版,第 73—74 页。

（延安自然科学院于 1943 年并入延安大学）等向东北、华北迁移。由于受革命战争形势的影响，1946 年 1 月，延安自然科学院改名为晋察冀边区工业专门学校（同年 11 月，晋察冀边区工业专门学校与由张家口转移到柏岭的铁路学院合并，改名为晋察冀工业交通学院，直属边区行政委员会领导），在极端艰难的条件下辗转华北办学。1948 年 10 月，为加快解放区的教育发展并为建设新中国做准备，中共中央决定晋察冀边区工业学校与晋冀鲁豫解放区北方大学工学院合并，成立华北大学工学院，以培养具备新的技能和本领、善于管理的工业干部和技术人才。1949 年 8 月，华北大学工学院迁入北京，划归中央人民政府重工业部领导。

　　从抗日战争胜利到迁入北京之前的这段时间，虽然几经辗转、办学条件艰苦，但是延安精神却始终得以继承和弘扬。如 1946 年 11 月晋察冀边区工业专门学校与晋察冀边区铁路学院合并成立晋察冀工业交通学院，其教育方针确定为："以政治思想教育为主，加强学生群众观点，树立其为人民服务的革命人生观；提高其文化水平与业务技术水平，提高其为人民服务的能力；课程贯彻'少而精'和学以致用的原则，教材内容须从实际出发与现实需要密切联系，注意学习，以达到学以致用的目的；有计划地组织生产，以培养学生正确的劳动观点、吃苦耐劳的习惯等。"[①] 也如 1949 年 8 月华北大学工学院自身的定位：为重工业建设和发展服务，培养具有理论联系实际、掌握现代科学技术成就、全心全意为人民服务、从事新民主主义重工业建设的高级工程干部。[②] 这些教育方针是对延安精神深刻而又生动的诠释。

　　1949 年 8 月华北大学工学院迁入北京，1950 年 9 月，华北人民政府教育部决定将中法大学校本部及数、理、化三个系合并到华北大学工学院。1951 年 11 月 18 日，中央人民政府教育部根据政务院财经委员会副主任李富春的审定，将华北大学工学院改名为北京工业学院，自 1952 年 1 月 1 日启用新的校名。中华人民共和国成立后，在新的社会历史环境下，延安精神在学校的办学过程中继续得到继承和发扬。

---

① 谈天民．从延安走来——北京理工大学的办学道路 [M]．北京：北京理工大学出版社，2004：28．

② 《北京理工大学志》编纂委员会．北京高等学校校志丛书：《北京理工大学志》[M]．北京：北京理工大学出版社，1995：3．

（一）根据国家的实际需要调整办学是服务国家战略需求的重要体现

正如前面所述，华北大学工学院迁入北京之后，其自身的定位在于为中华人民共和国培养重工业高级工程干部，但是根据国际国内形势的发展，1951年，中央兵工委员会提出了"兵工提早建设的部署"。中央人民政府重工业部于1952年春确定"北京工业学院逐渐发展为国防工业学院或国防工业大学，并使之成为我国国防工业建设中新的高级技术骨干之主要来源。"① 其主要任务主要是培养兵工、弹药、汽车、坦克及航空等一般机械加工及其生产的高级专门人才。从此，学校开始由为重工业服务转变为为国防建设培养人才。从学校发展的层面来说，这是一次巨大的挑战和面临的重要转型，但是，在服从国家战略需求的价值取向的引导下，学校做出了重大的战略调整。从此，北京工业学院进入了新的发展阶段。②

为了适应学校的战略转型，在专业设置和人才培养方面，北京工业学院做出了重大的调整。在专业设置方面，1953年12月，第一批苏联专家建议学校设置10个兵工专业，即火炮设计与制造、自动武器设计与制造、炮弹设计与制造、引信设计与制造、无烟药制造、装药加工、光学仪器设计与制造、雷达制造、坦克设计与制造、坦克发动机设计与制造，学校由此进入了全面建设兵工专业阶段。③ 在苏联专家的帮助下，到1957年初步建成基本配套的14个常规兵器工业，为迅速培养我国自己的国防建设人才，满足国防生产的需要，起了重大的作用。随着国防科学技术的发展，根据国家的统一规划，1958年以后，又建设了一批国防急需的火箭、导弹方面的专业，并培养出大批从事尖端科技的人才，输送到国防科研和工业部门，为我国后来的"两弹一星"上天做出了重要贡献。④ 1960年，学校的专业数量有重大发展，已经建成和正式在建的专业计有47个，其中属于火箭、导弹方面的专业14个；

---

①② 《北京理工大学志》编纂委员会. 北京高等学校校志丛书：《北京理工大学志》[M]. 北京：北京理工大学出版社，1995：3.

③ 《北京理工大学志》编纂委员会. 北京高等学校校志丛书：《北京理工大学志》[M]. 北京：北京理工大学出版社，1995：138.

④ 《北京理工大学志》编纂委员会. 北京高等学校校志丛书：《北京理工大学志》[M]. 北京：北京理工大学出版社，1995：3.

属于核技术方面的专业4个；属于兵工方面的专业18个；属于无线电方面的专业7个；属于理科方面的专业4个。① 在科学技术研究方面，北京理工大学（1988年4月2日，经国家教委批准，北京工业学院更名为"北京理工大学"）集中主要力量从事国防和兵器科学技术的研究，在20世纪五六十年代就取得了一批高水平的成果。1978年以来，累计获得国家级和部委级奖励的科技成果447项，其中国家级奖励80项，为我国国防科技和兵器工业的现代化做出了重要贡献。② 在人才培养方面，建校以来，北京理工大学为我国的国防工业（特别是兵器、电子、航空、航天、船舶、核能等工业部门）以及国民经济建设共培养输送了近5万名高级专门人才，他们中的一批人已经成为国内著名的专家学者，以及党和国家的领导干部。③

（二）"三位一体"的办学方针在中华人民共和国成立后得到良好的继承和弘扬

教学、科研、生产相结合是延安自然科学院办学过程中形成的根本指导方针。这一方针在中华人民共和国成立后，在各具体不同时期仍然得到了良好的贯彻和落实。华北大学工学院时期，就强调"理论与实践必须结合"。在教学中既"反对教条的学院主义"，即严重脱离实际的空洞理论偏向；又反对当时存在的忽视文化和理论基础学习的"学徒主义"。学院在非常困难的条件下，建立了理化实验室、实习工厂等；同时紧密与工业部门加强联系，学院向军工部提供人才和技术，军工部为学院提供办学条件，解决实习问题。④ 1949年8月，华北大学工学院迁入北京，在办学思想方面，1950年编印的《华北大学工学院概况》就涉及"采取理论与实际一致"⑤ 的人才培养方针。1950年，在《华北大学工学院各系制定课程与教学计划的原则》中提出：

---

① 《北京理工大学志》编纂委员会. 北京高等学校校志丛书：《北京理工大学志》[M]. 北京：北京理工大学出版社，1995：41.

②③ 《北京理工大学志》编纂委员会. 北京高等学校校志丛书：《北京理工大学志》[M]. 北京：北京理工大学出版社，1995：4.

④ 《北京理工大学志》编纂委员会. 北京高等学校校志丛书：《北京理工大学志》[M]. 北京：北京理工大学出版社，1995：11.

⑤ 《北京理工大学志》编纂委员会. 北京高等学校校志丛书：《北京理工大学志》[M]. 北京：北京理工大学出版社，1995：6.

"为使理论与实际紧密联系,制定教学计划时,应包括理论课程、生产实习及实验所组成的统一教学过程"。1950 年,学校在北京开始重新筹建实习工厂。1951 年 3 月,北京机器一分厂移交学校并成立实习工厂,厂址在城内南门仓,职工 100 余人,设备几十台。1956 年,在西郊巴沟新校址建成厂房,南门仓等地的设备全部迁入。1958 年,实习工厂扩充为附属工厂,同年,在小南庄设计建设新厂房。① 1951 年 3 月召开的院务会议,讨论了参照苏联经验拟订五年制的课程计划问题。拟订计划要请工业部门参加,"要加强实习和综合练习,与工厂实际结合"等。为实现"与工厂实际结合",华北大学工学院坚持培养工业技术干部"工厂实习是一个十分重要的环节"的办学思想。② 1951 年 7 月,学校组织了 23 个班 520 人的工厂实习,其中专业实习 179 人,认识实习 42 人,金工实习 137 人,参观实习 162 人。如此大规模长时间的实习是学校首次,③ "三位一体"的教学方针得到了较好的贯彻和落实。

  1954 年以来,北京工业学院正式进入了全面建设兵工专业的新阶段。1956 年,大批兵工专业的毕业生开始走上工作岗位,为满足兵器工业生产的急需,发挥了重要作用。学校明确以"工程师"作为专业的培养目标,在教学过程中强化了实践环节。以 1954 年苏联专家提供的火炮设计与制造专业五年制教学计划为例:培养目标为"机械工程师"。总学习时间为 252 周,扣除考试 31 周、假期 38 周,总教学为 183 周。其中理论教学 145 周,占 79%;实习 21 周、毕业设计 17 周共 38 周,占 21%。从学时分配看,总计 4 965 学时,讲课 2 680 学时,占 54%;实验 576 学时,课程作业与设计 280 学时,课堂实习、讨论、练习 1 429 学时,三者共计 2 285 学时,占 46%。④ 20 世纪 50 年代初,学校拟订的教学计划中列有五个实习:教学实习、认识实习、使用实习、生产实习、毕业实习等。⑤ 1958 年 8 月,学校召开第三届党员代表大会,通过

---

  ① 《北京理工大学志》编纂委员会. 北京高等学校校志丛书:《北京理工大学志》[M]. 北京:北京理工大学出版社,1995:564.

  ②④ 《北京理工大学志》编纂委员会. 北京高等学校校志丛书:《北京理工大学志》[M]. 北京:北京理工大学出版社,1995:11.

  ③⑤ 《北京理工大学志》编纂委员会. 北京高等学校校志丛书:《北京理工大学志》[M]. 北京:北京理工大学出版社,1995:205.

《1958至1962年北京工业学院建设纲要》，指出：是学校，又是工厂；是工人，又是学生；是脑力劳动者，又是体力劳动者；既学习又生产是共产主义教育的道路，也是教育上的一次革命，一切教学计划的安排，都需服从这条道路，要按照1∶4∶7的比例来分配每年的休假、劳动、教学的时数。每年4个月的劳动时间要集中安排。5年内周数大致分配如下：教学121周；生产劳动48周；军事训练17周；毕业实习6周；毕业设计、科研23周；考试18周；整风10周；假期17周。① 1958年修订教学计划时提出下列原则：克服关门办学、鄙视劳动、只专不红、脱离生产、脱离实际的旧体系，贯彻教育与生产劳动相结合的方针；将政治思想教育、生产劳动列为正式课程。② 1961年，学校修订教学计划。当时一般规定5年之内课堂教学138～142周，考试16周，生产劳动35周，实习14周，毕业设计14周，科研（主要是四、五年级）结合毕业设计进行，安排13～14周，假期35周，课内总学时为3 200～3 500学时，最多不超过3 600学时。从此把科学研究、生产劳动列入了教学计划，"真刀真枪"地进行毕业设计，给高年级学生以科学研究的基本训练，利于培养学生应用理论解决实际问题的能力。③ 1962年12月，召开了中国共产党北京工业学院第六届党员代表大会。党委书记魏思文向大会作工作报告，着重总结了1958年以来办学中带有指导意义的经验，主要有：关于理论与实际的关系；关于基础课与专业课的关系；关于"真刀真枪"问题即实践性的教学环节，结合科研、技术革命或生产的实际任务来进行；关于科学研究问题"是提高教学质量和科学水平的基本途径之一"；关于学校开展生产劳动的目的问题，认为"学校任何时候都必须以教学为主""学生参加生产劳动的目的，是培养劳动习惯，向工农群众学习，同工农群众密切结合，克服轻视体力劳动和体力劳动者的观点，同时，通过经常的业务实践，切实有效地帮助他们改造思想，提高觉悟，逐步达到又红又专"。④ 魏思文的工作报告深刻地

---

①② 《北京理工大学志》编纂委员会. 北京高等学校校志丛书：《北京理工大学志》[M]. 北京：北京理工大学出版社，1995：151.

③ 《北京理工大学志》编纂委员会. 北京高等学校校志丛书：《北京理工大学志》[M]. 北京：北京理工大学出版社，1995：12.

④ 《北京理工大学志》编纂委员会. 北京高等学校校志丛书：《北京理工大学志》[M]. 北京：北京理工大学出版社，1995：7.

阐述了北京工业学院办学过程中正确处理好教学、科研和生产的思想，是"三位一体"办学方针在中华人民共和国成立后办学过程中的生动体现。

（三）"又红又专"是中华人民共和国成立后办学过程中最根本的育人目标

延安时期，"革命通人，业务专家"是延安自然科学院在人才培养方面的根本性育人目标。在这一目标的指引下，延安自然科学院取得了辉煌的成就。在1945年后，学校转战华北，几易校名，根据解放战争形势的要求，及时调整教育方针和培养目标，但是培养学生坚定的政治方向却始终没有发生改变。在1946年晋察冀边区工业专门学校和1947年的晋察冀工业交通学院期间，学校强调"以政治思想教育为主，加强学生的群众观点，树立其为人民服务的人生观，在政治思想教育的基础上，提高其文化水平和业务技术水平，提高其为人民服务的能力"。[①] 这显示了学校在人才培养方面坚持的最高目标。华北大学工学院迁入北京后，其办学思想，也涉及"政治与技术结合"等方针。[②] 这也是"又红又专"的育人目标的深刻体现。1951年2月，围绕办学指导思想问题，华北大学工学院召开了四次党总支委员会，统一党政领导的认识；随后又从同年4月开始，学校用9周时间，组织全院教学人员进行新教育方针的学习和讨论，把政治学习、思想改造和端正办学指导思想结合起来，收到了较好的效果，统一了华北大学工学院办学的指导思想。[③]1954年9月，北京工业学院党委书记魏思文在学院团委第三次代表大会致辞中强调："不仅要学习技术，而且还要学习政治"。从1955年至1956年，北京工业学院开展了争当"三好生""优等生"的活动。1956年3月，全院共评出"三好生"225人，优等生329人，共计554人，占全院学生总人数的13%。[④] 为了贯彻"又红又专"的育人目标，学院在招生方面曾经有过比较严格的政治

[①] 《北京理工大学志》编纂委员会．北京高等学校校志丛书：《北京理工大学志》[M]．北京：北京理工大学出版社，1995：135.

[②③] 《北京理工大学志》编纂委员会．北京高等学校校志丛书：《北京理工大学志》[M]．北京：北京理工大学出版社，1995：6.

[④] 《北京理工大学志》编纂委员会．北京高等学校校志丛书：《北京理工大学志》[M]．北京：北京理工大学出版社，1995：15.

条件要求。据统计，1957年10月，学院学生中的工人、贫下中农和其他劳动人民家庭出身的占70.1%。1959年的1 411名新生中，出身工农和劳动者的达1 345人，占总数的95.3%，出身剥削阶级家庭的只有66人。1960年入学、1965年毕业的1 242人中，工人、贫下中农和其他劳动人民家庭出身的也占80%，总体上高于北京其他高校。这种对出身、成分要求过苛的规定，表现出当时的历史局限性；但也给学院带来了教育培养上一定的有利条件，即大多数学生阶级立场明确，热爱劳动，组织纪律性强，特别能吃苦耐劳。①

为了具体的贯彻"又红又专"的育人目标，在具体的人才培养过程中，思想政治理论课承担着对学生进行思想政治教育的重大历史使命。1949年8月迁入北京后，学院就曾从中国人民大学请来代课教师，开设"社会发展史"课程。1950年复旦大学哲学系主任杨一之教授应邀来学校开设"辩证唯物论与历史唯物论"课程。为满足马克思主义理论课教学之急需，1951年学院选派一批干部、学生到中国人民大学培训一年。1952年学校成立直属第一教研室，即政治教研室。全院开设"政治经济学"、"马列主义基础"（即"联共（布）党史"）、"新民主主义论"三门马克思主义理论课，每门120学时，分两个学期，每周4学时。② 此后，虽然在教学内容、课程设计等方面有较大的变动甚至经历了曲折的发展，思想政治理论课学习一直在培养学生的政治思想方面发挥着重要的作用。

（四）自力更生、艰苦奋斗在中华人民共和国成立后得到了新的发展

延安自然科学院是在陕甘宁边区外部受到严重封锁、内部遭遇严重困难情况下创办起来的，艰苦的条件赋予了延安自然科学院"自力更生、艰苦奋斗"的优良基因。此后，不管是辗转华北各地艰难办学，还是迁入北京后，尤其是在中华人民共和国成立后，"自力更生、艰苦奋斗"的优良传统一直得以继承和弘扬，同时，随着时代的变化，"自力更生、艰苦奋斗"在具体不同的历史时期被赋予了新的内涵，使这一优良传统随着时代的发展而历

---

① 谈天民．从延安走来——北京理工大学的办学道路［M］．北京：北京理工大学出版社，2004：287.

② 《北京理工大学志》编纂委员会．北京高等学校校志丛书：《北京理工大学志》［M］．北京：北京理工大学出版社，1995：308.

久弥新。

1949年8月，华北大学工学院迁入北京，在当时的社会历史条件下，学院的办学条件是极其艰苦的。1949年10月1日至3日，北京工业学院教师、同学参加开国大典后再次校内庆祝三天，10月4日开始上实验课。当时的实验课，因华北大学工学院物质条件不足无法开展，暂借中法大学实验室上课。1950年10月，华北大学工学院仪器室与中法大学物理实验室合并，实验条件得到了相对充实和改善，但尚不能完全满足教学需要。中华人民共和国成立初期国内尚无生产物理教学仪器的专业厂，专用的物理实验教学仪器只能自己设计制作。办法是借外校的实验仪器作样机自己进行设计、加工制作，十几个实验项目就这样建成，初步解决了教学需要。有的仪器质量精度还属上乘，其中个别仪器50年来至今还可服务于教学第一线。① 曹立凡教授曾深情地回忆华北大学工学院进城初期，学院师生勤工办学的情形，他说："为了勤俭办学（当时学生是供给制），同学们自制学习用具。那时全班同学没有计算尺，温田玉同学就按照进口的计算尺自己细心刻画，然后用竹料、楠木等仿制。为此，他在课后去市场购买碎硬木家具作材料，回来全班动手自制，除本班同学人手一把尺外，还做出一些送给外班同学。有一次，他买碎木背回来时学校已经熄灯了，他不愿打扰师生员工们的睡眠，竟未拍门，隆冬寒夜蹲在校门外直到天明，第二天照常上课。"② 这鲜明地反映了中华人民共和国成立初期，学院师生自力更生、艰苦奋斗的精神风貌。在"自力更生、艰苦奋斗"精神的引领下，学院师生通过自己的努力建设专业实验室。如1957年发动机实验室的建设主要就是由教师自己动手设计、制作完成的。③ 除了发动机实验室，雷达专业实验室等一批专业实验室都是由学院师生自己动手自行设计、制作、装配完成的。在克服艰难条件的同时，学院的师生还以"自力更生、艰苦奋斗"的精神和勇气去进行科学技术研究，产生了一大批敢于奉

---

① 谈天民．从延安走来——北京理工大学的办学道路[M]．北京：北京理工大学出版社，2004：291-292.

② 谈天民．从延安走来——北京理工大学的办学道路[M]．北京：北京理工大学出版社，2004：287-288.

③ 谈天民．从延安走来——北京理工大学的办学道路[M]．北京：北京理工大学出版社，2004：292.

献、吃苦耐劳、辛勤耕耘的科学家，为改变中国科学技术落后的局面，为祖国科学事业的发展做出了巨大的贡献，如雷达专家俞宝传教授就是其中的典型代表。俞宝传教授曾经在美国留学，但是在得知中华人民共和国成立后，毅然放弃了美国优越的生活条件回国参加建设。1952年俞宝传调入北京工业学院，当时正值北京工业学院从重工业学院向国防工业院校转变时期。实现这样的转变，学院缺乏国防专业的师资，对如何起步建设国防专业，领导和教师心中无数。为了加快实现这一转变，首先进行专业建设。俞宝传负责仪器系（电子工程系、光电工程系前身）雷达专业的筹备工作，后被任命为雷达专业组组长。他在苏联专家的指导下，拟订教学计划，编写雷达专业的讲义，建设雷达站实验室，组织毕业实习和毕业设计，而这一切都要从零开始。俞宝传当时是雷达专业唯一的副教授，在美国只是学习过雷达方面的原理，但并未真正见过雷达，他查阅国外雷达站说明书，没有现成设备就亲自动手搬运加工，带领毕业生下工厂实习。在经济极其拮据、师资极其匮乏、设备极其简陋的艰苦条件下，他们以无私奉献的精神开创着雷达专业，展望着祖国国防科技的美好前景。[①] 俞宝传教授的事迹是中华人民共和国成立初期北京工业学院师生艰苦创业、辛勤探索的缩影。

　　进入全面建设社会主义时期，北京工业学院师生继续保持了"自力更生、艰苦奋斗"的精神，为祖国国防工业的发展做出了巨大的贡献，"自力更生、艰苦奋斗"的精神得到了进一步的升华。如1958年9月8日下午，中国第一枚二级固体高空探测火箭，在河北省宣化靶场发射升空。当天，又发射了第二枚二级火箭，也获成功。这两枚代号"505"的"东方—1号"二级高空火箭，由北京工业学院的师生发射，从而奏响了中华人民共和国空间时代的历史序曲。[②] 探空火箭发射的成功，其背后凝聚了北京工业学院师生的知识、心血、汗水，并为之付出了巨大的牺牲，5位学生为此献出了年轻的生命，进行的各种实验共达1.2万余次。除了探空火箭，新中国第一个电视频道、第一台国产大型天象仪等无不浓缩了北京工业学院师生服务祖国、自力更生、艰

---

　　① 北京理工大学校报编辑部.北京理工大学跨世纪德育系列丛书（之五）：《京工魂》[M].北京：北京理工大学出版社，1995：20-21.
　　② 北京理工大学校报编辑部.北京理工大学跨世纪德育系列丛书（之五）：《京工魂》[M].北京：北京理工大学出版社，1995：60.

苦奋斗的精神。除了为国防工业的发展做出巨大的历史贡献外，北京工业学院的师生在具体的办学过程中同样继承和弘扬了延安自然科学院勤俭办学的优良传统。如 1960 年 11 月，二系学生开展南泥湾活动，全系 690 名学生共拆洗棉衣、棉裤、绒衣等 854 件，棉被 407 件，单衣 458 件；五系学生 1 200 多人共收集废铜碎铁 7 723 斤、柴禾 4 374 斤、油料作物 38 斤、破布 129 斤。1963 年，全院共有学生修鞋小组 51 个、学生理发小组 131 个。艰苦朴素、勤工俭学在学校蔚然成风。① 1963 年 8 月 1 日，装甲兵司令员许光达大将接见北京工业学院应届毕业生并指出：革命的知识青年，应该勇于担当起实现农业现代化、工业现代化、国防现代化和科学技术现代化的任务，坚持自力更生，奋发图强，猛攻科学技术尖端。② 这是对北京工业学院师生继承和弘扬"自力更生、艰苦奋斗"精神的重要期许。

"文化大革命"期间，我国的高等教育受到极大的破坏，但是北京工业学院的师生始终没有忘记自身承担的重要历史使命，继承和进一步弘扬了"自力更生、艰苦奋斗"的精神，学院的科学研究在逆境中仍为国家做出了贡献。在此期间，全院共承担了 110 多项科研任务，有 57 项完成或取得了重大成果，其中红箭—73 反坦克导弹武器系统、J—201 反坦克导弹、大型天象仪、一米和三米焦距远程照相机、1974 式全自动双管 37 毫米高射炮（随动系统）、8701 高能混合炸药、光学系统自动设计等获得 1978 年全国科学大会奖，有些项目已达国内或国际先进水平，填补了国家空白。③ 这些成果的取得与"自力更生、艰苦奋斗"的精神有着密不可分的重要联系。

三、延安精神在改革开放新时期被赋予了新的内涵

改革开放新时期，延安精神不仅在学校的办学过程中得到坚持和弘扬，而且在新的历史条件下被赋予了新的内涵。

---

① 《北京理工大学志》编纂委员会．北京高等学校校志丛书：《北京理工大学志》[M]．北京：北京理工大学出版社，1995：317．

② 《北京理工大学志》编纂委员会．北京高等学校校志丛书：《北京理工大学志》[M]．北京：北京理工大学出版社，1995：44．

③ 《北京理工大学志》编纂委员会．北京高等学校校志丛书：《北京理工大学志》[M]．北京：北京理工大学出版社，1995：344．

（一）配合党和国家工作重心的转移而调整办学是服从国家需要价值取向的生动体现

1978年党的十一届三中全会以后，随着全党工作重点的转移以及我国国防科技工业实行调整、改革，贯彻"军民结合，平战结合，军品优先，以民养军"的方针，这对学院的人才培养和科学研究提出了新的更高的要求，也为学院的改革发展指明了方向。① 在面临新形势、新任务的情况下，1980年下半年北京工业学院开始制定十年发展规划。1980年9月，学院党委提出《编制我院十年发展规划需要研究的一些问题》。1980年12月21日至1981年1月20日，就编制发展规划的核心问题，即专业设置问题，举办了"专业调整讨论班"。根据这次讨论学院明确了专业必须调整；必须改变单一工科专业的现状，办成理、工、管相结合，以工为主的综合性大学；必须按学科办专业；必须面向国防建设，保持军工的优势和特色等思想②，为新时期学院的发展提高了认识、统一了思想。1983年8月，北京工业学院召开暑期工作会议研讨北京工业学院事业发展规划，提出学校的总任务是："动员全院师生员工，全面贯彻党的教育方针，脚踏实地，艰苦奋斗，到20世纪末，把我院办成适应国民经济和兵器工业发展需要的，以工为主、理工相结合的，高水平的全国重点大学，向国家输送高质量德、智、体全面发展的人才，提供高水平的科研成果"。③ 1986年3月17—20日，北京工业学院召开1986年科研工作会议，传达中央领导关于"保军转民、军民结合"的讲话。④ 1988年3月，在学习、贯彻中国共产党第十三次全国代表大会精神的基础上，学院组织教育思想的学习讨论，主要内容是解决学校如何建立主动适应国民经济和社会发展的有效机制问题，制定了《北京工业学院贯彻十三大精神，深化教育改革的意见》，提出深化教育改革的指导思想，其中重要的一条思想方针是坚持

---

① 《北京理工大学志》编纂委员会. 北京高等学校校志丛书：《北京理工大学志》[M]. 北京：北京理工大学出版社，1995：4.

②③ 《北京理工大学志》编纂委员会. 北京高等学校校志丛书：《北京理工大学志》[M]. 北京：北京理工大学出版社，1995：8.

④ 《北京理工大学志》编纂委员会. 北京高等学校校志丛书：《北京理工大学志》[M]. 北京：北京理工大学出版社，1995：54.

军民结合，充分发挥我院军工特色和多学科、综合性的优势，建立教育与现代化建设密切结合的有效机制，增强学院适应经济和社会发展需要的动力和活力。① 从20世纪80年代初开始，学院克服了自身的习惯势力和来自各方面传统观念的阻扰，对专业进行大幅度调整：把学科基础相近的9个专业实行合并；对军工产品型专业，有的拓宽了业务范围和服务方向，有的调整为通用专业，有的采用一个专业、两个名称的做法调整为军民结合型专业；正式增设了3个应用理科专业，增设了6个新型专业和通用专业，使学院的专业结构发生了重大变化。② 在学生培养方面，从1988级新生入学开始，学院实行按系招生录取，一、二年级部分专业，以系为基础按学科大类组织教学，二、三年级后根据社会需要确定专业方向和培养方案。新方案的试行，冲破了传统专业的概念和模式，淡化了专业界限，活化了专业方向，为按需培养创造了条件，为打通"军"和"民"专业之间的界限，在更大范围内实现军民结合、创办大口径专业创造了条件。③ 在实现转型的探索过程中，北京工业学院为推动我国经济社会发展做出了重大的贡献。如1993年9月7—11日，学校参加"93兵器工业军转民科技成果及新产品展览交易会"。兵总50余家单位参展，学校是这次展交会上展出规模最大、参展项目整体水平最高的展团。期间，学校共签订3项合作协议，总金额达400余万元。④ 回顾学校的历史，可以说，"在国家发展的不同历史时期，根据我国革命和建设的实际需要，北京理工大学在为党和国家的总任务、总路线服务的过程中，不断成长发展。"⑤

---

① 《北京理工大学志》编纂委员会. 北京高等学校校志丛书：《北京理工大学志》[M]. 北京：北京理工大学出版社，1995：8-9.

② 谈天民. 从延安走来——北京理工大学的办学道路[M]. 北京：北京理工大学出版社，2004：54.

③ 《北京理工大学志》编纂委员会. 北京高等学校校志丛书：《北京理工大学志》[M]. 北京：北京理工大学出版社，1995：141.

④ 《北京理工大学志》编纂委员会. 北京高等学校校志丛书：《北京理工大学志》[M]. 北京：北京理工大学出版社，1995：66.

⑤ 《北京理工大学志》编纂委员会. 北京高等学校校志丛书：《北京理工大学志》[M]. 北京：北京理工大学出版社，1995：3.

(二)"三位一体"办学方针在新时期被赋予了新的内涵

进入改革开放新的历史时期,"三位一体"的教学方针得以继续贯彻和执行。1985年5月,中共中央作出《关于教育体制改得的决定》,明确了高等学校的重大任务、高等教育发展目标等问题,根据这一方针,北京工业学院提出建设教育和科研"中心",初步形成军民结合、理工结合和面向现代化、面向世界、面向未来的办学指导思想。1987年9月1日至10月6日,在全院教职工中开展教育思想学习和讨论,以"进一步明确办学指导思想,克服和防止只重视智育而轻视德育的倾向,充分认识加强思想政治工作的极端重要性"。经过这次讨论,进一步明确了"尽管现代学校的社会职能有了发展,一般认为它包括教学、科学研究和社会服务,但三者的关系应该是结合的、统一的,并在培养人才上统一和一致起来"等思想。① 为了加强学校与社会的联系,转化科技成果,北京理工大学积极稳步地发展校办科技产业。经过调整,到1993年校办产业的发展已初具规模:共有校属各类企业12个,其中8个为科技企业,产品涉及计算机、电子、化工、机电、广电等领域,年营业额近1亿元,利税总计800多万元。1993年下半年,与北京市新技术产业开发实验区合作在学校东南角联合建设的"科技大厦"破土动工。学校南侧围墙已打开,建造"汽车一条街",以科、工、贸一体化的方式走教学、科研、生产相结合的道路②,这也是"三位一体"的办学方针在改革开放新时期被赋予的新的内涵。

(三)"又红又专"在新时期得到新的发展

"文化大革命"结束后,1978年,学院确定的培养目标是:根据党的教育方针和十一大路线,应培养德、智、体全面发展的又红又专的国防工业高

---

① 《北京理工大学志》编纂委员会. 北京高等学校校志丛书:《北京理工大学志》[M]. 北京:北京理工大学出版社,1995:9.

② 《北京理工大学志》编纂委员会. 北京高等学校校志丛书:《北京理工大学志》[M]. 北京:北京理工大学出版社,1995:14.

级工程技术人才。① 进入改革开放新时期，1979年，《北京工业学院教学计划草案》指出："要坚持又红又专的社会主义方向，重视政治理论课的教育，重视和加强学生的思想政治工作。"在这一思想的指导下，"政治理论课主要任务是对学生进行马列主义教育，帮助学生学习马列主义、毛泽东思想的科学体系，树立正确的政治观点和思想方法，提高执行党的路线、方针、政策的自觉性。"在思想政治课程设置方面，"一般开设'中共党史''政治经济学''马克思主义哲学'3门课程，课时为180学时。"② 此后，注重对学生进行思想政治教育，坚定学生的政治方向一直都是学校在人才培养过程中一向重要的工作。1983年8月，学院召开暑期工作会议研讨北京工业学院事业发展规划，提出了学校的总任务，其中就涉及"向国家输送高质量德、智、体全面发展的人才"。③ 1990年10月5日至11月30日，在全校教职工中开展了教育思想学习讨论，主要议题有两个：一是坚持社会主义办学方向，认真落实把坚定正确的政治方向放在培养人才的首位；二是端正办学的指导思想，继续深化教育改革，全面提高教育质量。④ 在1992年编制的《本科教学概览》中，修订本科教学计划的指导思想强调："全面贯彻我国的教育方针，在学生培养中把坚定正确的政治方向放在第一位""努力培养又红又专、专业面宽、基础厚实、能力较强、适应性强的合格人才"。⑤ 对学生进行全方位、多层次的思想政治教育并形成相关的工作机制和体制是改革开放以来学校在培养学生坚定正确的政治方向上作出的巨大努力和艰辛的探索，这种努力和探索在改革开放新时期以来不同的历史时期有不同的表现形式，但是培养"又红又专"的人才始终是学校办学过程中追求的根本目标。

---

① 《北京理工大学志》编纂委员会．北京高等学校校志丛书：《北京理工大学志》[M]．北京：北京理工大学出版社，1995：136．

② 《北京理工大学志》编纂委员会．北京高等学校校志丛书：《北京理工大学志》[M]．北京：北京理工大学出版社，1995：309．

③ 《北京理工大学志》编纂委员会．北京高等学校校志丛书：《北京理工大学志》[M]．北京：北京理工大学出版社，1995：8．

④ 《北京理工大学志》编纂委员会．北京高等学校校志丛书：《北京理工大学志》[M]．北京：北京理工大学出版社，1995：9．

⑤ 《北京理工大学志》编纂委员会．北京高等学校校志丛书：《北京理工大学志》[M]．北京：北京理工大学出版社，1995：153．

（四）"自力更生、艰苦奋斗"的创业精神有了新的时代内涵

进入改革开放新的历史时期，"自力更生、艰苦奋斗"的精神得到了继承和发扬光大，并随着时代的发展被赋予了新的内涵。如前所述，十一届三中全会后，随着党和国家工作重心的转移、国防工业的调整和改革，北京工业学院的办学思路和方针做出了巨大的调整。由传统的国防工业学院向适应新形势下社会主义现代化建设需要的转型实际上也是艰苦创业的历史过程，是"自力更生、艰苦奋斗"在新时期的生动体现。十一届三中全会以来，北京理工大学广大师生干部，在解放思想、实事求是思想路线的指引下，不断开拓和探索教学、科研、生产的新局面，涌现了一大批敢于追随时代潮流的弄潮儿，并取得了丰硕的成果，如 20 世纪 80 年代初期八系对军工专业的改造①、工业设计系在 20 世纪 80 年代初的创建和发展②、雷达专家毛二可在 1978 年以后急国家所急，开展雷达反无源干扰的应用研究③等，无不体现了北理人"自力更生、艰苦奋斗"的精神。艰难困苦、玉汝于成。北京理工大学成长和发展的历程体现了北理人"自力更生、艰苦奋斗"的艰辛历程，也是保证学校不断得以成长、壮大和发展不竭的动力。

四、结束语：在延安精神的引领下开创学校建设事业的新局面

回顾 70 多年的办学历程，北京理工大学及其前身始终继承和弘扬服从国家战略需求的光荣传统，不断地调整办学方向。在新形势下，在"凝心聚力、深化改革，加快建设世界一流理工大学"的主题背景召唤下，要顺利完成和实现学校的发展目标，在未来的办学过程中必须始终围绕服务国家的重大战略需求，始终与党和国家同呼吸、共命运。要始终牢记为人民服务的宗旨，在推动我国经济社会发展的过程中发挥积极重要的作用，同时也要以服从国

---

① 北京理工大学校报编辑部．北京理工大学跨世纪德育系列丛书（之五）：《京工魂》[M]．北京：北京理工大学出版社，1995：74-81．
② 北京理工大学校报编辑部．北京理工大学跨世纪德育系列丛书（之五）：《京工魂》[M]．北京：北京理工大学出版社，1995：94-98．
③ 北京理工大学校长办公室．《京工风采录》第三辑[N]，2000 年版，第 134—140 页．

家重大战略需求为着力点,推动学校各项事业的深入发展。

在新时期新阶段,要推动学校各项事业的发展,"三位一体"的办学方针必须毫不动摇地贯彻和落实下去。在教学方面,积极鼓励教师专心投入教学、加强教师教风建设。与此同时,加强学生学风、班风建设。为学校教学工作的开展和成效的提高打下坚实的基础。在科学研究方面,要强化特色、拓展方向,提升学科建设水平,汇聚高端人才,增强学校科技持续创新能力。在社会服务方面,继续贯彻产、学、研相结合的指导原则,以高新技术产业为抓手和衔接点,使学校在推动经济社会发展过程中发挥新的、更大的作用。总之,使教学、科研、生产"三位一体"的办学方针在新的时代背景下发挥更大的指导作用。

从目前来看,北京理工大学在贯彻党的教育方针、坚持社会主义办学方向上,具有较高的自觉性和坚定性。在学校层面,在加强党的各级组织建设方面取得了卓著的成效,党组织的战斗堡垒作用得到进一步的加强。在学生培养方面,形成了以德育答辩等为重要特色的德育工作制度,学生思想政治教育工作得到全面的提升和发展。在校园文化建设方面,通过形式各异的活动,在塑造广大师生共同的价值追求方面发挥了重要的作用。上述各项工作的开展,为学校坚定社会主义的办学方向,实现又红又专的育人目标奠定了坚实的基础。

回顾学校成长和发展的历程,这实际上是学校广大师生"自力更生、艰苦奋斗"的艰辛奋斗历程,也是保证学校不断得以成长、壮大和发展不竭的动力。展望未来,在2015年5月召开的中国共产党北京理工大学委员会第十四次代表大会上,学校提出了未来五年发展建设的目标、任务、战略和举措,为建设人民满意的世界一流理工大学奠定坚实基础。伟大历史任务的实现需要凝聚共识、深化学校综合改革,同样需要在新的历史条件下,继续坚持和发扬"自力更生、艰苦奋斗"的奋斗精神,唯有如此才能开创学校建设一流理工大学事业的新局面。

■ 党建理论研究专题

落实"三严三实",切实加强学校领导班子作风建设

课题负责人:张敬袖

习近平总书记提出的"三严三实",是对全体党员干部作风建设发出的新号令。如何贯彻落实,如何理解"严"和"实"的内在联系,如何改进作风建设,如何持之以恒以及机制体制如何保障等相关内容都是新时期党建研究的重要命题。

高校是党领导的重要阵地,如何在新时期、新形势下加强高校党员的作风建设,是高校党建工作者和研究者的重要任务。高校领导班子是高校党员干部的领导核心,其表现出来的作风对高校全体党员干部具有引领、示范和辐射效应。

基于此,本课题以"落实'三严三实',切实加强学校领导班子作风建设"展开研究。以习近平总书记提出的"三严三实"的概念内涵及其内容之间的辩证关系作为逻辑研究起点,阐述"三严三实"是马克思主义政党干部作风的本质特征。基于我校的校情校史,深刻挖掘和阐释"三严三实"元素在我校的具体表现和历史传承。查阅文献总结归纳作风建设包含的主要内容,并就学校领导班子在这些方面的表现设计了调查问卷和访谈提纲:向我校在职从事基层党务工作的一般干部发放调查问卷,当场发收,现场回收,回收率100%;对学校中层领导干部(党务和行政)设计了访谈提纲,进行访谈。经过认真了解基层情况,结合统计分析调查结果,总结形成了我校领导班子作风建设存在问题的清单。最后,基于问题,从理论和实

践操作层面,对我校领导班子落实"三严三实",加强作风建设提出了解决的方案和对策。

一、"三严三实"的概念及其辩证关系

2014年3月9日,习近平总书记在参加中华人民共和国第十二届全国人民代表大会第二次会议安徽代表团讨论审议时,关于推进干部作风建设的讲话中,提出了"既严以修身、严以用权、严以律己,又谋事要实、创业要实、做人要实"的重要论述,称为"三严三实"讲话。党的十八大以来,习近平总书记多次强调党员干部特别是各级领导干部要做到严以修身、严以用权、严以律己,谋事要实、创业要实、做人要实。为持续深入推进作风建设,2015年4月,中共中央办公厅印发《关于在县处级以上领导干部中开展"三严三实"专题教育方案》(以下简称《方案》),在全体县处级以上领导干部中开展"三严三实"专题教育实践,以期通过专题教育实践活动,纠正党员干部的作风问题。

(一)"三严三实"的概念内涵

"三严三实"内容简洁凝练、立意高远,内涵丰富、指向明确。严以修身,即要加强党性修养,坚定理想信念,提升道德境界,追求高尚情操,自觉远离低级趣味,自觉抵制歪风邪气。严以用权,就是要坚持用权为民,按规则、按制度行使权力,把权力关进制度的笼子里,任何时候都不搞特权、不以权谋私。严以律己,就是要心存敬畏、手握戒尺,慎独慎微、勤于自省,遵守党纪国法,做到为政清廉。谋事要实,就是要从实际出发谋划事业和工作,使点子、政策、方案符合实际情况、符合客观规律、符合科学精神,不好高骛远,不脱离实际。创业要实,就是要脚踏实地、真抓实干,敢于担当责任,勇于直面矛盾,善于解决问题,努力创造经得起实践、人民、历史检验的实绩。做人要实,就是要对党、对组织、对人民、对同志忠诚老实,做老实人、说老实话、干老实事,襟怀坦白,公道正派。

严以修身,严在理想信念。做官先做人,做人必修身。对党员干部来说,修身做人就是要做合格的共产党员,做社会的先进分子。严以修身的关键是加强道德修养、坚定理想信念。"四风"问题、不敢开展批评和自我批评,根

子都在信仰迷茫、精神迷失。"钙"失则神散,"钙"足则志笃。有了坚定的理想信念,就能做到"石可破不可夺坚,丹可磨不可夺赤"。党员干部不管走到哪里都不能忘了共产党人的使命和追求,不管遇到什么困难都不能丢掉共产党人的灵魂,必须自觉加强党性修养、增强政治定力,铸牢理想信念这个"主心骨",使道路自信、理论自信、制度自信真正刻骨铭心。

严以用权,严在规范规矩。党和人民赋予我们一定的权力,是一种信任、一种重托。越是职位高、权力大,越要牢记权力的本质。严以用权的要害是坚持权力属于人民、用权造福人民。权力是责任,是信任,也是重托,只有出以公心,秉公用权,为人民谋福祉,为百姓解忧难,才能保证权力行使的正确方向。党员干部要守纪律、讲规矩,讲原则、守底线,不为私利所困,不为私情所惑,真正做到一身正气、两袖清风,堂堂正正做人、干干净净用权。

严以律己,严在慎欲慎行。人生道路很长,但关键时刻往往就是几步,放松自律,一时糊涂,就会铸成大错。自己管得住自己,常思"严"之益,常念"纵"之害,才能防止精神沦陷、"自己扳倒自己"。严以律己的核心是自重、自警、自醒,清正廉洁。少数领导干部社交圈复杂、生活作风不检点,个人修养不高、言语举止不端,对自身要求不严格。所谓胜人者力,自胜者强。党员干部要心存敬畏、手握戒尺,时刻记住"头上三尺有神灵",头上有天,天上有眼;要慎独慎微、勤于自省,做到遵纪守法、为政清廉。

谋事要实,实在思想路线。自古至今,"实言实行实心,无不孚人之理"。从实际出发、实事求是,是我们党重要的思想路线。谋事要实的根本是从实际出发,与百姓利益高度契合。只有使点子、政策、方案符合实际情况、符合客观规律、符合人民意愿,才能创造出经得起实践、群众和历史检验的实绩。有些干部好大喜功、急于求成,热衷于提概念、喊口号,造声势,不务实事,不求实效。这方面的教训很多,也很深刻,我们不能忘记。党员干部要严谨科学决策,按客观规律办事,一切为群众着想、为群众而干,树立功成不必在我的理念,多做打基础、利长远的事情,不搞竭泽而渔的短期行为。

创业要实,实在干事作风。邓小平同志讲过,马克思主义千言万语就是一个"干"字,不干,半点马克思主义也没有,实干兴邦,空谈误国。如果只说不做,光谈认识不见行动,那是"空道理";如果说一套做一套,认识到问题不积极解决，那是"假道理"；只有即知即改、见诸行动，那才是"硬道理"。创业要实，要义是真抓实干、敢于担当。党员干部想干事、肯干事、多干事、干实事，是义务，是本职，是最起码的要求。

做人要实，实在道德品行。老实做人、做老实人，是共产党员先进性的内在要求，是领导干部"官德"的外在表现。周恩来同志说过："世界上最聪明的人是最老实的人，因为只有老实人才能经得起事实和历史的考验。"做人要实的本质是忠诚老实、言行一致。所谓"忠诚老实"，就是要襟怀坦白，光明磊落，忠于党，忠于祖国，忠于人民，在政治上、思想上、行动上同党中央保持高度一致。所谓"言行一致"，就是要对党、对组织、对同志讲真话、讲实话、讲心里话，就是要言必行、行必果，以行动验证表态、用实践兑现承诺。

（二）"三严三实"的辩证关系

"三严三实"的核心是"严"和"实"，二者是辩证统一的关系。

"三严"是"三实"的前提和根本。"三严"要求领导干部加强党性修养、坚定理想信念、提升道德境界，坚持用权为民、按规用权、不谋特权私权，要心中有戒、遵纪守法、为政清廉，这既是对党员干部做人的基本道德要求，又是作风建设的根本保障。"三严"体现的是共产党人对理想信念、价值观和党性原则的理解和认识，也是共产党人的独特优势，是根本，是基础，是出发点；"三严"不仅是对党员干部修身、用权和律己方面的警示，也是践行社会主义核心价值观的升华和提炼。在"三严"中，"修身"是基础，强调的是个人修养、个人理念的时代性和先进性，是党员干部干事创业的思想引导和价值戒尺，既是红线也是底线；"用权"是核心，作为党员干部，所谓用权就是履行岗位职责，任何权力都是融入工作岗位和职务中的，从来没有独立于岗位、独立于工作之外的权力，因此严以用权是三严的核心。"律己"是对自我行为的约束，是"修身"和"用权"的保证，只有慎独、慎微、克己，才能真正确保修身正、用权严。

"三实"是"三严"的具体体现。"三实"要求领导干部真心为群众着想、从实际出发、科学谋划事业和工作，真抓实干、敢于担当、创造实绩，要忠诚诚信、襟怀坦白、公道正派。"三实"体现了我们党实事求是的思想路线，是"三严"的具体体现和实践。"三实"是对党员干部"谋事、创业、做人"方面的号令、期望和鞭策，是干事创业的行动指南。在"三实"当中，"谋事要实"是前提，"创业要实"是关键，"做人要实"是保障。

在"三严"与"三实"的辩证关系中，"三严"偏重强调"知"，知规矩、知不足、知敬畏；"三实"偏重强调"行"，说实言、用实劲、行实事。"三严"是"三实"的前提和基础，有了"三严"，"三实"才有了行动的基础和动力，做到"三严，"才能打牢"三实"的思想基础；"三严"不立，"三实"就失去了理论和内心支撑，做不到"三严"，"三实"就会成为空洞的理论说教。"三实"是"三严"的具体体现，只有做好"三实"，才能巩固"三严"；实现了"三实"，可以进一步促进个人"三严"修养的发展。可见，"三严三实"中，"三严"与"三实"是相互联系、相辅相成、互为因果、相互转化、不可分割的关系，在互动中成为互为依托、相互促进的有机统一整体。因此，必须正确理解"三严"与"三实"两者的辩证关系，"严"字当头、"严"字筑底，"实"处发力，把"三严"内化于心，外化成"三实"的具体行动，让"实"字落地生根。把"三严三实"贯穿做人履职的全过程，以脚踏实地的干劲，敦本务实的作风，勇于担责的精神，直面问题的气度，干出实实在在的业绩，带来实实在在的改变，获得群众实实在在的拥戴。做老实人、说老实话、干老实事，襟怀坦白，公道正派，做一名合格的好党员、好干部。

综上所述，习近平总书记倡导的"三严三实"理念是一个有机联系的整体。"三严"重在做人要"清廉"，"三实"重在做事要"务实"，"清廉"和"务实"的共同价值取向是"为民"。高校领导班子要牢记全心全意为广大师生服务的根本宗旨，切实做到"权为师生所用，情为师生所系，利为师生所谋"。"三严三实"体现的是作风，彰显的是境界，需要的是行动。作风建设永远在路上，只有进行时，没有完成时。高校领导班子唯有时刻保持力度、坚持韧度，从"严"上要求，向"实"处着力，把"三严三实"内化于心、外化于行，方能使高校的各项事业开展有序，落地生根，蓬勃发展，开花结果，善始善终，善做善成。

（三）"三严三实"反映马克思主义政党干部作风的本质特征

先进性和纯洁性是马克思主义政党的本质属性。政党的先进性特征表现为走在社会发展前列，带领社会前进并为全社会做出榜样和表率。先进性是无产阶级政党产生以来无数先烈用血与火凝练出来的取长扬优、不断进取的生存智慧，是一种胸怀宽广、摈弃私心杂念、不断学习、不断完善自己的生存智慧，是马克思、恩格斯还有之后无数真正的马克思主义者不断践行的政党生存智慧。政党的纯洁性特征表现为面对各种外部环境的变化保持在思想上、政治上、行动上和立场上的纯洁本色不变质。这种纯洁性是随着无产阶级政党思想的诞生而与生俱来的本质属性。这种纯洁性从马克思、恩格斯笔下，从维克多·雨果的文学作品里流淌出来延续至今，这种纯洁性特征使真正的马克思主义者如纯洁火焰般的无私、勇敢与无所畏惧，不计个人安危荣辱，义无反顾，共赴国难。广大的中共党员，要保持和发展马克思主义政党的先进性和纯洁性，做到勇敢无私、不畏强权，虚怀若谷、严格自律，勤于学习、勇于进取，"三严三实"就是新时期马克思主义政党干部作风的本质要求。

代表最广大人民群众的根本利益是马克思主义政党的阶级属性。中国共产党代表中国最广大人民群众的根本利益，是人民依赖和信任的政党，要全心全意为人民服务。无产阶级的革命导师马克思、恩格斯在《共产党宣言》中明确指出："过去的一切运动都是少数人的，或者是为少数人谋利益的运动。无产阶级的运动是绝大多数人的，为绝大多数人谋利益的独立的运动。"党的作风，源于马克思主义政党的阶级属性和中国共产党的服务宗旨，它要求党组织中的每一位党员和干部，必须做到严以修身，做到一心为民，大公无私，与自身一切违背这一宗旨的思想和行为作斗争；必须严以用权，清醒认识到自己手中的权力是人民给的，自己是人民的公仆，把权力用在为人民服务上；必须严以律己，认识到自己是人民群众中的先进分子，要在各方面和任何时候都要保持先进的特质；必须谋事要实，紧紧围绕全心全意为人民服务而谋事，谋对人民有利之事，谋让人民称赞之事，不做谋虚而无果、华而不实之事；必须创业要实，要树立为人民服务的政绩观，创能给人民带来长久福祉之业，绝不做那种昙花一现、哗众取宠之事；必须做人要实，即做一个纯粹的人，一个有道德的人，一个脱离了低级趣味的人，一个有益于人民的人，而不做"两面人"，不做高高在上、脱离群众的人。"三严三实"是我们党全心全意为人民服务宗旨的集中体现，深刻反映了马克思主义政党干部作风的本质特征。

二、"三严三实"元素在北京理工大学发展历程中的具体表现

在我校七十余年发展历程中,老一辈无产阶级革命家的谆谆教诲和严以律己、身教重于言教的校史都是"三严三实"元素在我校的具体表现。

(一)"实事求是,不自以为是"是"三严三实"的具体表现之一

徐特立是我们的老院长,北京理工大学就是在徐特立当年所开创的道路上走过来的。徐老"身教重于言教""实事求是,不自以为是"等一些重要教育思想在北理工的传承和弘扬就是"三严三实"的具体表现。

"实事求是,不自以为是"是徐特立老院长提出并长期实践的光辉思想。1942年4月1日,徐特立主持召开了为期九个月的教育方针大讨论,探讨党与非党、博与专、理论与实践结合等问题,可以说,为后来中华人民共和国成立初期及20世纪50年代开展的教育方针讨论奠定了基础,孕育了我国后来教育方针的基本指导思想、基本内涵。当时,徐老在《解放日报》上发表了《再论我们怎样学习》一文,提出了"实事求是,不自以为是"的思想。1949年10月,徐特立为《河北教育》创刊号题写了"实事求是,不自以为是"九个字,并说明这是学风中最重要的。他强调对学生中出现的问题要进行具体全面的科学分析,反对简单粗暴的惩戒做法。强调教育首先要塑造人,教育要着重培养人的创造思维和创造力,提出并实践了社会主义教育理论的诸多基本问题。

徐特立老院长对兴办自然科学高等教育还提出了许多具有远见卓识的思想,例如:教学、科研、生产"三位一体",科学的中心任务是经济建设。其中,教学、科研、生产"三位一体"的办学思想,被后来各国兴建大学科技园区、工业园区、硅谷区,走"产学研一体化"的发展道路所印证。可见,当年延安自然科学院的办学思想和实践是超前的、创新的,也是弥足珍贵、厚泽当代的光荣传统。

徐特立老院长贯彻群众本位的教育实践,提出了"群众本位"的教育思想,并在实践中丰富和发展了"群众本位"的思想。他在苏区广泛发动群众开展扫盲教育,组织延安自然科学院的师生和边区各界开展教育方针的大讨

论。他的教育学说开创了我国历史上第一次把工农劳苦大众及其子女作为受教育对象,并从实际出发加以实践的新纪元,奠定了具有中国特色的社会主义教育思想体系的基础。

徐老忠诚于党的事业、热爱党的教育事业、献身党的教育事业,一生为人师表,学高身正,以身作则,身教重于言教,坚持"实事求是,不自以为是"的作风。毛主席在给徐老庆祝60岁生日时赞誉他"革命第一、工作第一、他人第一""活到老,学到老"。他的高尚人格和道德风范一直是每一个北理人学习的榜样,激励和鼓舞着每一代北理人。

(二)"筚路蓝缕、不畏艰难、埋头苦干"是"三严三实"的具体表现之二

延安自然科学院是今天北京理工大学的源头,她诞生在抗日烽火燃烧的年代,诞生在中国革命圣地延安。她的诞生开启了中国共产党创办理工科高等教育的先河,穿越"雄关漫道真如铁"的峥嵘岁月,每个北理工人仿佛都置身其中,感同身受。

1940年,在中国人民抗日战争最艰苦的时期,为了走出抗战困境,培养抗战建国的技术干部和专门技术人才,以毛泽东为首的党中央决定:在延安自然科学研究院的基础上,创建延安自然科学院,为抗战胜利,为建设新中国,培养理论与实践相结合的人才。"筚路蓝缕,以启山林",师生们在教学、科研、生产"三位一体"的办学思想指导下,因陋就简、因地制宜、学以致用,为边区的经济建设做出了巨大贡献。生产多种实验用具,用西北的野生马兰草成功造纸,用沙滩筑盐田的方法制盐,发现并垦殖了南泥湾,制造了火柴、玻璃、肥皂和几百万枚军装用铜纽扣,指导炼铁厂、火药厂的生产,探明开采油、气的油井、气井,设计修建了边区水坝、安装了水轮机、设计建造了杨家岭"七大"会议大礼堂,等等。其中,马兰草造纸、新方法制盐、发现南泥湾,是学院为边区经济建设建树奇功的三个典型事例。从为抗战建国培养技术干部到为新中国培养"红色国防工程师",再到为中华民族伟大复兴培养高素质创新人才,从新中国科技史上若干个"第一"到三代陆军主战装备的研制攻关,再到助力"神舟"翱翔、"嫦娥"奔月,大家深深感悟到以彭士禄、王小谟、吴一戎等为代表的几代北理工人奉献伟大祖国、求真务实、勇于进取的精神。以国家需求和民族复兴为己任,已经成为代代北理工

人恪守的信条。

（三）"与时俱进、开创未来"是"三严三实"的具体表现之三

追溯自然科学院时期，学校只有几十眼窑洞，百十名师生，只有化学工程等5个学科，而七十多年后的今天，北京理工大学已经拥有一校五园，拥有包括一批院士、国家"千人计划"教授、"青年千人计划"入选者、"长江学者"特聘教授、国家杰出青年科学基金获得者、国家级教学名师、国家有突出贡献专家、博士生导师等高层次高水平人才在内的3 500余名教职工，成为设有19个专业学院和教育研究院、研究生院、基础教育学院、继续教育学院、高等职业技术学院及珠海学院的国家高水平大学。

北京理工大学按照"继续加强工科优势，着力强化国防特色，大力发展理科基础，适度建设人文专业"的方针，适时进行了大范围的学科调整和重组，形成了"理工并重，理工融合，工理管文协调发展"，覆盖10大学科门类，门类齐全、结构合理、特色鲜明的学科专业培养体系。

目前，学校拥有12个国家重点学科，24个国防特色学科，7个北京市重点学科，学校2007年以办学指标全部优秀的成绩通过了教育部组织的本科教学工作水平评估，2009年圆满通过了工业和信息化部组织的研究生教育优秀工程评估。

通过"211工程""985工程"以及科研条件建设计划的实施，学校科研在精确打击、高效毁伤、机动突防、远程压制、军用信息系统与对抗等国防科技领域代表了国家水平；在智能仿生机器人、空间自适应光学、绿色能源、现代通信、工业过程控制等军民两用技术方面具有明显优势。

近年来，学校发挥人才和技术优势，为我国拥有世界一流的陆军装备做出了重要贡献。学校不断拓展国际化之路，国际影响力和知名度得到了显著提升。北京理工大学累计培养了16万余名学子，其中有一百多位省部级以上党政领导、将军和院士，有一大批著名工程专家、科技精英和著名企业家。

"培养什么人，怎样培养人"是高校的根本任务。大学的价值，根本体现在为社会培养了多少杰出人才。被誉为"培养国防高级人才摇篮"的北京理工大学在新的历史时期，提出了"以智养德、以德养才、德育为首、全面发展"的育人方针，为人才培养奠定了坚实的思想基础。

学校向总参、中国航天科技集团、中国航天科工集团输送毕业生的数量位列全国高校前茅。在兵器工业集团、兵器装备集团所属的企事业单位中，70%左右的管理和技术骨干是北理工毕业的研究生。以"神舟五号"载人飞船为例，飞船的三个系统总师、三个系统副总师都是北理工毕业生。北理工正为建设亚洲一流理工大学而激情进取，努力奋斗。

面向未来，学校始终牢记徐特立院长"实事求是，不自以为是"的教诲，弘扬"团结、勤奋、求实、创新"的校风，瞄准国家重大战略需求和世界高等教育发展前沿不断开拓奋进。

三、切实贯彻落实"三严三实"的途径方法

加强党性修养，坚定理想信念，提升道德境界，追求高尚情操；坚持用权为民，按规则、按制度行使权力，任何时候都不搞特权、不以权谋私；心存敬畏、手握戒尺，慎独慎微、勤于自省，遵守党纪国法；从实际出发，谋划工作，使点子、政策、方案符合实际情况、客观规律，不好高骛远，不脱离实际；脚踏实地，敢于担当，勇于直面矛盾，善于解决问题；忠诚老实，做老实人、说老实话、干老实事，襟怀坦白，公道正派；工作中顾全大局、坚持原则，善始善终、善作善成。领导班子和领导干部自觉以"三严三实"的践行为普通党员做出表率。

（一）加强学习，增强党性修养

高校领导班子应加强党的理论学习和研究，对中国共产党的阶级性质、本质特征、思想路线、理论基础、共同奋斗目标、中国共产党执政地位的取得过程等方面，进行全方位的学习。切实加强党性修养，坚定理想信念，提升道德境界，追求高尚情操。习近平总书记指出：理想信念就是共产党人精神上的"钙"，缺乏理想信念，或理想信念不坚定，精神上就会"缺钙"，就会得"软骨病"，就可能导致政治上变质、经济上贪婪、道德上堕落、生活上腐化。缺乏理想信念的党员干部要么在领导岗位上无所作为、庸庸碌碌，要么贪污腐化、锒铛入狱。坚定的信仰始终是党员干部站稳政治立场、抵御各种诱惑的决定性因素。

树立向群众学习的思想观点。中华民族是伟大的民族，中国人民是伟大

的人民。正如习近平总书记所总结的那样,中国人民具有天下兴亡、匹夫有责的爱国情怀,视死如归、宁死不屈的民族气节,不畏强暴、血战到底的英雄气概,百折不挠、坚忍不拔的必胜信念。这样伟大的民族需要伟大的政党来领导。中国共产党是伟大的政党。中国共产党长期以来形成了思想政治优势、组织优势和密切联系群众的优势。在新时期要继承和发扬党的优良传统和纪律,要坚定不移地坚持党的理想信念,坚持党的原则和纪律,坚持社会主义核心价值观。高校领导班子成员是高校党员群体中的先进分子,更要发扬共产党人的优良传统和作风,保持高尚的道德情操,维护共产党的尊严,保持党的纯洁性。

(二)依法治校,加强各项规章制度建设

法治思维是一种规则思维、程序思维,它以严守规则为基本要求,强调法律的底线不能逾越、法律的红线不能触碰,凡事必须在既定的程序及法定权限内运行。权力法定,权力运行必须遵循法律的轨迹,法无授权不可为。

第一,高校领导干部要树立法治思维。在法治轨道上想问题、做决策、办事情,养成办事依法、遇事找法、解决问题用法、化解矛盾靠法的思维习惯,自觉做到法律面前人人平等、法律面前没有特权、法律约束没有例外,不违法行使权力,不以言代法、以权压法、徇私枉法。

第二,高校领导班子要依法治校。国有国法,家有家规。作为高校来讲,《教育法》《高等教育法》等是高校运行必须遵守的基本法律,学校章程以及其他各项制度规定是高校自身运行的制度底线。高校领导班子做任何决策、做任何事情,都要依照法定程序来办。

第三,切实加强学校制度建设。要进一步完善民主科学决策机制,主动加强与师生的联系沟通,建立健全高校领导班子联系基层人员(教师、学生、管理者)的工作制度和工作体系。作风建设作为增强党建工作实效的关键要素,应制定实施党员联系群众制度、党政领导干部联系点制度、党风廉政监督员制度等;在党员干部中倡导"问题矛盾多的时候必去、师生最需要的情况必去、环境条件差的地方必去"。

(三)加强监督,保障《大学章程》实施

组织监督和群众监督是保障高校领导班子建设的重要措施之一。在高校

领导体制和民主办学体制不断发展完善的新形势下，除了上级领导机关的监督之外，学校党委、行政的集体领导制度，党的纪委的监督作用，各民主党派的监督作用，以及教职工代表大会和工会、共青团、学生会、研究生会、关工委等群众组织和广大离退休教职工的监督作用都应进一步加强。

要进一步推进校务公开制度，强化上下沟通，落实好校园民主。经常召开中层干部、教代会代表、党代会代表、民主党派代表、学生代表和离退休教职工代表等人员参加的会议，多渠道对学校发展情况做全面深入通报，听取师生对学校发展与改革重大问题的意见和建议。进一步完善学校学术委员会制度，充分发挥学术委员会在学科建设、学术评价、学术发展和学风建设等方面的重要作用。进一步落实教职工代表大会制度，充分发挥教职工主人翁精神，促进学校管理的民主化和科学化，使师生员工及时了解学校工作的全局，接受广大教职员工的监督。进一步完善党代会、教代会、工代会、团代会、学代会和研代会制度，健全党员、教师、学生参与学校管理的渠道和途径。

（四）信息对称，领导班子要"接地气"

利用新媒体，领导班子成员要主动与教师学生及时沟通，有效交流。不断拓宽教育活动沟通交流载体，充分利用好传统教育载体，如报纸、电视、专题报告和讲座，同时也要利用好网络这一新媒体。基于互联网和大数据先进技术手段，高校领导班子成员和基层师生的零距离沟通和交流已不再是空中楼阁。电子邮件、QQ、微信等一大批即时对话工具的推出，为高校领导班子打开了新的窗口。高校领导班子成员要俯下身子接地气，不能总待在机关里听汇报，总坐在小车里隔窗看，总用电话发布指令，而应通过新媒体，了解和倾听来自一线教师和广大学生的真实心声，真正做广大教师学生的贴心人。

四、结论

作风建设是一项经常性的工作。为山九仞，非一日之功。"三严三实"反映了新形势下党的建设的内在规律和本质要求，体现了世界观和方法论的有机统一、内在自律和外在约束的有机统一，为党员干部修身做人、为官用权、干事创业提出了明确要求。

各级领导班子和领导干部只有深入学习理解总书记"作风建设永远在路上"的深刻含义，工作中才可能有"踏石有印、抓铁有痕"的气魄和精神。"老实人精神"和"实事求是精神"是我们党的优良传统，只有真正弘扬了党的优良传统，才会推进学校各项建设的新发展。

"严"是作风建设的牢固基础，"实"是作风建设的丰富内涵。"严"字当头，打牢基础，"实"字为本，力求成效。从"实"字入手，才能做到蹄疾步稳，一步一个脚印。董必武说得好"逆水行舟用力撑，一篙松劲退千寻。"推崇"清、慎、勤"，常言"公生明、廉生威"。公与廉，是严以律己、严以修身的效果；慎与勤，则是兢兢业业、脚踏实地的展现。手握戒尺，慎独慎微，勤于自省，才能将他律变为自律，变外在的规则为内在的价值。在作风建设上，领导干部不仅要做好自律问题，更有带头做表率的责任。不仅要管住自己，还要带好班子。不仅要修炼思想，还要有务实干事的本领。在落实"三严三实"上，要把握好内在的辩证关系，不可偏废。要像总书记要求的那样：既严以修身、严以用权、严以律己，又谋事要实、创业要实、做人要实。

基于价值澄清理论的高校社会主义核心价值观教育与实践研究

课题负责人：胡雪娜

核心价值观承载着一个民族、一个国家的精神追求，是最持久、最深层的力量。《中共北京市委关于培育和践行社会主义核心价值观的实施意见》明确指出，要把培育和践行社会主义核心价值观融入首都国民教育全过程，落实到教育教学和管理服务各环节，推动社会主义核心价值观进学生头脑。高校作为社会高水平人才培养的重要组成部分，在贯彻落实核心价值观教育工作方面，肩负着重要的责任和使命。积极研究和探索有效的教育方法和途径，是每一名高校德育工作者面临的重大课题。

为深入研究在当前高校"95后"大学生中开展核心价值观教育的有效方法和途径，课题组深入挖掘西方价值观教育经典教育理论——价值澄清理论与我校特色思政教育品牌活动——德育答辩两者间的高度契合特质，以北京理工大学基础教育学院理学与材料学部学生为研究对象，进行社会主义核心价值观教育模式设计及实践研究。

在本课题研究中，课题组充分发挥党员的价值引领作用，提出了基于价值澄清理论的高校社会主义核心价值观教育模式，呈现了教育模式的实践过程及效果反馈，分析了该教育模式本身和实践过程中存在的主要问题和面临的挑战，提出了进一步在高校大学生中推动核心价值观教育工作的对策建议，为进一步落实文件精神，将核心价值观教育在高校教育中落细、落小、落实提供参考。

一、基于价值澄清理论的高校核心价值观教育模式的构建

德育答辩系统工程是北京理工大学在学生思想道德教育工作中创造性的一项举措，对于当代大学生的思想政治教育、理想信念教育具有重要意义。

2003 年起,北京理工大学首次尝试对毕业生进行德育答辩。2007 年起德育答辩工作开始贯穿大学生教育的全过程,大一新生刚入学时进行德育开题,大三时进行德育检查,形成了一个完整的德育培养体系。目前全程化的德育答辩是我校人才培养的品牌,国内近百所高校都向我校学习开展此项工作。德育答辩重在引导学生多角度审视自我,在师长、朋辈、家人共同的协助下,完成自我人生发展规划的梳理。

基于价值澄清理论的高校社会主义核心价值观教育模式是课题组以价值澄清理论为基础,根据我校德育答辩过程中的学生特点进行改进后提出的。课题组认为德育答辩活动不仅是学生提升自我认知的契机,更是开展价值观引导、意识形态教育的良好平台。该模式通过应用一系列价值澄清策略,丰富德育答辩活动内涵和效果,帮助大学生在复杂多变的社会环境中,学会自我分析和自我评价,从而自主、合理地选择、认同、践行社会主义核心价值观。经过该教育模式教育,最终达到认同"富强、民主、文明、和谐"的国家层面价值观,倡导"自由、平等、公正、法治"的社会层面价值观,践行"爱国、敬业、诚信、友善"的个人层面价值观的教育目的。内容可分为"知、情、行"三个层级,形式可分为"三个阶段七个步骤":第一阶段"选择",包括三个步骤:自由探寻价值观、引导选择价值观、审慎思考所选价值观;第二阶段"珍视",包括两个步骤:做出价值观选择并自我评价、乐于公布自己的选择;第三阶段"行动",包括两个步骤:根据选择的价值观采取行动、重复行动并成为生活方式。

该模式的构建以价值澄清理论的核心要素为依据,遵循四个主要原则:①坚持生活中心原则。教育过程以学生日常生活为背景,通过关注生活中性质相对复杂或价值观模糊的问题,引发学生对核心价值观的思考。②坚持现实认可原则。教育引导学生在接受自己的价值观的同时,接受他人,坦诚地表达自己,在不同中寻找社会价值观共识。③坚持思想启迪原则。鼓励学生进一步思考,帮助其逐步明晰所珍视的事物背后蕴含的社会价值观,从而接纳、认同、践行社会主义核心价值观。④坚持能力培养原则。要求学生能够理性、全面地对待核心价值观,从而更好地整合自身的选择和行动,并在未来表现如一。

基于价值澄清理论的高校社会主义核心价值观教育模式,与传统的教育模式相比，具有以下几个鲜明的特点：

（一）强调尊重大学生的主体性，坚持传授与引导相结合，注重大学生在教育过程中的融入度

价值澄清理论认为，道德教育必须尊重学生的主体地位和独立的人格尊严，强调将价值观的形成视为动态发展过程，注重评价思维训练，通过暗示、询问、激励、辅助等方法，引导学生作出合理的选择。大学生群体已经入"95后"时代，群体特征的转变迫切要求思想教育中受教育者在教育过程中的融入度。教育过程通过发挥教师和学生、学生和学生的交互作用，启发大学生在理解、选择、认同的过程中内化社会主义核心价值观，才能从根本上建立牢固的、充满活力的道德品质，提高道德判断能力、行为选择能力和抵制不良影响的免疫力。基于价值澄清理论的高校社会主义核心价值观教育模式采用价值观传授与引导相结合的方式，避免教育者单纯以权威者的身份，要求学生服从、遵守倡导的价值理念，导致教育对象丧失自我判断、自我选择、自我教育的机会，造成言行不一，甚至人格分裂的结果。

（二）强调德育的人文情怀，教育内容贴近社会生活，注重大学生对价值观的接受程度

价值澄清的关注点以生活为中心，针对社会中的现象进行讨论，侧重解决与受教育者切身相关的生活问题。强调价值源于经验，经验要在生活中获得，因而最宝贵的教育时机通常蕴藏在现实遭遇中。因此，要让大学生尽可能地接近生活，在生活中掌握社会主义核心价值观，并进行检验，才能适应复杂多变的世界。应杜绝宣传虚无缥缈的理念，要在完成低层次目标的基础上逐步过渡到更高的阶段。陶行知先生说过："没有生活做中心的教育是死教育，没有生活做中心的学校是死学校，没有生活做中心的书本是死书本。"脱离生活的社会主义核心价值观如同无源之水、无本之木，既得不到学生的认同和接受，也难以赢得社会的赞同和支持。基于价值澄清理论的高校社会主义核心价值观教育模式摆脱了传统德育相对抽象和脱离实际的缺陷，谋求将生活的世界作为培育大学生社会主义核心价值观的有机土壤。

（三）强调价值教育的过程，把理性辨别力作为培养核心，注重大学生的成长发展

价值澄清理论认为"如何获得概念"比"获得怎样的概念"更重要。价值澄清理论既表现为一种学说，一种注重发展人的自主能力的学说，又表现为一种价值澄清或分析评价法；是分析澄清价值观的过程，也是一个评价认同的过程；注意对各种价值观的分析，更注意对分析评价价值观能力的培养。基于价值澄清理论的高校社会主义核心价值观教育模式旨在指导大学生在价值观形成过程中，教师通过与学生一同进行价值观分析和评价的手段，减少学生出现价值混乱的状况，促进同一价值观的形成，并在这一过程中有效地发展大学生的思考和理解人类价值观的能力。教育过程重在"澄清"，是在评价过程中实现的，让学生通过选择、赞扬和实践来增进富于理智的价值选择，同时提升学生的理性辨别力以及增强思考问题的全面性，进而促进学生个人能力的发展。

二、基于价值澄清理论的高校核心价值观教育模式的实践运用过程及成效

（一）教育模式的应用过程

课题组为检验所提出的核心价值观教育模式的应用效果，在 2014 年 10 月—2015 年 7 月，选取 4 个专业 10 个班级共计 321 名学生进行教育实验，同时设置空白比较样本（只接受面向全校学生的常规核心价值观教育），检验实践结果。实践按照价值澄清理论 3 个阶段 7 个步骤设计具体教育内容：

1. 认识自我，选择价值观

第一步：自由探寻价值观。深化德育开题准备环节，由辅导员负责组织学生利用寒假时间，探寻国家、社会、个人层面自我可能认同的价值观，引导学生通过访问社会杰出人物、个人榜样、普通劳动者等，观察社会、了解社会、认识社会，逐步提炼个人可能认同的价值观，并填写《价值澄清量表》。

第二步：引导选择价值观。拓展德育开题的宣传动员环节，通过邀请具

有影响力的导师开展核心价值观讲座，讲解中华民族博大文化，以及核心价值观的起源、意义和价值；邀请优秀高年级学生担任"领航人"，以朋辈经验和学生分享核心价值观对于其个人成长的影响，让学生逐步感受核心价值观深厚的文化底蕴，以及符合我国广泛价值取向的客观事实，从而在润物无声中影响学生选择。

第三步：审慎思考所选价值观。在德育开题规定动作一对一辅导环节的基础上，邀请辅导员和班主任采用价值反应法策略与每位同学进行一次深入交流，了解学生性格、兴趣、发展方向等，与学生深入沟通对于价值观的认识，对前期选择结果进行分析，通过柔性方式，引导、强化学生对于核心价值观的认同，最终确认个人价值观选择。

2. 肯定自我，珍视价值观

珍视阶段旨在引导学生将所选择的价值观念，进行情感链接，鼓励学生在情感上寻找对所选择价值观的支持，从而实现从心底认同所选价值观。

第四步：做出价值观选择并自我评价。辅导员向学生讲解价值澄清评价方法，让学生在之前探寻、了解、审慎的基础上评价自我对于核心价值观的认同程度，并思考所认同的价值观与自己的生活之间的联系，将尚存在疑问的选项与辅导员、班主任、导师、朋辈学长等人进行交流、梳理、肯定自我认同的选择的结果。

第五步：乐于公布自己的选择。此环节为德育开题汇报会形式，以班级为单位召开班级交流会，让学生通过撰写心得体会、制作PPT、班级宣讲等形式展示自我价值选择，加深相互了解，树立行动目标。实践中，每个班级结合各自特点制定了不同的主题，如"不忘初心，不惧将来""明天，我们不负年少""相遇、相知、相守"。形式上，除普通的PPT和视频展示外，有的班级选择了以团队访谈的形式交流；有的班级添加了"青春宣言""父母来信""父母眼里的我"等环节，交流了每位学生的对于核心价值观的认知，以及自我的理想信念和对未来的期冀。

3. 指导自我，践行价值观

第六步：根据选择的价值观采取行动。由辅导员发起，组织了"寻找红色印记，诠释核心价值观"主题活动，以班级为单位开展，内容为核心价值观实践体验。活动充分调动学生的主观能动性，发挥观察能力，通过亲身实践去找寻生活中的核心价值观,并在班级内部交流分享。在实际开展过程中,各班采取丰富多彩的形式,比如,为了解"敬业"的内涵,有的班级深入校园基层岗位,担任"临时保安",在坚守职责中体会普通人眼中的"敬业";有的班级则走出校园来到博物馆,收集古代思想主张与核心价值观"二十四个字"的联系,深切感受社会主义核心价值观的历史文化背景。实践活动让学生在实际行动中进一步落实和践行了社会主义核心价值观,向"勤学、修德、明辨、笃实"的目标又迈进了一步。

第七步:重复行动并成为生活方式

为引导学生走出校园,深入社会、服务社会,在实践中受教育、长才干、做贡献,课题组利用暑假期间精心组织了为期一个月的社会实践。学生结合自身优势,开展了"社会调研""志愿公益""体验观察""人物访谈"四种实践模式。或进行专题调研和综合分析,将实践与专业学习相结合、与服务社会相结合;或开展以服务偏远和农村地区为重点的"三下乡"活动,以科普讲座、文艺演出、普法宣传等形式将社会主义核心价值观送到基层;或通过开展采访、座谈、实地参观等活动,探求社会现象背后的本质,从而正确、全面地看待中国的现状和发展,坚持"三个自信"的价值信仰,让核心价值观在不断的行为重复中,成为大学生的生活方式。

(二)教育模式的应用成效

教育模式以引导学生达到认同"富强、民主、文明、和谐"的国家层面价值观,倡导"自由、平等、公正、法治"的社会层面价值观,践行"爱国、敬业、诚信、友善"的个人层面价值观为教育目的。为检验实践效果,课题组在实践前后从以下几方面开展调研:一是调查问卷。针对教育模式实验的组织者(辅导员、班主任、导师、学长)和受教育者(参加或未参加教育模式实践的学生),研制出两套调查问卷,一并发放到10位组织者,以及20个班级。实际回收组织者填写的调查问卷10份(有效问卷10份、有效率100%),实际回收受教育者填写的调查问卷337份(有效问卷336份、有效率99.70%),经过统计分析,形成分析报告。二是专题座谈。共组织召开了两次座谈会,分别在教育模式实践前后,座谈对象包含参与教育模式实践与未参与教育模式实践的学生。三是搜集学生活动感想。要求参与教育模式实践的学生撰写活动感想，谈对核心价值观的体验和感受，共收集 218 份学生感想，进行词频分析，评估实践效果。经过综合评估调研，总的看该教育模式取得了以下成效：

（1）教育模式以受教育者为主体，有效地将核心价值观教育与德育答辩活动相融合，提升了大学生对核心价值观教育的接受程度。当前大学生已经入"95 后"时代，表现出鲜明的群体新特点，自我意识的觉醒、个性化需求的提升、价值多元化的影响均成为价值观教育的新挑战。基于价值澄清理论的核心价值观教育模式始终强调受教育者的主体性，交互式、反馈式等教育方法，保障学生在教育过程中的高度融入，将被动接受转化为主动学习。如：有的班学生在"肯定自我，珍视价值"阶段，鼓励每位同学讲述一个自己与核心价值观中一个词的故事，同学们在向身边的人宣讲自己对于核心价值观的认知的同时，也从他人的讲解中获取新思路和新角度。

问卷调查中（图1），问到同学们对于核心价值观教育活动的认可度，表示"赞同支持"的占 65.77%，表示"比较赞同"的占 29.46%。问到同学们对于核心价值观内容的认可度，在活动前后调查对比中，表示"赞同支持"的上升 32.14%，占 85.12%，高于与常规核心价值观教育后的空白对照 19.35%。

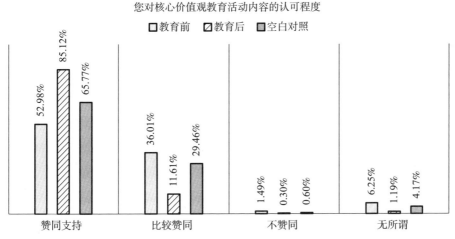

图 1　学生对于基于价值澄清理论教育模式活动的认可程度

（2）教育模式以社会生活为素材，改善价值观教育距离感，增强了大学生对核心价值观理念和内容的理解深度。基于价值澄清理论的核心价值观教育模式注重教育源于生活，坚持用生活中的事件和问题作为教育素材。如：自由探索阶段，学生通过探访社会人士、身边榜样等，亲身收集社会信息，进行社会观察，实现个人价值观的初步认知。

问卷调查中，问到同学们对于核心价值观教育活动形式的评价时，表示"形式很好、过程有趣"的占61.01%，"形式较好，过程不枯燥"的占30.36%。问到同学们对于核心价值观理解的自我评价时，认为"教育活动对我理解核心价值观帮助很大"的占76.60%，认为"教育活动对我理解核心价值观有一定帮助"的占22.62%。

（3）从"知、情、行"三个层面构建教育模式，帮助学生将核心价值观与生活实践相链接，实现了外化于行。基于价值澄清理论的核心价值观教育模式将思想教育成果具化为学生日常行为活动，确保了核心价值观教育落地落实。如：某些同学在"指导自我，践行价值观"环节，制定了寝室文明公约，约定寝室同学之间共同自习、周六为寝室卫生日等，促进了相互协作、互敬友爱的同学之情。

问卷调查中，问到同学们对于核心价值观教育活动对个人生活的影响时，表示"明确了个人行为的准则"的占40.48%，"指明了个人发展的方向"的占32.74%，"提升了个人思想的境界"的占25.60%。

三、基于价值澄清理论的高校社会主义核心价值观教育模式实践应用中存在的问题及原因

（一）一些教师个人对于核心价值观的认知以及对学生思想状况的掌控程度，与教育模式的指导教师要求存在差距，学生个性化价值观引导教育效果良莠不齐

价值澄清理论反对灌输式的道德理论教育，主张以学生为主体的自由选择教育过程。而在实际教育过程中，学生选择能力的差异极易造成学生在混乱的价值观面前难以做出或做出错误的选择，这就对指导教师的教育引导过程提出较高的要求。但个性化指导需要教师成本的投入，一些教师对自我思想素质和业务水平的要求不够高，就难以通过与学生的沟通，了解学生特质，并凭借自身对于核心价值观的理解对学生进行引导。问卷调查中，学生在对

于指导教师个人指导效果的评价中，表示"不太满意"的占14.28%，"不满意"的占3.27%；对于"指导教师应在核心价值观教育模式中加强哪方面的能力"的调查，教师认为增加"核心价值观理论知识学习"和"对学生心理状况的理解力"是最重要的两项内容。虽然对于个性化指导部分，学生给出的负反馈比例不高，但在问题分析时，认为教师应提高的能力方面，学生和教师的评价基本吻合，可见这两方面能力决定了"审慎思考所选价值观"教育环节的成败。

（二）在践行价值观教育环节，核心价值观对学生日常行为影响的长效性难以评估，缺乏有效的长效保障机制

核心价值观教育的最终目的是实现内化于心、外化于行，特别是在日常生活行为中，学生可以把核心价值观当作指导自我的行为准则。而在本教育模式研究中，学生虽然在"指导自我，践行价值观"阶段，以群体为单位实现了将核心价值观落实到行动中，但对于日常行为的长期影响难以评估。在教育环节结束后的专题座谈中，有教师提出"价值澄清理论的核心价值观教育模式的教育效果时间半径如何考量？""现在已经取得了一定的阶段性效果，而如何能确保教育效果的长效化？"学生也有反馈认为"此次教育活动确实有效果，但是我们也比较担心过些时候大家就恢复原样了。""我觉得自己现在理解了核心价值观的重要意义，也非常认同，而外界的杂音也越来越大，有些挺叛逆的同学这会认同了，过会儿又不知道想什么了。"从模式设计的过程来看，在后续效果跟进和长效性保障方面，还有待进一步加强，需进行广泛研讨和进一步研究。

四、进一步充分用好基于价值澄清理论的高校核心价值观教育模式的对策建议

（一）立足客观，尊重规律，坚持以受教育者为主体的社会主义核心价值观教育工作思路

大学生核心价值观教育是以教育进学生脑、入学生心为最终教育目的的，这就要求教育不能停留在形式，而要充分运用思想政治教育工作的丰富经验，

立足"95后"大学生群体特点，深入了解学生思想教育规律，选择或创新有效途径，实现教育效果最大化。新时期大学生群体表现出来的新特质，要求教育者要充分考虑受教育的思维方式、心理状态、行为习惯，坚持受教育者在核心价值观教育过程中的主体地位，坚持教育形式遵从教育主体展开，明确工作思路，丰富教育途径，不断反馈评估教育过程，从而实现教育目标。

（二）立德树人，提升教师全员育人的意识和能力，充分发挥教师在高校核心价值观教育中的主导作用

教师在大学生核心价值观教育过程中承担重要的角色，是传递核心价值观深刻内涵的现实载体，是学生思想、行动学习效仿的对象。为适应新型核心价值观教育模式需求，妥善应对新时期学生教育形式的需要，高校需进一步完善教师任职资格准入制度，把社会主义核心价值观纳入教师教育课程体系，在高校教师中广泛培养核心价值观教育骨干，强调广泛开展德育教育、培养价值观正确的大学生是高校所有教师的重要责任。高校核心价值观教育要形成党政领导，各部门协调配合，教师全员负责，全员育人，共同推进的工作格局。

（三）完善教育模式长效性机制，固化教育效果，确保大学生核心价值观教育落细、落小、落实

为巩固和强化基于价值澄清理论的核心价值观教育模式效果，避免给学生造成"思想教育只是一时的工作"的错误观念，让学生真正从教育中受益，实现理想信念和个人能力的共同发展，需要教育者在基于现阶段提出的教育模式之上，进一步考虑教育效果长效性的机制。考虑通过建立科学的复习、实践、评价、考核办法，实现核心价值观与学生生活相连接，让学生不断巩固核心价值观源于社会生活、指导社会生活的观念，从而自觉完成由理想信念到行为准则的转化，让核心价值观在大学生日常行为中落细、落小、落实。

师生党支部党建专题

新时期高校教师党支部作用发挥的途径和机制研究

课题负责人：范哲意

一、引言

党的十八大报告从战略和全局的高度，对新形势下加强党的基层组织建设作出了全面部署，强调要"创新基层党建工作，夯实党执政的组织基础"，指出"党的基层组织是团结带领群众贯彻党的理论和路线方针政策、落实党的任务的战斗堡垒"，十八届三中全会报告强调"全面深化改革必须加强和改善党的领导，充分发挥党总揽全局、协调各方的领导核心作用，提高党的领导水平和执政能力，确保改革取得成功"，习近平总书记在第二十三次全国高校党建工作会议前的重要批示中指出，要全面推进党的建设各项工作，有效发挥基层党组织战斗堡垒作用和共产党员先锋模范作用，这些都为新形势下加强党的基层组织建设提出了新要求。党支部是党的基层组织之一，是党在社会基层单位的政治核心和战斗堡垒。

高等学校承担着人才培养、科学研究、社会服务和文化传承创新等重要使命，高等教育的发展水平在很大程度上取决于教师队伍的整体素质，高校教师是高等教育发展的推进者和实施者，而教师党员是教师队伍的骨干力量，起着引领示范作用。高校教师党支部是党在高校最基层的组织，是高校党组织强大机体的主要构成细胞，处在教学科研工作的第一线，是联系党组织和教师的纽带，是团结教师的核心力量。高校教师党支部建设是高校党建工作的重要内容，加强高校教师党支部建设，充分发挥教师党支部的战斗堡垒作用，对于推动高校发展具有重要的现实意义。

二、高校教师党支部的作用

《中共教育部党组关于加强普通高等学校基层党组织建设的意见》（教党〔2007〕11号）文件指出"教师党支部要紧紧围绕教学、科研和学科建设等业务工作，开展深入细致的思想政治工作，引导教师忠诚于党的教育事业，在教书育人和各项业务工作中做出成就"，高校基层党组织要"通过参与决策、宣传发动、组织实施和保证监督等工作环节，在实践中不断增强贯彻执行党的路线、方针、政策的自觉性和坚定性，在规范办学行为、保持学校稳定、办好让人民满意的高等教育上下功夫，把党组织的作用贯彻于教学、科研、管理和人才培养活动的全过程，有机渗透和融合到各项工作中"。《中国共产党普通高等学校基层组织工作条例》（中发〔2010〕15号）（以下简称《条例》）第十二条明确了"教职工党的支部委员会要支持本单位行政负责人的工作，经常与行政负责人沟通情况，对单位的工作提出意见和建议。教职工党的支部委员会负责人参与讨论决定本单位的重要事项"。这是从制度上明确了教师党支部参与本单位教学科研中心工作和业务运行并发挥重要作用的职能定位。教师党支部要根据本单位的特点，围绕教学、科研和管理等中心工作的开展，履行职责，充分发挥自身作用，努力成为党在广大教师中的政治核心和战斗堡垒，发挥教师党员的先锋模范作用。《条例》还具体规定了高校教师党支部的四个方面职责。

1. 宣传、推动和示范作用

《条例》指出教师党支部有"宣传、执行党的路线方针政策和上级党组织的决议，团结师生员工，发挥党员先锋模范作用，保证教学、科研等各项任务的完成"的职责。教师党支部要深刻领会党的路线方针政策，领会学校党委提出的建设和发展目标，成为凝聚党员和群众的核心，宣传、贯彻、落实党的路线方针政策和学校的各项工作，把思想政治工作渗透到教学、科研和管理等中心工作中去，积极发挥党员先锋模范作用，团结广大师生，营造和谐氛围，切实发挥宣传、推动和示范作用。

2. 教育、管理、监督和服务作用

《条例》指出教师党支部要"加强对党员的教育、管理、监督和服务,定期召开组织生活会,开展批评和自我批评;向党员布置做群众工作和其他工作,并检查执行情况"。教师党支部要组织党员加强学习,学习理论知识和业务知识,推进学习型党支部建设,要健全党内生活制度,严格党支部的组织生活,要关心党员的成长和进步,保障党员民主权利,要建立党员联系和服务群众的工作机制,经常深入群众,听取群众意见,维护群众合法权益,帮助群众解决实际困难。

3. 培养积极分子和发展党员作用

《条例》指出教师党支部要"培养教育入党积极分子,做好发展党员工作"。教师党支部要不断适应新形势,领会新要求,主动发现和培养入党积极分子,提高入党积极分子整体素质。教师党支部要充分把握在优秀青年教师、各类学科带头人、学术骨干中发展党员的重要意义,认真研究和探索高知识群体和青年教师的思想政治情况,提供政治上的思想引导、工作上的业务指导和生活上的爱心帮助,加强培养教育措施,吸引他们真正了解党组织,在思想上和行动上向党组织靠拢。

4. 有针对性地做好思想政治工作的作用

《条例》指出教师党支部要"经常听取党员和群众的意见和建议,了解、分析并反映师生员工的思想状况,维护党员和群众的正当权利和利益,有针对性地做好思想政治工作"。教师党支部要密切关注师生员工的思想动态,及时向上级党组织反映情况,积极做好教育引导,及时化解各类矛盾,要紧密联系师生员工,服务广大党员群众,维护党员和群众的正当权利和利益,形成和谐的工作氛围,形成强大的工作动力。

三、高校教师党支部作用发挥中存在的问题

随着时代与社会的不断发展和高等教育改革的不断深入,高校党建工作呈现出一系列新的阶段性特征,带来了一些新的问题。

1. 教师党支部定位不清晰

高等学校实行党委领导下的校长负责制,二级学院党委起到政治核心作用,通过党政联席会议制度党委和行政合理分工、协同合作,共同推动学院

发展，然而党支部与同级行政单位的关系却不明确。许多党员和群众认为教师党支部没有多少实质性的工作，无非是组织政治理论学习、发展党员、收缴党费等，而教学科研等核心工作是研究所、教研室等行政单位的事，与党支部没有太大关系。有些教师党支部书记也缺乏对本单位运行和管理的认识，不知道该如何参与本单位的中心工作，因此置身事外，无法充分发挥党组织的保证监督作用。笔者在与一些教师党员进行座谈时，多数教师党员表示对"教师党支部的功能定位"不是很清楚，笔者在学院全体党员范围内开展了问卷调查，对于"教师党支部在教学工作、学科科研和专业建设中发挥的作用"有接近50%的党员认为"一般"或"不明显"，有接近75%的党员认为党支部做扎实的工作是"上传下达安排组织生活"和"开展党员群众思想教育工作"，仅有18%的党员认为党支部"统筹协调推进教学科研中心工作"。如果教师党员对党支部的功能定位不清晰，教师党支部书记对自身的角色定位认识不清晰，开展工作的时候就无从下手，就无法适应新形势和新要求，就没有有效的工作措施，从而不利于党支部作用的发挥。

2. 组织生活的内容和形式缺乏吸引力，效果不明显

由于教师党支部的功能定位不清晰，导致党支部工作开展缺乏目标方向，活动内容和形式没有创新，党支部活动和本单位教学科研中心工作没有充分联系，有时候仅仅是为了组织生活而组织生活。另外，当前高校教师群体表现出了价值取向多元化的特点，如果没有充分注意到这个特点，组织生活的内容和形式就不能满足新形势新要求，不能与主流文化相结合，不能深入广大教师党员内心，则组织生活很难有成效。从问卷调查的结果来看，学院的教师党支部都能够按照要求定期开展组织生活，然而多数党员表示组织生活开展最多的内容是"传达上级精神，布置党内工作"和"组织政治理论学习"，对于最喜欢的组织生活内容呼声较高的分别是"围绕中心任务开展研讨和考察""围绕提高党员自身素质开展活动"和"开展党史国情方面的参观和考察"，对于组织生活的形式开展最多的是"会议学习、宣讲"和"会议集中讨论"，对于影响组织生活开展的主要因素，多数党员认为是"内容形式缺乏创新，吸引力不够"和"学习工作任务繁重，时间难以协调"。可见组织生活的内容形式缺乏吸引力，效果不明显，削弱了党支部作用的发挥。

3. 教师党员的先锋模范作用不够突出

高校教师是高知识群体，他们中的多数人都具有较高的学历背景和较强的业务能力，党员和非党员教师之间的能力、素质和水平往往区别不大。而且，许多基层党支部的书记、支部委员及一些教师党员，本身也是本单位的业务骨干，教学、科研任务较繁重，考评体系中业务工作的绩效往往决定着教师的个人发展，加上思想认识不足和认识不够，这些分散了投入基层党支部建设的精力并影响了参与党建工作的积极性，使得部分党员渐渐淡化了自己是一名光荣的共产党员的意识，党员先进性不明显，先锋模范作用不能充分发挥，影响了党支部的战斗堡垒作用发挥。在与教师党员的座谈中，一些教师党员表示自己除了"交党费"和"参加政治学习"之外，没有感觉自己与非党员教师有什么区别，从问卷调查的结果来看，对于党员与非党员相比，在"对党和国家路线、方针、政策的了解和理解上区别""教学任务的承担和教学效果的评价上区别""在科研成果特别是高水平科研成果方面发挥的作用区别""在学生专业教育、学业规划和就业指导方面发挥的作用区别""在担任学生社团指导老师方面和指导学生第二课堂活动方面区别""在承接社会服务和带领学生参加社会实践方面区别"和"在日常工作生活中区别"等方面，认为"区别不太明显"和"没有区别"的均超过了50%，最高的一个方面达到了74%。

4. 教师党支部发展党员工作相对滞后

教师党员的数量和质量直接影响教师队伍的整体素质，也关系高校改革和各项事业的发展，因此发展新党员是教师党支部的一项重要工作。高校党建工作的整体特点和高校教师思想和价值取向的多元化，投射在发展党员工作上，出现了许多新情况、新问题。长期以来，高校组织发展工作主要集中于学生，吸引了一大批优秀青年学生积极向党组织靠拢，与庞大的学生入党积极分子队伍相比，对教师中入党积极分子的发现与培养力度明显不足，教师申请入党的人数不多，有些党支部工作缺乏主动性，采取"坐等上门"的工作方式，组织发展工作基础薄弱。和一些青年教师和学术骨干的座谈和访谈发现：有些青年教师认为入了党后，活动和会议较多，会影响自己的学习和工作时间，不愿意提交入党申请书；多元化的思想和价值取向使有些青年教师政治热情不高，动机更倾向于功利化，徘徊在党组织大门之外；有些教师认为高级知识分子加入民主党派,有利于提高自己的身份和地位,在政治上发展空间更大等。教师党支部发展党员工作相对滞后,极大地影响了教师党支部作用发挥。

四、高校教师党支部作用发挥的途径和机制探索

针对上述问题,通过分析和研究,就如何更加有效地发挥教师党支部作用,提出一些意见和建议:

1. 明确功能定位,探索党支部参与本单位工作机制

高校教师党支部要结合高校党的工作的特点,找准位置、明确定位,高校实行党委领导下的校长负责制,学校党委是学校的领导核心,二级学院党委发挥政治核心作用,"围绕中心抓党建,抓好党建促发展",教师党支部是政治核心和战斗堡垒,处于教学、科研一线,要始终把推动教学、科研和管理等中心工作作为党支部工作的切入点和落脚点。高校教师党支部书记是教师党支部各项工作的领导者、组织者、推动者和实践者,推动党支部作用的充分发挥,加强高校教师党支部书记队伍建设尤为重要。教师党支部书记选配,要坚持把政治素质与教学科研水平统一起来,既要看政治素质,又要看教学科研水平,既是党建带头人,又是学术带头人,使广大教师党员群众信服、信任。信息学院在这方面做了一些探索,在2015年度陆续完成了所属9个党支部的换届工作,除机关党支部之外,其余8个基层教学科研单位党支部书记均为副高级职称以上,其中有两位为科研团队的带头人,其余5位均为本单位的教学科研骨干,8位基层教学科研单位党支部书记有4位兼任本单位行政职务。通过加强党支部书记队伍建设,强化了党支部的地位,党支部书记的层次和地位可使党支部书记能够真正发挥参与、支持和领导的作用,党支部的工作紧紧围绕本单位教学科研工作进行统筹安排,进而促进党建和业务工作相结合。

此外,在党支部设置方面也可以开展一些探索和实践。随着教学科研管理体制改革和教育改革的深入,高校内部教学科研组织方式发生了很大的变化,近年来教师团队、教学中心、重点实验室等开始成为新形势下高校的基本组织单位和运作单元,以信息学院为例在原有的9个研究所(中心)基础上,同时还形成了15个教学或科研团队,研究所与团队并存,团队逐渐成为

运行的主要实体，研究所（中心）的功能相对有所弱化，在这种情况下，可以积极探索完善基层党组织的设置形式，可以考虑将党支部设置在教学科研团队或重点实验室上，由于教学科研等业务上的共同性，团队或实验室成员之间联系紧密，在活动的目标、方式、内容上容易达成共识，党支部工作直接面对具体人员和问题，便于直接联系、组织、团结群众，更容易找准工作的重点，更好地发挥党支部作用，使得党建和团队建设互相促进。

2. 推进形式创新，激发党支部活动活力

一是，二级学院的党委要指导教师党支部加强组织生活的制度建设和宣传教育，使广大教师党员都能充分了解党的组织生活制度，增强参加组织生活的主动性和自觉性，为组织生活提供充分的制度保障。二是，党支部不断创新活动的方式和载体，以灵活多样的形式开展支部活动，使支部活动具有活力和吸引力，调动教师党员参加的积极性，例如可以开展调研学习、结合业务开展专题研讨、开展共建活动等，党员理论学习方面，除了传统的会议讨论学习，可以由二级学院党委定期邀请专家举办党和国家路线方针政策、党史国情、国际国内形势等方面的讲座，促进党员教育培训。三是，要充实党支部活动的内涵，塑造党建品牌，品牌的建立需要文化和内涵的支撑，要找准党建和社会发展、高等教育发展及实际工作的结合点，设计内容充实、形式新颖的活动，不断丰富内涵建设，形成品牌。四是，参与党支部活动是党员自我教育、自我提升的有效途径，党员不仅是受教育对象，也是教育的主题，党支部活动中要突出党员的主体性，传统的党支部活动往往党支部书记是"主角"，党员是"跑龙套"，必须改变这种模式，让党员对支部活动提出建议和意见，让党员参与支部活动的策划、组织甚至主持，让党员成为党支部活动的"主角"，这样才能使党员积极主动地参与党支部活动。

3. 加强教育培训，切实发挥战斗堡垒作用

一是，加强教师党员的思想政治教育。教师党支部成员整体素质的提高可以促进党支部战斗堡垒作用的发挥，党员整体素质的提高可以通过加强思想政治教育实现，通过教育学习坚定理想信念、增强党性修养、提高思想觉悟，引导广大教师党员将个人的理想和奋斗融入学校的改革与发展事业，激发广大教师党员创先争优，充分发挥先锋模范作用。

二是，加强党支部书记培训。党支部书记的素质高低是党支部建设水平

高低的决定因素之一，选好配强党支部书记之后，要加强岗位能力培训，以便更好地履行岗位职责。建议学校党委和学院党委加强党支部书记的培训，学校党委可以侧重轮训和专题培训，学院党委侧重日常培训，打造一支能力强、素质高、作风好，甘于奉献和经验丰富的教师党支部书记队伍，引领和带动广大党员群众努力工作，促进党支部发挥战斗堡垒作用。

三是，加强业务研讨学习。将党支部活动和教学科研业务研讨学习结合起来，教师党支部书记和教师党员自身均承担着教学科研任务，通过加强业务研讨学习提升教师党员的业务能力，促使教师党员带头在教学、科研、师德等方面树立榜样，充分体现党员的先进性。

4. 主动开展工作，重视青年教师入党培养

要充分重视发展青年教师入党，青年教师具有个人素质好、学历层次高、思想活跃等特点，是教师党支部的新鲜血液，对于提高党员整体素质也具有重要意义。教师党支部要主动深入青年教师群体中，在政治上关心、业务上指导、生活上帮助，加深他们对党的认识和热爱，激发青年教师的入党积极性。要积极搭建各种与青年教师交流沟通的平台，了解青年教师的思想动向，把握时机，引导优秀的青年教师向党组织靠拢。

同时，还要严格党员标准，确保发展质量。发展党员工作关系到党的纯洁性，是一项细致而又严肃的工作。不能因为入党积极分子人数少，为了追求数量而降低标准，要严格以党员的标准来要求被发展对象，并以对党负责的态度来对待这项工作，要切实加强对入党积极分子的培养、教育和考察工作，激发他们的入党热情，端正他们的入党动机，通过有条不紊的培养工作，使他们逐渐成熟起来，真正从思想上入党。

学生党支部与团支部、班委会协同工作机制研究

课题负责人：赵 满

一、研究背景和意义

2014年12月第二十三次全国高校党建工作会议召开，会议主要精神包括：深入分析当前形势，研究部署工作，在全面深化高等教育综合改革和建设中国特色社会主义现代大学制度中，加强和改进高校党的建设。习近平总书记批示："高校肩负着学习研究宣传马克思主义、培养中国特色社会主义事业建设者和接班人的重大任务，要坚持立德树人、强化思想引领，把培育和践行社会主义核心价值观融入教书育人全过程。"

2015年7月党的历史上第一次由党中央召开党的群团工作会议，习近平总书记强调："群团事业是党的事业的重要组成部分。党的群团工作是党通过群团组织开展的群众工作，是党组织动员广大人民群众为完成党的中心任务而奋斗的重要工作。这是我们党的一大创举也是我们党的一大优势。""事实充分说明，新形势下，党的群团工作只能加强不能削弱，只能改进提高不能停滞不前。""我们必须从巩固党执政的阶级基础和群众基础的政治高度，抓好党的群团工作，保证党始终同广大人民群众同呼吸、共命运、心连心。我们必须把群团组织建设得更加充满活力、更加坚强有力，使之成为推进国家治理体系和治理能力现代化的重要力量。"

学生党支部、团支部、班委会是大学生的基本组织形式，是团结、凝聚学生群体的基本单位，是学校实施思想政治教育、培育和践行社会主义核心价值观的主要阵地之一。深入探索高校学生党支部、团支部、班委会的关系和整体建设，研究学生党支部与团支部、班委会协同工作机制有利于发展完善大学生思想政治教育体系，体现以人为本的教育理念；有利于贯彻落实高

校思想政治教育贴近实际、贴近生活、贴近学生的指导思想；有利于最大限度地提高思想政治教育的针对性与实效性，提高学生整体素质；有利于更好地管理和教育学生群体，发挥学生骨干的主观能动性，动员更多的学生主动参与自我管理和自我教育。

二、课题研究方法

研究学生党支部与团支部、班委会的工作机制是学生工作队伍始终关注的一个课题。研究初期，课题组成员就学院目前学生党支部、团支部和班委会的工作情况展开了深入调研和分析，并与兄弟院校进行了交流，明确了目前工作中存在的主要问题。继而通过阅读文献、网络调研、走访学习等方式针对存在的问题制定了解决方法。实施过程中，积极与计算机学院党委和计算机学院分团委沟通，通力合作，较好地完成了整个课题研究及实施过程。

三、学生党支部、团支部和班委会工作存在的主要问题

1. 缺乏顶层设计

党支部、团支部、班委会各自为战，基层组织建设缺少必要的顶层设计，各种活动开展过程中缺少信息沟通。良好的基层组织模式应当首先有明确的建设目标和明确的导向性，即为广大青年学生的成长成才服务，在这个统一的大目标下分割成各项主题活动，继而达到预期效果。此外，由于低年级本科生存在跨班建立党支部情况，导致党支部与团支部和班委会的信息沟通不畅，各种活动难以在广大学生中推进，普通学生对于党组织的工作和活动了解得非常少。

2. 基层组织凝聚力不足

随着时代变化，现今不少大学生对集体无归属感。随着"90后""00后"的入校，独生子女越来越多，大学生的自我意识越来越强，集体概念越来越模糊。在现今大学招生模式下，招收学生的年龄结构多样化、家庭经济状况多样化、家庭环境多样化、学生成熟程度多样化，从而致使学生的思维方式和价值观出现多样化，导致基层组织建设困难增大，团支部、班委会核心缺失。此外，由于大二专业分流，班级重新调配，导致学生对新班级归属感再次降低。种种不利因素对新形势下的团支部建设、班委会建设均构成了

挑战，也对原有的以团支部、班委会为主要载体的思想政治教育活动形成了冲击。同时，集体归属感的缺失导致学生干部工作缺乏主观能动性，将工作重心放在"上传下达"上，而忽略了自我教育、自我管理的职能。

3. 党支部、团支部功能弱化、活力缺失

基层学生党支部、团支部功能较弱，出现活力缺失的问题，难以在班级中起到一呼百应的作用，导致很多主题教育活动达不到预期的效果，思想引领的作用大打折扣。尤其是党支部，其职能局限于完成数量统计、党费收缴、党员发展材料整理等一些党的事务性工作，组织生活缺少纪律化、规范化，个别学生党员缺席党组织活动，形成了"有党员无组织或有组织无组织生活"的现象，不能很好地参与到党团和班级的活动组织、策划安排工作中去，使得基层党组织的建设初衷大打折扣，没有很好地发挥党建带团建和党的宣传教育职能。

基层团支部的很多活动虽然都一贯坚持，但存在内容陈旧、形式乏味，没有很好地结合大学生的特点和时代的特征等问题，活动效果较差，无法吸引广大青年学生的参与，致使团的凝聚力下降，思想政治教育工作开展不力，缺乏吸引力、感召力。

四、分析和研究

1. 学生党支部、团支部、班委会的基本概念

党支部是中国共产党的基层组织之一，学生党支部则是党在班级的组织基础，是党与党员、群众直接联系的桥梁和纽带，是党的基层战斗堡垒。它在党委的领导下开展党的基层工作，包括：了解学生的思想状况，反映他们的意见和要求，做好思想政治工作，培养入党积极分子；发展党员，做好以党员为核心的骨干队伍建设；指导和帮助团支部、班委会开展工作，通过党员的模范作用，影响和带动广大学生明确学习目的、完成学习任务，努力成为合格的社会主义建设者和接班人。

团支部是团的基层组织，在团委的领导下开展团的基层工作。它在上级组织的领导下教育、引导和服务于团员青年，发挥共青团作为党的助手和后备军的作用、作为学校联系青年的桥梁和纽带的作用、作为青年利益的代表者和维护者的作用；以育人为目标，开展支部工作，并在创建优秀团支部中

发挥模范带头作用；推荐优秀团员作为党的发展对象。

班委会是班级日常工作的组织者和领导者。它根据学校的工作计划开展班级工作，及时向学院反映学生思想、学习、生活等各个方面的情况和意见；鼓励、督促和组织学生努力学习，遵守校规校纪，积极参加文体活动；以培养优秀学生为目标，充分发挥自我教育和管理的职能，在创建优秀班集体中发挥模范带头作用。

2. 三者之间的关系

高校大学生是一个特殊的群体，团支部与班委会基本重合，党支部的设立则由于年级、党员人数、设立方式不同而有所差异——低年级本科生受正式党员人数的影响，党支部一般建立在年级，一个年级党员组成若干党支部，党支部与若干团支部/班委会相对应；高年级本科生尤其是研究生正式党员比例较高，党支部一般建立在班委会，党支部、团支部、班委会直接对应。少数高校将党支部建立在宿舍或者学生群团组织基础上，则党支部与团支部、班委会对应关系较弱。本课题主要针对党支部、团支部、班委会具有对应关系的组织模式开展研究。

从人员来看，团支部和班委会基本重叠，党支部则由一个或者多个团支部、班委会中的党员组成。从职能来看，三者各有其工作职责又互有交叉，而职能关系也可以表示在三个组织中任职学生骨干的关系。具体说明见图1和图2。

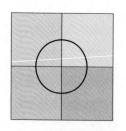   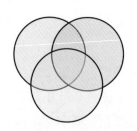

图1 从人员角度看三者关系　　图2 从职能角度看三者关系

人员、学生骨干和职能关系是造成实际工作中出现问题和困难的原因之一，课题研究组探索优化组织模式，构建协同工作，以期针对性解决工作重复、重点缺失等实际问题。

3. 探索协同工作模式

三个组织同处于高校的大环境中，对应的都是同一大学生群体，因此具有一致的目标：服务于青年学生成长成才。以此为基础，三个组织可从三个方面协同工作：

（1）协同议事规则。

基层学生党支部、团支部、班委会共同制定议事规则和决策程序，确定协商会议制度、议事内容和决策程序，规范和固化工作协同和合作。例如：在组织架构方面，坚持"以党支部为核心，以团支部为主导力量，以班委会为主要执行机构"的协同工作体制，各组织主要学生干部在每学期工作之初召开联席工作会，学习校、院发展状况和工作要求，集体讨论学期的工作目标、工作重点和难点，明确各自职责任务，分割集体工作任务，讨论各组织队伍建设。每学期末召开工作总结分析会，讨论工作落实情况，总结经验，组织间进行工作交流。

（2）协同集体发展。

以统一的工作目标为方向，协同集体发展。发挥党支部的战斗堡垒作用，落实党建带团建的指导思想，打造活力团支部，将其建设成思想教育主阵地，通过一系列主题教育活动，在学院和班级中引领团结奋进、刻苦学习的优良风气。针对性地开展主题活动，切实满足学生在实际学习、生活中的需求，从思想建设、人才培育、文化氛围营造等不同方面出发，党、团、班形成合力，工作、教育和活动协调开展。以学生成长成才为目标，以集体发展为导向，共同协作，党支部、团支部、班委会的分工更加明确，各自的职能更加清晰，使基层学生管理单元的建设更加系统化。

（3）协同队伍建设。

在构建协同工作模式过程中，应争取辅导员/班主任、学生干部、广大学生的人员协同模式。一是要充分利用辅导员/班主任老师的人生阅历、工作经历和人格魅力，帮助学生对集体管理搭建统筹观念和全局意识，充分调动学生自我管理、自我服务的积极性和专业性。二是在协同模式建设过程中要发挥学生党员的先锋模范带头作用，提升学生干部主动策划组织活动的能力，激发广大学生积极参与的热情。三是要把党支部、团支部和班委会作为学生骨干综合素质培养、推优选优的平台，学生骨干能够在其中受锻炼、长才干、能流动、获认可；学生可以在团支部和班委会中定期轮岗，轮流承担不同岗位职责，接受不同组织、不同岗位的训练，表现突出的学生骨干可以由团支部推优入党，转正后亦可以在党支部中任职，继续学习和锻炼新的认识和能力；党员可以在团支部和班委会中任职、参与轮岗，发挥带头作用，补充能力的不足，更好地协调党支部、团支部和班委会的各项工作等。形成互动的局面，集体建设的系统观念才能得到普遍的认同，集体建设才能够拥有更好的凝聚力和战斗力。

五、研究实践

秉承上述工作思路，在与学院党委、分团委的配合下，课题研究组设计开展了一系列活动，在为期一年的时间中基本形成了如下的工作体系（图3）。

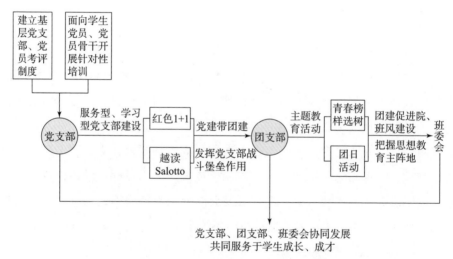

图3 党支部和团支部、班委会组织协同工作体系示意图

1. 激发基层党支部活力，切实发挥战斗堡垒作用

为发挥学生党支部的战斗堡垒作用，必须切实激发其活力，提升党员的先锋模范意识，从而才能使学生党支部在教育、育人环节中起到核心作用。学院已初步形成了基层党支部/党员评价体系，同时针对学生党员、党员骨干开展不同形式的教育活动。例如：定期指导共学会组织党员赴北京"红色教育基地"开展"党课实地教学"。针对全体学生党员进行党章考核，对于考核

未通过的党员组织了再学习和补考。每学年定期对党员骨干（党支书等）展开培训。组织学生党支部书记召开座谈会，了解学生党支部工作情况，把握学生党员的思想状态，统一思想，解决困难，反馈意见，推进工作。

2. 建设特色党支部，以党建促进团员思想教育

为发挥党支部的战斗堡垒作用，使其在广大青年学生的成长中扮演成才表率的作用，课题研究小组通过调研、文献查询等，决定将建设特色党支部作为工作突破点。通过与学院党委的谈论研究，最终确定将建立服务型和学习型党支部作为本年度的工作重点。

3. 依托"红色1+1"，建设服务型党支部

为深入推进社会主义核心价值观的学习和践行，增强学生党员的宗旨意识和责任意识，学院党委组织所辖党支部开展了丰富多彩的"红色1+1"活动，例如：2012级本科生党支部为理工大学社区开展了电脑义诊活动，2014级硕士第5党支部为学校离退休第17党支部开展了智能手机教学活动。

4. 依托"越读Salotto"，建设学习型党支部

为在广大青年学生中引领乐学、善学的风气，学院以党支部作为突破点，依托"越读Salotto"读书沙龙，培养党员"阅读、悦读"的习惯，从而慢慢辐射到全体学生，在学院范围内形成浓厚的读书风气。"越读Salotto"活动由学院2013级本科生党支部主办，是一档日常读书沙龙活动，主旨为在党支部内形成浓厚的读书、交流氛围。以"越读"命名旨在希望同学们在阅读的同时勤于思考，培养见微知著意识，除了从书籍中汲取知识外，收获超越书籍本身的生活态度和智慧，形成积极、独立的人生观和价值观，从而养成悦读的习惯。经过本学期的试点，该活动从下学期起将由党支部辐射到对应的团支部，由团支部带动班级全体学生开展读书活动。

5. 试点活力团支部工程，提升团支部运行活力和团员参与活力

为着力破解基层团支部活力不足的重点难点问题，课题研究小组以解决实际问题为出发点和落脚点，特别是着力解决团支部功能虚化弱化，凝聚力、影响力不高等困难，通过加强和改进团支部的基础团务管理、队伍建设和必要的制度建设，促进团支部的组织运转更加规范、顺畅。通过扩大基层民主，完善创新团支部的设置方式、成员配备，促进更多团员学生积极参与、推动团支部的工作和建设。由于学院层面对本科生、研究生采取不同的分班规则，

故本年度选取两个团支部作为试点,并指导其党支部、团支部和班级共同协商,制订详细的工作计划。

6. 07111303 团支部(本科生团支部)

落实党建带团建的工作思路,动员党员参与到团员的教育工作中,充分发挥其模范先锋作用以及朋辈教育的优势,创新开展团课等主题教育活动。依据基层团员学生的兴趣特点设计开展创新性团日活动,探索新型团日活动形式载体,贴近青年学生生活日常,促使同学们乐观主动地参与其中,并从不同方面切实得到收获和成长,端正思想态度,树立正确的思想观念。

建立班级微博、微信公众号等,扩大团组织在青年中的影响力。班长兼任团支部副书记,团支部与班委会一体运行。

7. 2015 级硕士第 5 团支部

以课题组为单位建立团支部,并根据实际情况以实验室就近设立团小组,探索更加有效的团员管理方式,扩大共青团在青年中的影响力。明确团支部及支委工作职责、工作标准,明确团员大会、支委会、团小组会的议事范围和决议权限。落实党建带团建的工作思路,动员党员参与到团员教育工作中,充分发挥其模范先锋作用以及朋辈教育的优势,创新开展团课、团日活动主题教育活动等。通过建设班级微信群(Give Me Five)、QQ 群(2015 硕 5 班)、微博等,凝聚团支部成员,并宣传团支部建设成果。

8. 把握团支部思想教育主阵地,以团建促进院、班风健康发展

团支部是团的基层组织,承担着教育、引导和服务于团员青年,发挥共青团作为党的助手和后备军的作用、作为学校联系青年的桥梁和纽带的作用。以育人为目标,积极开展团支部工作,将对培养广大青年学生积极的价值观和人生观,引领院、班风健康发展起关键作用。

9. 树立青春榜样,营造优良学风

为在学院、班级内营造见贤思齐、踏实学习的良好学风,计算机学院于 2015 年全面启动"计忆辉煌"青春榜样遴选工作。本次活动旨在在全院范围内选树、宣传、表彰一批传播正能量的学生先进典型,以可爱、可信、可贵、可为的榜样力量,引领广大团员青年见贤思齐、崇德向善,从我做起、从身边做起,争做社会主义核心价值观的倡导者、践行者。本次遴选以社会主义核心价值观三个层面的基本内容和"勤学、修德、明辨、笃实"四个方面的

基本要求为主要标准。截止至今，共征集申报材料 40 余份，目前正在进行筛选、评议工作。

10. 创新团日活动，营造浓厚的文化氛围

创新开展"品味激昂青春，争做四可青年"主题团日活动：各团支部自行组织学习、分享《习近平总书记 8 则青春故事》，在理解的基础上将其内化为自身的精神动力，并以此为基础创作短文、诗歌、歌曲、视频、微电影、漫画等便于传播的文化作品，使老故事焕发新光彩，为新时代青年的成长成才提供源源不竭的动力。从"品味激昂青春，争做四可青年"——四进四信主题学习创意大赛中挑选优秀作品，以计算机学院微信公众号为平台广泛宣传。此举通过文化作品的创作和传播，向广大青年传递了积极的人生追求、高尚的思想境界和健康的生活情趣，营造了良好、浓厚的学院、班级文化氛围。

六、后续工作设想

在本年度课题的研究过程中，课题研究组在实践中只是推进了部分工作，后续还将逐步推进实践。此外，协同工作机制的研究需要与学生党员和干部的培养紧密结合起来，需要课题组成员继续深入调查、研究和学习，提升破解难题的能力，与学生共同实践和进步。

2016年党建课题汇编

党建融媒体建设专题

新形势新党建专题

学生培养党建专题

党建融媒体建设专题

发挥新媒体平台作用增强党建理论学习实效研究

课题负责人：刘晓俏

本课题主要从两个方面开展研究，一方面开展党建理论学习的体系和载体研究，另一方面开展新媒体的优势和平台搭建研究。通过构建科学的学习体系，充分发挥新媒体优势，构建理论学习的有效载体，进而提升党建理论学习的实效性。本课题研究主要分为四个部分，一是党建理论学习体系研究，二是新媒体工具的研究，三是党建理论学习新媒体平台的构建，四是案例实施。

一、党建理论学习体系研究

在2016年全国高校思想政治工作会议上，习近平总书记在讲话中指出，办好我国高等教育，必须坚持党的领导，牢牢掌握党对高校工作的领导权，使高校成为坚持党的领导的坚强阵地。要做好在高校教师和学生中发展党员工作，加强党员队伍教育管理，使每个师生党员都做到在党爱党、在党言党、在党为党。党建理论学习是党建工作中的重点内容之一，也承载着入党积极分子、预备党员以及党员再教育的重要任务。做好党建理论学习工作对高校人才培养具有重要作用。

1. 党建理论学习对象

党建理论学习要面向有入党动机的全体师生，对于提交了入党申请书的师生都要纳入党建理论学习对象中。因此，党建理论学习面向对象群体庞大，不能一概而论，要进行精准式学习教育，提升教育的实效性。党建理论学习对象应细分为入党积极分子、发展对象、预备党员和党员，不同的面向对象，理论学习的内容和重点也有所不同。

2. 党建理论学习内容

入党积极分子是提交了入党申请书，具有入党意愿的师生。他们对于入党和党的基本知识只是有些感性的认识，理性思考不多。因此，面向入党积极分子开展理论学习教育，重点应该是中国共产党及党组织、党员标准、入党动机等方面的基本知识和理论，结合入党流程及入党积极分子阶段的实操说明，旨在树立党员坚定的理想信念、世界观、人生观，端正入党动机，在这一阶段做好自我发展，创造入党条件。

发展对象是入党积极分子中的优秀分子，经过团（党）支部推优后确定的计划发展入党的对象。通过入党积极分子阶段的学习，发展对象已经坚定了自己的选择，坚定了自己的信仰。在这种情况下，对于发展对象的学习教育，应该将重点放在党员的责任和义务、党员的先进性教育上，学习重点应该是中国共产党廉洁自律准则、纪律处分条例等。通过学习，使发展对象进一步明确责任和使命，明确党员的要求，指导自己在入党后，按照党章要求做一名合格党员。

预备党员、党员是师生中的优秀分子，在思想上有坚定的信念、在学习工作中能够起到表率作用。对于预备党员、党员的理论学习，应该注重教育引导广大党员发挥党员的先锋模范作用、发挥党支部的战斗堡垒作用。因此，对于党员应该把"两学一做"学习教育内容作为学习要点，把学习党章党规作为学习基础，把学习习近平总书记系列讲话作为思想提高的主要内容。学习党章、中国共产党廉洁自律准则、中国共产党纪律处分条例、毛泽东的《党委的工作方法》、中国共产党党组织工作条例、习近平总书记系列重要讲话精神等，通过"两学一做"的常态化、日常化，推进党员入党后再教育。

3. 理论学习体系的构建

通过对不同对象的学习重点进行分析，我们可以得出，党建理论学习体系应该分层构建、区分面向对象，有所侧重。学习内容以党的历史、党的发展历程、党章、党规、习近平总书记重要讲话为重点，辐射党的纪律处分条例、廉洁自律准则等内容。层次一，面向入党积极分子开展党的历史、发展历程等内容的学习；层次二，面向发展对象开展党章、党规等方面的学习；层次三，面向党员开展"两学一做"教育内容的学习。层次一、二、三的学习内容逐渐加深、拓宽，通过不同层次的学习，不断夯实面向对象的理论基础。

构建理论学习体系的金字塔模型如下（图1）。

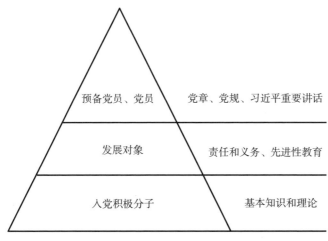

图1　理论学习体系的金字塔模型

二、新媒体工具的研究

1. 何为新媒体

随着基于数字技术的网络高速发展，传统媒体面临着一场巨大的革命，形形色色的新媒体已成为当今世界最重要的信息集散枢纽，它们在构建和谐社会的过程中发挥着越来越重要的作用。但是，究竟何为新媒体？新媒体的"新"，又如何体现？

对于什么是新媒体，业界和学界至今没有比较普遍认可的看法。我们一般可以把"新媒体"理解为"以数字媒体为核心的新媒体"——通过数字化交互性的固定或移动的多媒体终端向用户提供信息和服务的传播形态。[1]

---

[1] 廖祥忠. 何为新媒体 [J]. 新媒体研究，2008（5）.

2. 新媒体的特点

基于对新媒体的理解，我们认为，新媒体的"新"，主要体现在四个方面，即直观性、便捷性、自主性和普遍性。

（1）直观性。传统媒介主要应用文字、声音、图像等进行信息传递，受众要通过阅读、观看、聆听等方式接收信息。而对于篇幅较长的文字，部分受众会觉得有一些枯燥，不愿意进行深入的了解，也就影响了信息的传递。而新媒体的广泛应用，使很多枯燥的文字变成了生动的图片、视频、动画，使受众通过简单的阅读即可了解丰富的内容，而生动的展示形式也很容易抓住受众的注意力，引发受众深入了解的兴趣。

（2）便捷性。传统媒体一般通过报纸、书刊、电视、广播等传递信息，而这些方式往往受到地点和时间的限制，在没有报纸、书刊售卖的地方，没有电视和广播的地方就无法进行信息接收，这就使受众不能够随时随地地了解信息。而新媒体的出现，使信息受众面大大增加。微信、微博、微视频等新媒体工具在有手机的情况下即可进行信息的传递和接收，受众在上班路上、休息时间、外出游玩等情况下都可随时随地不受时间、地域限制进行信息的收集和传递。

（3）自主性。在传统媒介下，受众大多以信息接受为主，个人向大众发布信息，要求比较高，实现难度比较大。而在新媒体环境下，人人都是信息发布中心，每个人都可以进行信息的发布和接收。在传统媒介下，受众能够接收和了解哪些信息，主要是由传统媒介发布哪些信息决定的。在新媒体环境下，信息量大，传递速度快，受众可以自主选择接收哪些信息，了解哪些内容。

（4）普遍性。在当前的高校大学生中，几乎人人都有手机，新媒体的普及率在大学生群体中非常高。在学生的生活、学习、休闲娱乐等方面，新媒体的应用非常普遍。微信、微博等已成为大学生交流沟通的主要渠道和平台。微视频课程也已日渐成为学生日常学习的有效补充。

三、党建理论学习新媒体平台的构建

1. 新媒体平台开发

当前在应用新媒体开展理论学习时，网络应用比较多，对于微信、微博、微视频等的应用还处于探索和尝试阶段，然而微信、微博、微视频的广泛应用，又为理论学习提供了广阔的舞台。从功能上来分，可将新媒体分为两类，一类是单向的信息推送与发布的宣传教育类平台，主要有网站、微博、微信公众号、微视频等，具有信息传播速度快、覆盖面广等特点；另一类是交互式的交流讨论式学习平台，主要有微信群、QQ群等，具有讨论深入、主题明确、吸引力强等特点。

(1) 宣传教育类平台建设。

建立理论学习网站。网络已经成为人们工作生活中不可或缺的重要组成。建立理论学习网站也是党建理论学习的重要平台。建立红色网站，系统宣传、推送党的理论知识。网站的容量较大，内容可进行实时编辑，网络使用者登录网站即可学习查阅理论知识。

建立"理论学习专家"微博。在新媒体时代，人人可以成为信息发布者，个人观点的影响力大幅度提升。因此，可以邀请党建理论专家学者开设微博，通过生活化、口语化的语言，师生喜闻乐见的形式来开展理论学习宣传，潜移默化地提升师生的理论认知和价值观念。

建立微信公众号进行理论内容推送。微信是当前高校师生社交的重要平台，人们经常查看微信，因此应用微信平台推送信息，可以很快传递给受众。在微信平台中，建立微信公众号、设定不同的理论学习栏目、定期推送相关内容，使师生能够快速方便地进行理论学习。

开展理论精品课程微视频。微视频时常比较短，播放比较简单易行，因此可邀请理论知识丰富、语言生动、富有感染力的老师开展微视频精品党课的讲授。建立党课专题网站，开设党课微视频，师生可登录网站随时学习视频课程。

(2) 交互式平台建设。

交互式平台是较单向的宣传教育平台，具有更加深入的交流讨论功能。目前应用比较多的就是微信群和QQ群。在微信群、QQ群中，入党积极分子、发展对象、党员等只要加入其中就可对其中的内容进行讨论，每个人都可以发表意见和看法。这一平台的特点就是交互性强，参与讨论的人可以随时发表自己的意见，相互之间都能够看到各自的观点和看法。

2. 跟踪和评价研究

新媒体因具有海量信息的融合性、角色的互动性、行为的个性化、传播的即时性、时空的开放性等特点，开展理论学习就有非常大的优势，但与此同时也为学习效果的跟踪和评价提出了难题。应用新媒体开展理论学习效果跟踪和评价可通过以下两个方面来展开。

（1）点击率和阅读量。新媒体应用网络技术开展的理论课程学习，可有效记录受众的浏览情况。在微信公众号的应用中，可实时记录微信的阅读量，对于阅读量大的信息可进行定期多次推送。对于微视频等的观看情况，可通过点击率来进行跟踪，点击率高的微视频，受欢迎程度就比较高，同时也是对视频内容和教授理论课程老师的认可。

（2）实时评价反馈。新媒体还具有交互功能，这为宣传主体和受众之间搭建了沟通交流的桥梁。受众可通过网络留言和评论对理论学习发表感受，提出改进意见和建议，宣传主体可通过留言与受众进行交流，传播自己的思想，交流自身感受。

3. 激励机制研究

理论学习往往给人枯燥单调的感觉，如何能够激发面向对象的学习积极性是当前面临的一个重要问题。新媒体平台为理论学习提供了新的平台和广泛多元的资源，可通过提出多元化交流平台、评选网络学习之星、举办微视频制作大赛等方式激发学习积极性。

在微信广泛应用的环境中，可通过微信投票的方式，评选网络学习之星，宣传先进典型的优秀事迹，营造良好的学习氛围，建设健康向上的学习文化，激励更多的师生学习理论知识，传播理论知识。

举办微视频制作大赛，面向广大师生开展理论学习微视频创作大赛，创造"人人都讲理论学习，人人都爱理论学习"的舆论氛围，通过大赛的组织和评选，形成一批优秀的微视频精品理论课，构建一支理论课程宣讲队伍，通过评选竞赛等活动激发大家理论学习的参与热情。

四、案例实施

生命学院党委在"两学一做"学习教育以来，充分发挥新媒体平台作用，构建了师生交流平台、党建宣传窗口。在学院师生共进工程中，学院党委要求学生和教师党支部共同组建了6支"师生党建共同体",并分别建设了微信群,采取线上线下相结合的方式开展学习教育,即每个季度由教工支部发起组织一次线下集体学习活动,同时,利用微信群进行线上的即刻互联互通。6支"师生党建共同体",围绕"为什么入党""党员如何发挥在人才培养中的作用""习总书记在全国科技创新大会上的讲话""习总书记在知识分子、劳动模范、青年代表座谈会上的讲话"进行了集体学习。

与此同时,在学院公众号上推出"党建思政"栏目,推送"我为什么要入党""党员应该记住习近平的这些话""建党95周年,青春十问党"等多篇内容,受到了师生的广泛关注。通过微信推送的方式,可以使广大师生教师随时查看相关内容,不受时间和空间的限制。

以上相关内容具体见图2—图4。

图2　生物医学工程党支部开展线下集中学习

图 3　线上交流内容截图

图 4　微信公众号推送内容截图

自媒体视域下高校学生党建工作模式创新研究

课题负责人：孙　硕

学生党员是建设党、发展党的新一代中坚力量，全方位地加强党建工作，有利于引导学生党员增强党性修养，跟紧党的步伐，并且以点带面，提升整个高校学生群体的思想意识，培养德、智、体、美全面发展的社会主义事业建设者和接班人。随着自媒体的发展，传统高校党建工作模式受到挑战，效果越来越不明显。因此，创新工作模式势在必行，将微信等自媒体传播方式与高校党建工作有效结合起来，扩大覆盖群体范围，强化教育效果。本文在自媒体大发展的背景下，探索高校党建的创新模式。从自媒体视域下高校学生党建工作模式创新的重要意义出发，进行问卷分析，并在此基础上进一步提出创新模式的构建原则和思路。

一、自媒体视域下高校学生党建工作模式创新的意义

中国共产党的发展离不开一批批党员的建设和努力，离不开一代代科学知识的积累和党员群体素质的提升。高校学生是党的后备军，是国家发展的有生力量，在高校中，学生党员更是建设党的新一代的中坚力量。高校学生党建作为高校思想政治教育的前沿阵地，担负着培养为国家可用的社会主义人才的重任。

（一）高校学生党建的意义、现状及问题

1. 高校学生党建的意义

高校学生是党的后备军，是国家发展的有生力量，学生党员更是建设党的新一代的中坚力量。随着对高校党建工作重要性的认识程度不断加深，各种党建有关的思想教育、实践活动不断增多。这有利于传播党的思想，弘扬

党的精神，增强学生党员的党性修养，提高思想觉悟，自觉以党员身份严格要求自己，提高对党的热爱以及对党的建设和发展义不容辞的责任感和使命感。同时，多种多样的党建学习活动，会给学生党员一些政治高度上的启发，打开同学们的思维和视野，而不仅限于书本上的知识，更多的是思想意识层面的先进性，这对于提高高校学生的综合素质有着重要意义。在一系列的党建活动中，学生党员群体发挥党员的先进模范带头作用，以点带面，有利于整个高校学生群体思想意识的提升和综合素质的发展。

2. 高校党建工作的现状及问题

（1）新媒体冲击下传统教育方式受到挑战、效果弱化。

传统高校学生党建工作主要包括党史教育、党课培训、宣传讲解、师生座谈等方式，这些方式往往每年高校党委组织参加次数固定，流程相同，内容也相对单一。参加党建活动的党员大多情况下以被动接受为主，课堂互动意愿不强，参与的积极性也不高，学生缺乏认同感和主动性，许多党建理论仍然停留在"知道""熟悉"层面，缺乏丰富的感性认识来支持理论，更无法深入实践当中去发挥党员的先锋带头模范作用。这种流于形式和表面的现象愈演愈烈实际上是高校党建工作失效的表现。因此，必须从这种失效中予以反思，以提升党建活动的吸引力和有效性，传统高校学生党建教育方式的弱化迫切需要创新工作模式，以期占领学生思想主阵地。

（2）高校学生党建工作环境不容乐观。

自媒体时代的到来，极大地方便了高校学生获取信息的渠道，对于不懂的问题最常见的解答方式莫过于"百度一下"，抑或是浏览自己感兴趣的新闻、博客、微博、微信公众号文章等。但同时在自媒体时代下，人人都是信息的传播者，信息泛滥且良莠不齐，各种道德观念和思潮风起云涌，高校学生的思想道德观念、价值取向、行为方式不可避免的受到了巨大的冲击和影响，甚至部分缺乏判断能力的学生更容易在社会思潮中迷失自我，走上不归之路。大学阶段正是三观形成的重要时期，高校学生也都有获取信息形成主见的意识，那么在当前如此繁杂和快速的信息冲击下，学生的思想更容易产生波动和混乱，如果没有强有力的意识形态上的正确引导，很容易被一些极端思潮所利用，也容易滋生不正之风，例如拜金主义、功利主义、历史虚无主义等，这对于党的后备力量的培养是极大的破坏。因此，新的时代给党建工作带来了新的课题,高校学生党建面临着更复杂、更快速、更多变的工作环境,这加大了高校学生党建工作中的难度和强度。

(3)自媒体在高校党建工作中的运用不够深入,必须紧握"线上"契机。

自媒体有别于由专业媒体机构主导的信息传播,它是由普通大众主导的信息传播活动,私人化、平民化、普泛化、自主化的传播者,以现代化、电子化的手段,进行信息生产、积累、共享和传播。自媒体平台主要包括微信、微博、博客、贴吧等。自媒体在高校学生群体中广受欢迎,是同学们十分喜爱的信息获取和传播方式,自媒体的广泛应用也给高校党建工作者以启发,运用自媒体并与党建工作相结合成为必然趋势,但是这种运用和结合的程度还很低,有的只是新鲜感般的尝试,自媒体与传统教育方式的结合还显得十分生硬,甚至仅限于运用自媒体发放教育活动的通知等。这都说明我们虽意识到自媒体在学生群体中很受欢迎但是并没有深度挖掘其在党建工作领域能够发挥的强大作用,需要更深层次地对自媒体加以认识,抓住"线上"高校学生党建工作的契机。自媒体作为"线上"教育手段,能够突破高校学生党建工作时空限制,以即时性、互动性、广覆盖等特质与高校学生紧密结合在一起,拉近与学生的情感距离,使学生对党的了解和认识更加具象与感性,在充分认识党的过程中,"死板教条"的价值理念转化为一个个生动活泛的案例,学生的价值理念受到熏陶与启发,达到纠正错误思想、弘扬传播社会正能量的目的。

(二)结合自媒体开展高校学生党建工作的意义

新形势下,自媒体对高校党建工作的认同感、控制力、话语权,带来了挑战,也带来了高校学生党建的深刻变革。其中微信是当前高校学生使用最广泛的自媒体即时通信软件,其传播效果及影响力是不容忽视的,重视挖掘微信自媒体的有效资源,对强化高校党建工作的效果具有重要作用。发挥微信的功能优势,构建一个基于微信自媒体平台的高校学生党建工作体系,推行高校学生"微党建",是新形势下高校党建信息化和高校意识形态阵地建设的重要组成部分。

(1)微信自媒体的传播特点有利于学生党员全覆盖。微信自媒体具有便携性、移动性、即时性,可进一步打破时空限制,为实现高校"微党建"党员全覆盖提供了便利。

（2）微信自媒体基于社交关系的大众化自我传播特性，有利于党建宣传工作"入脑入心"。微信自媒体最大的特点在于其受众互动的广泛性和高频性，用户本身成为一个个媒介中转站，对感兴趣的内容和信息进行自发式的传播。随着微信覆盖面的进一步扩大，以人为中心的自媒体传播渠道会形成一张巨大的网，消息传播数量及速度都将呈爆炸式增长，利用微信自媒体进行党建宣传工作，可以充分发挥微信的大众自我传播特性，使宣传工作深入人心。

（3）微信自媒体有助于增强高校党建活动的吸引力和实效性。利用微信自媒体的便利、多样化的特点，将党建教育内容置于自媒体，可以较好地吸引学生的关注，使学生在好奇与趣味中潜移默化地接受教育；利用微信自媒体互动平台易于推广学生讨论、深度学习等，为理论学习提供多种平台，实现学习实效性的提升。

总之，自媒体的优势是十分显著的，在自媒体充斥学生生活各个方面的今天，自媒体在党建工作的运用上不应仅作为一种宣传、通知的辅助工具，应该更多地利用自媒体传播的高效、便捷、生动形象等特质主动地进行多频次互动式的教育活动，比如开展"线上"讲堂、党政方针交流学习区、重大政策讨论互动区、红色知识竞赛、转发投票活动等。多种多样的线上活动可以提高同学们的积极性和关注度，并在日常浏览和互动中发挥思想政治教育的作用，这有利于推进党建工作的有效进行，不做无用功。当然，这种"线上"活动的开发和思想教育形式也对党务工作者提出了更高的工作要求。

二、高校自媒体学生党建工作问卷调查分析

（一）问卷结果分析

1. 被调查者基本情况

本次调查采取在北京理工大学线上和线下分发问卷的方式开展，主要群体是学生党员以及入党积极分子，本次调查共发放问卷500份，回收480份，回收率96%，其中有效问卷460份，有效问卷率95.8%，有效回收率91%。问卷的调查对象涵盖了北京理工大学本科、硕士和博士研究生各个学历层次，

理、工、文各个专业均有覆盖,调查具有一定的代表性。

(1) 政治面貌分布情况(图1)。

在被调查者中,各种政治面貌的问卷填写者都被囊括在其中,其中,接受调查的团员人数最多,占到了总人数的一半以上,党员及预备党员占31.94%。

(2) 年级分布状况(图2)。

在接受问卷调查的总人数中,年级分布也比较均匀,从本科四个年级到研究生,都有涉及。

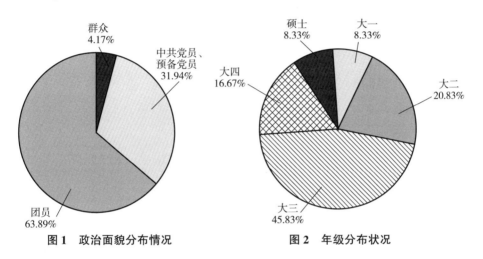

图1 政治面貌分布情况　　图2 年级分布状况

(3) 党委、党支部自媒体平台建设情况(图3)。

通过调研我们发现,只有少部分党支部或党委成立了属于自己的自媒体平台,不知道或者没有自媒体平台的组织占到了86.96%。说明当前自媒体平台在党建工作方面的运用程度还比较低。

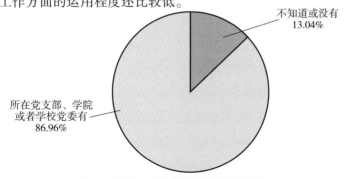

图3 党委、党支部自媒体平台建设

2. 对于自媒体平台的偏好分析

（1）所关注的微信公众平台的主体（图4）。

从调查中我们发现，选择官方组织微信公众平台的受访者更多，超过了人数的一半。具体而言，选择个人或工作室的占到了44.44%，而选择官方组织的占到了55.56%，这说明不同类型的主体间的差异并不大。

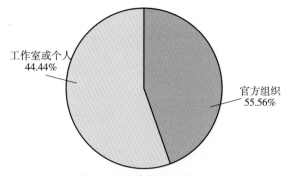

图4 关注的微信公众平台

（2）偏爱的自媒体平台风格（图5）。

对于受众最喜欢的风格进行调研，我们可以发现，喜爱风趣幽默风格的同学所占比重最大，占到了总人数的84.72%。喜爱权威公正风格的同学占到了37.5%，喜欢温暖阳光风格的同学占到了33.33%。

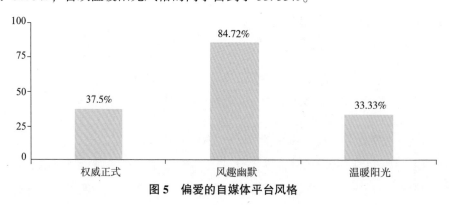

图5 偏爱的自媒体平台风格

（3）最喜欢的推送类型（图6）。

从结果中我们可以看出，文字、图片最受微信公众平台使用者的喜爱。而语音是最不被使用者接受的一种方式。

从数据中我们可以更加直接地看到，乐于接受语音的受众只占到总人数的4.17%，而视频的情况要稍微可观一些，占到了总人数的12.5%。

（4）自媒体种类使用偏好（图7）。

在这道排序形问题中，通过使用频率越高排名越靠前，赋分越高的方式，

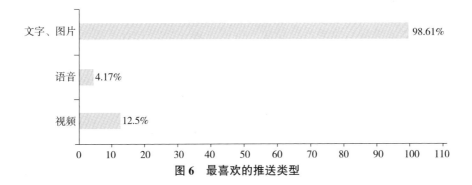

图6 最喜欢的推送类型

可以得出目前对于微信的使用频率是最高的,达到了4.86分,排名第二的微博为3.94分,排名第三的贴吧为2.92分,排名第四的论坛为2.01分,排名第五的博客为1.21分。

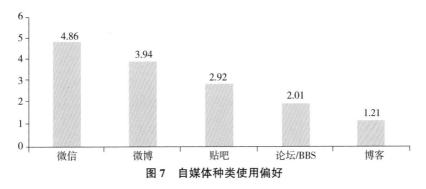

图7 自媒体种类使用偏好

3. 党建类自媒体平台建设情况

(1)党建类自媒体平台关注情况(图8)。

数据显示,关注了党建类自媒体平台和未关注党建类自媒体平台的人数恰巧占到了总人数的50%。

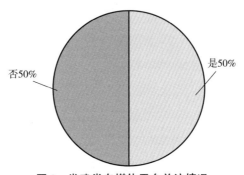

图8 党建类自媒体平台关注情况

(2) 未关注党建类自媒体平台的原因（图9）。

通过对未关注的原因进行了解，可以发现认为对自身的帮助不大占到了55.56%，所占比重最大。认为没有意义占到了47.22%，不感兴趣占到了38.89%，形式单一、内容枯燥占到了25%，推送质量低、不知道这类自媒体平台的存在，认为平台建设、运营方面有所欠缺各占到了19.44%。这些原因所反映出来的问题也为进一步改进措施的提出提供了基础。另外，很多调查者也表示，如果上述问题能够得到一定程度的解决，这些被调查者也是愿意关注此类自媒体平台的。

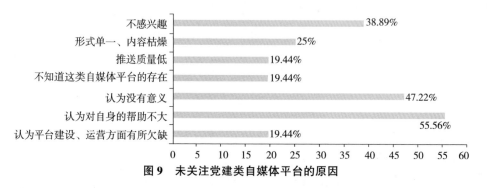

图9　未关注党建类自媒体平台的原因

(3) 所关注的党建类自媒体平台的类型（图10）。

对于关注者而言，在北京理工大学特有的调研范围内，关注比例最高的为学生组织类自媒体平台，占到了94.44%，也就是说关注者主要是通过这一

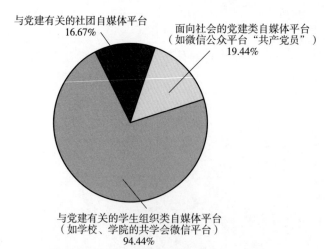

图10　所关注的党建类自媒体平台的类型

类型的党建平台了解相关党建信息的。另外，关注了面向社会的党建类自媒体平台者占比16.67%，关注了与党建有关的社团自媒体平台者占到了19.44%。

（4）关注者的关注原因（图11）。

在关注原因中，占比最高的原因为平台中有相关信息的发布，出于这一原因而关注的占到了80.56%，强制关注的占22.22%，因为内容有吸引力而关注的占36.11%，被其中的某条推送吸引而关注的占27.78%，因为对于党建方面的内容有强烈兴趣而关注的占11.11%。

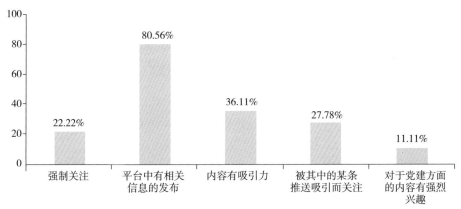

图11 关注者的关注原因

（5）是否会将该类平台推荐给别人（图12）。

在这一问题中，选择会与不会的被调研者各占了41.67%，还有一部分被调研者选择视情况而定（16.67%）。

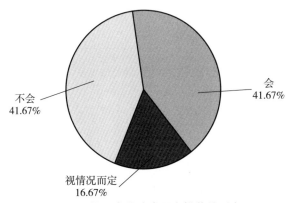

图12 是否会将该类平台推荐给别人

（6）每周平台进行推送的频率（图13）。

就进行推送的频率而言，普遍集中在3~5次，占到了80.56%，而对于4~6次以及0~2次的所占比例都较小，一周内每天都进行推送的占比在本次调研中为0。

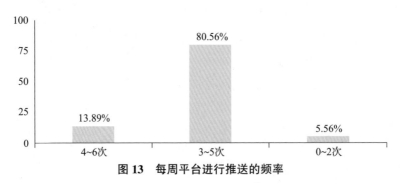

图13　每周平台进行推送的频率

（7）相关推送的阅读情况（图14）。

就阅读频率而言，大部分人的选择是视时间、兴趣、心情而定，占到了33.33%，选择基本都会阅读和很少阅读的比例也较大，分别为30.56%和27.78%。而发布的每一条都会阅读或者只会在强制情况下才阅读的占比很少，分别为5.56%和2.78%。

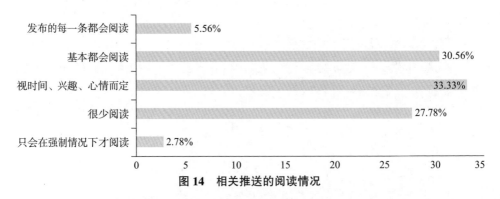

图14　相关推送的阅读情况

另外，就阅读态度而言，大体浏览和只看标题这两种的占比较大，分别为75%和22.22%，真正会认真学习的只占2.78%（图15）。

（8）具体发布内容以及效果（图16和图17）。

通过对于具体发布内容以及效果的对比可以看出，信息的发布所占比例最大，同时效果也是最好的；党的方针政策的宣传对于受众也有着比较重要

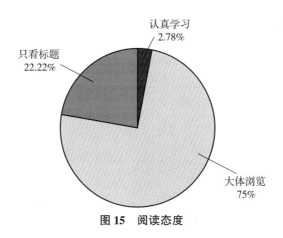

图 15　阅读态度

的影响；但是感悟、心得等方面的内容对于党性修养的提升效果较弱。

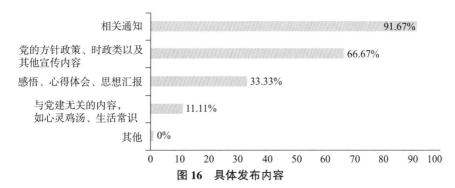

图 16　具体发布内容

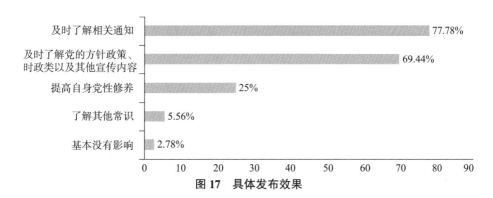

图 17　具体发布效果

（9）已关注者的改进意见（图 18）。

对于已经关注平台的人而言，内容的丰富性、美观性、时效性和准确性是最为关键的数个要素。其中，对于内容的丰富性的诉求最大，有 91.67% 的受访者都表达了对于能在内容的丰富性上继续改进的想法。

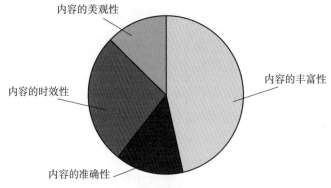

图18 已关注者的改进意见

（10）对于平台未来发展的态度（图19）。

在已关注者中，大部分人对于平台未来的发展持乐观态度，其中，认为有继续存在的必要的占到了77.78%，认为在改进的基础上可以继续存在的占13.89%，认为存不存在无所谓的占5.56%，明确表态没有必要继续存在的仅占2.78%。

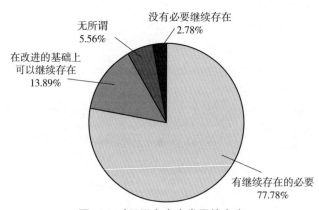

图19 对于平台未来发展的态度

（二）存在的问题与建议

1. 扩大平台受众的覆盖面

通过调查我们发现，绝大部分的党委、党支部都没有成立属于自己的自媒体平台，在这一方面的建设还处于基本空缺的状态，而关注这类平台的大多是党员以及想要加入中国共产党的群体。但其实党建平台的意义并不局限于此，对于普通群众而言，也有着重要的教育意义。

2. 加强平台自身建设

不管是对于已经关注自媒体平台的人群，还是未关注自媒体平台的人群来说，平台自身建设都是会对受众的决定产生重要影响的因素。因此在坚持信息发布的基础上，也不能放弃对于党的方针政策的宣传，但是在形式上可以更加美观化，在发布时间上更加具有时效性。对于感悟、心得体会等方面的内容的推送方式也是改进的重要措施之一。

3. 提高推送内容的吸引力

通过调查可以发现，风趣幽默的推送更受喜爱，同时权威正式和温暖阳光风格的推送也有一定的受众群体。自媒体平台的发展离不开受众的支持。因此在今后的平台建设过程中，可以将严肃的内容与风趣幽默、权威正式、温暖阳光等多种风格相结合。受众最喜欢的形式为文字与图片相结合的形式，这样一方面不会让整篇文章过于枯燥，同时也保证了内容的充实性。此外，文字与图片相结合的形式可使得阅读更加便捷，受所处场所和网络情况的制约较小。

4. 注意相关推送的实际作用

对于一些平台来说，虽然已经有了较多的受众，但是对于推送的阅读往往是大致浏览，而没有深入学习。真正完善的平台建设要能够让受众点开阅读的同时耐下心来，这样才能真正有所得。此外，很多人是因为内容有吸引力或者被其中的某条推送吸引而关注的，这要求我们在提高整体推送质量的同时，更要推出一些精品。对于党建方面的内容因有强烈兴趣而关注的也有不小的比例，而且作为党建类自媒体平台，在丰富形式的同时，不能忘记本身的存在意义与价值。

三、自媒体视域下高校学生党建工作创新模式构建

随着以自媒体为代表的互联网技术的迅猛发展和广泛应用，互联网日益成为高校学生获取知识和各种信息的重要渠道，并慢慢演化为大学生的"第二课堂"。网络渗透在当代大学生学习、生活的各个角落，对思维方式、价值导向以及思想意识都产生着重要地影响，更会潜移默化地影响大学生的政治态度和信仰选择。在新媒体的冲击和影响下，高校党建工作有责任也有义务

融入网络自媒体的思想洪流当中,充分利用自媒体传播的优势最大限度地将社会主义主流价值观念深入传递到高校学生群体中的每个角落,有效引导大学生完全信赖党的理论、政策和行为,增强抵制腐朽思想的能力,确保成为德才兼备的社会主义人才。

(一)自媒体视域下高校学生党建工作创新模式原则

1."线上"与"线下"相融合原则

微信平台信息的发布大多围绕社会热点问题展开,时效性强,不同人有不同角度的解读。可以深度挖掘微信平台的信息资源,充分利用线上媒体丰富的素材,以高校学生党建的视角合理引导高校学生解读党的思想和主张,使得学生党员认清各种虚假、丑恶的社会现象,引导正确的舆论导向。

与此同时,自媒体平台成为人人可以宣扬自己思想观念以及宣泄情绪的窗口,学生党员转发、评论微信事件内容更是在表达自己对此类事件的看法。高校党务工作者可及时参与其中,把握住网络舆情导向,一旦发现有偏离主流的偏激思想,可以快速进行干预,加强引导,建立有效的信息屏蔽制度和责任追究制度,严惩违法违规行为,规范"微党建"信息传播的秩序①。

充分利用自媒体平台进行全方位的党建工作,自媒体平台不仅成为一个宣传窗口,更可以成为一个一起讨论、共同学习、发挥党员先进性的阵地,这更有利于通过实时互动掌握同学们的思想动态,并与"线下"的党员教育活动相结合,互相补充以推进党建工作更好地开展,实现有效性。

2.以"人本维度"深化党建理论原则

高校学生党建工作的对象是"人"——学生,他们更希望从实践中感受和学习具体的人和事,在实践中认识党的思想理论。长年累月的书本理论学习已经使他们对一些理论产生疲劳情绪,且比之从前,他们也有相对较多的时间去思考和感受这些理论的形式和内容。所以说,党务工作者要立足于个体,具体情况具体分析,从学生的成长与发展角度有针对性地推送契合学生兴趣点的内容,在寓教于乐中深刻理解。

---

① 田海云. 微信自媒体平台在高校党建工作中的运用探析 [J]. 思想理论教育导刊, 2015(8).

以人为本的高校学生党建工作还需要发挥学生党员的先锋模范作用。通过微信平台及时传播学生党员先锋的优秀事迹和精神,以他们工作学习中的点点滴滴潜移默化地影响周边同学,发挥辐射带动作用。

3. 平等与互动交流的原则

平等互动原则要求教育者和网络受众在民主和谐的氛围中,坚持以平等为前提,以互动为手段,通过商讨、协商的方式进行思想交流,答疑解惑,提高来询者的思想认识。运用网络咨询辅导方法开展网络学生党建政治教育,其前提就是要学会尊重网络受众,突出平等性与互动性,学会在平等互动中交流,在交流中了解和把握来询者咨询的主要议题,并通过与来询者协商、讨论等方式科学地分析咨询议题主要内涵,并围绕主要议题制定双方认同的方案和对策,提高咨询教育的实效性[1]。

(二) 自媒体视域下高校学生党建工作创新模式构建思路

1. 全面覆盖、直线互达,推进"微党建"建设

微信与手机终端的结合,具有便携性、移动性、即时性特点,进一步打破时间、空间限制,可实现高校"微党建"党员全面覆盖、直线互达、实时推进,党建信息传播无死角的目的[2]。利用微信群、微信朋友圈或微信公众服务平台,贯彻"两学一做"的精神,紧跟时代脉搏,了解国家大事,进而整合党课、远程教育、道德讲堂等资源,将线下资源进行二次开发与利用,构建"微党建+微党课+微讲堂+微论坛"的教育培训平台[3]。

2. 建设学生党建先锋团队,注重内容原创,构筑党员"微形象"

微信平台是高校学生党建创新内容的天然土壤,原创内容更易受到大量转发和关注,尤其是推送发生在校园里的人和事,更容易引起大家的共鸣。而这一切的一切,需要一支党性觉悟高、媒体素养好、满怀兴趣与热情的学

---

[1] 曾令辉. 网络思想政治教育方法研究——论网络咨询辅导方法 [J]. 思想政治教育研究, 2011 (12).

[2] 田海云. 微信自媒体平台在高校党建工作中的运用探析 [J]. 思想理论教育导刊, 2015 (8).

[3] 杨雪峰. 微信小平台,党建大服务——思南县依托"微党建"平台创新党建工作新模式 [J]. 当代贵州, 2014 (11).

生党员团队。一方面，他们本来就是学生中的一员，以学生的视角思考党建问题更加契合当下学生的普遍心理，把发生在校园里、身边的小事大事加以评论发声，解答同学入党的困惑，将学生身边的案例、新闻、故事等融入党的理论政策，将宏大叙事变成日常叙事，增强思想理论宣传的亲和力，培养理论接受的自觉性，更加贴近学生的日常生活，更容易被学生所接受。①

3. 持之以恒，营造理论学习"微环境"，构筑党建学习"微阵地"

营造党建理论学习"微环境"，夺取党建思想的"微阵地"，是一段充满荆棘的"长征路"，这需要背后党建工作团队持之以恒的工作精神。除了呈现图文并茂、风趣幽默的党建信息以及相关资源来保证质量之外，还需要加强微信内容推送频率，采取定期与不定期内容推送相结合的方式，有针对性地把握好网络舆情，对于有关"中国崩溃论""马克思主义过时论""社会主义历史终结论"等论断要高度重视，警惕拜金主义、功利思想等扩散传播，及时发出党的声音，主动引导关于党内外网络舆情言论方向，维护好主流意识形态的感召力和社会认同度，打赢网络思想阵地攻坚战。

（三）自媒体视域下高校学生党建工作创新模式实践探索

北京理工大学人文与社会科学学院在党建工作模式创新方面进行了相关的实践探索，充分利用自媒体的特征和优势，将其与党建工作有效结合，开发了一系列主题明确、形式新颖的党建活动，实效显著。

（1）建立以学生理论学习社团——共产主义学习实践会为核心的"微党建"自媒体平台，打造线上理论学习"微阵地"，开展"两学一做"专题知识竞赛，对党章、党规、习近平讲话等内容进行考察，采用微信平台线上作答的形式进行答题。在这次知识竞赛中，共有70多名师生党员参与其中，答题次数达到了200余次，在党员群体中形成了良好的学习讨论氛围；开展"两学一做"习近平用典学习，制作推送学习6期，阅读量获得了一定的增长。

（2）树立党员榜样，构筑党员"微形象"，在学生中选树党员典型，传

---

① 张慧罡. 提倡"党建微信平台"在高校党建工作中的应用 [J]. 教育学. 2015, 1 (74).

播党员事迹，事迹宣传材料在同学中传阅，每篇的阅读量均在 500 以上，在学校各新媒体平台中多次进入 top10，在全学院乃至全校甚至其他学校的同学中广为传播。其中阅读量最大的一篇达到了 1 400 人，点赞量更是达到了 266 人，同学们在阅读后纷纷通过"向学长学姐学习""阳光正能量"等留言表达自己的感受，有效地发挥党员模范作用，产生了很好的教育效果。

（3）开展党的理论宣传，结合纪念长征胜利，推送网络原创文章、开展征文活动，传播正能量。通过微信平台等自媒体的宣传，扩大党建工作的覆盖范围，带动同学们自发学习党的理论知识，增强对党的认识，使党建工作真正融入同学们的校园生活当中。

总结，在自媒体党建的实践探索中，大力发挥自媒体及时性、互动性、广泛性的优势，各项新颖的党建活动都取得了良好的效果，实践证明了其对于党建模式创新的重要意义。通过自媒体平台的宣传，有效扩大党建工作的覆盖面，并引导学生自觉主动地向党组织靠拢。自媒体运用于党建工作，摆脱了单一的"线下"教育方式，极大地丰富了党建工作的内容和形式，也为党建工作打开了新的工作思路。将自媒体运用于党建的工作模式还需要更加深入的探索和实践，充分挖掘自媒体的强大功能，使其更好地服务于新形势下的高校党建工作。

参考文献

[1] 田海云. 微信自媒体平台在高校党建工作中的运用探析 [J]. 思想理论教育导刊，2015. 8.

[2] 曾令辉. 网络思想政治教育方法研究——论网络咨询辅导方法 [J]. 思想政治教育研究，2011（12）.

[3] 杨雪峰. 微信小平台，党建大服务——思南县依托"微党建"平台创新党建工作新模式 [J]. 当代贵州，2014（11）.

[4] 茹阳，刘珊珊. "党建微信平台"是高校党建工作的新途径 [J]. 考试周刊，2014（48）.

■ 新形势新党建专题

新形势下高校中层干部分类教育培训的探索研究结题报告

课题负责人：孙　程

> **摘要：** 目前我国高校中层干部教育培训工作仍面临诸如资源不足，培训内容、方式简单，工学矛盾突出，缺乏考核激励机制等突出问题。因此，系统详细地制订干部教育培训规划，将成为当前高校负责培训工作的管理部门急需谋划解决的主要问题。通过对高校中层干部的岗位特点、工作职责及培训内容、方式的探索研究，依据培训需求分析，从培训内容、培训方式、考核形式等三方面对高校中层干部教育培训实施方案进行规划。
>
> **关键词：** 高校中层干部　干部教育培训　教育培训规划

一、背景意义

本课题以北京理工大学中层干部为研究对象，通过文献收集、调研访谈、问卷调查等方式，深入分析我校中层干部的岗位特点、工作职责及教育培训需求内容和方式，依据需求分析，探索新形势下高校中层干部的教育培训新模式，提出对高校中层干部教育培训工作的理念、内容、形式与方法进行全面创新，力争达到全面提升干部综合素质和领导能力的目标。因此，认真分析高校中层干部教育培训的现状，努力开创高校中层干部教育培训的新局面，是当前高校负责干部教育培训管理部门所面临的新任务,应寻找对策,突破难点,与时俱进,有针对性地加强干部教育培训工作。

二、现状分析

(一)调查设计

目前北京理工大学全校中层干部共 330 人,其中管理五级岗干部 113 人,管理六级岗干部 217 人;A 类岗干部 176 人,B 类岗干部 57 人,C 类岗干部 97 人。本课题研究,首先编制了半开放式《高校中层干部教育培训现状及需求分析访谈提纲》,从我校中层干部中选取了有代表性的 10 位进行了访谈,让他们自由说出对干部教育培训的认识、存在的问题及自身的需求;然后对访谈内容进行整理,根据访谈分析结果,编制了"北京理工大学关于中层干部分类培训的调查问卷",以网络在线填写的形式下发了调查问卷,目前问卷已回收,并开展了数据分析研究工作。

(二)调查分析

参与本次调查问卷的我校中层干部共 106 人。A、B、C 三类中层干部对干部教育培训的不同需求为分别:

1. 是否定期通过网络平台进行在线学习(图1)?

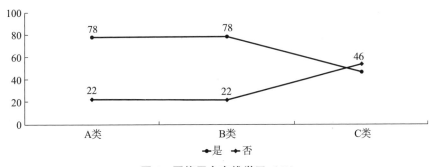

图 1 网络平台在线学习(%)

其中 45 岁及以下的中层干部 77 人,定期在线学习的 51 人,不定期在线学习的 26 人;45 岁以上人员 29 人,定期在线学习的 22 人,不定期在线学习的 7 人。

在所有受调查的人员中，45岁及以下且定期在线学习的占比48%，不定期在线学习的占比24%；45岁以上且定期在线学习的占比21%，不定期在线学习的占比7%（表1）。

表1 在线学习占比   %

占比	定期在线学习	不定期在线学习
45岁及以下	48	24
45岁以上	21	7

2. 对个人网络在线学习效果的评价（图2）？

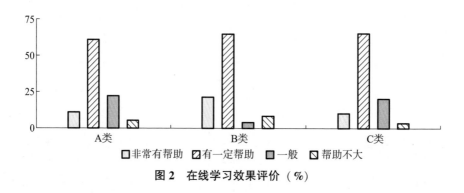

图2 在线学习效果评价（%）

其中45岁及以下的中层干部77人，认为在线学习非常有帮助的为12人，有一定帮助的为50人，效果一般的为12人，帮助不大的为3人；45岁以上人员29人，认为在线学习非常有帮助的为2人，有一定帮助的为17人，效果一般的为7人，帮助不大的为3人。

在所有接受调查的干部中，45岁及以下且认为在线学习非常有帮助的占比11.3%，有一定帮助的占比47.2%，效果一般的占比11.3%，帮助不大的占比2.8%；45岁以上且认为在线学习非常有帮助的占比1.9%，有一定帮助的占比16.1%，效果一般的占比6.6%，帮助不大的占比2.8%（表2）。

表2 在线学习效果占比   %

占比	非常有帮助	有一定帮助	效果一般	帮助不大
45岁及以下	11.3	47.2	11.3	2.8
45岁以上	1.9	16.1	6.6	2.8

3. 是否愿意参加学校党校或上级组织的集中培训（图3）？

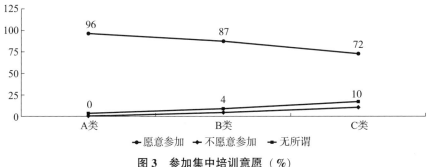

图3　参加集中培训意愿（%）

其中45岁及以下的中层干部77人，愿意参加集中培训的70人，不愿意参加集中培训的2人，持无所谓态度的5人；45岁以上人员29人，愿意参加集中培训的23人，不愿意参加集中培训的2人，持无所谓态度的4人。

在所有受调查的人员中，45岁及以下且愿意参加集中培训的占比66%，不愿意参加集中培训的占比1.9%，持无所谓态度的占比4.7%；45岁以上且愿意参加集中培训的占比21.7%，不愿意参加集中培训的占比1.9%，持无所谓态度的占比3.8%（表3）。

表3　参加集中培训意愿占比　　　　　　　　　　　　　　　%

占比	愿意参加	不愿意参加	无所谓
45岁及以下	66	1.9	4.7
45岁以上	21.7	1.9	3.8

由此可以看出，绝大部分中层干部普遍愿意参加在线学习、学校党校及上级组织集中开展的各类培训，对于教育培训也并不排斥，参与认可度还是较高的，普遍认为加强学习对自身工作的开展是有一定帮助的。

4. 各类领导人员对集中培训设置的框架内容的选择（图4）？

其中45岁及以下的中层干部77人，倾向最多的框架内容是业务知识与能力、形势政策、领导艺术，人数分别为66、64、65，占比分别为85.7%、83.1%、84.4%；45岁以上人员29人，倾向最多的框架内容是政治理论与应用、形势政策、领导艺术，人数分别为20、22、24，占比分别为69%、75.9%、82.7%（表4）。

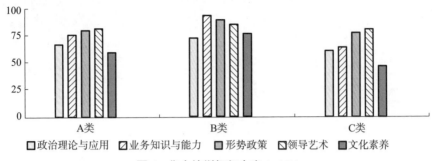

图 4 集中培训框架内容 1（%）

表 4 集中培训框架内容占比　　　　　　　　　　%

占比	业务知识与能力	形势政策	领导艺术	政治理论与应用
45 岁及以下	85.7	83.1	84.4	—
45 岁以上	—	75.9	82.7	69

由此可以看出，各类中层干部应具备的知识结构主要包括五个方面：政治理论与应用、业务知识与能力、形势政策、领导艺术、文化素养等。可见，高校中层干部需要较宽、较综合的知识结构。

5. 各类领导人员对集中培训设置的具体内容的选择（图5）?

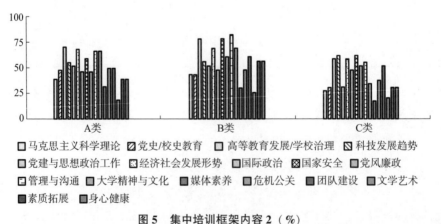

图 5 集中培训框架内容 2（%）

其中 A 类中层干部 54 人，B 类 23 人，C 类 29 人。A 类人员比较感兴趣的培训内容有高等教育发展/学校治理、经济社会发展形势、大学精神与文化,人数分别为 38、37、36,占比分别为 70.4%、68.5%、66.7%;B 类人员比较感兴趣的培训内容有高等教育发展/学校治理、国家安全、管理与沟通,人数分别为 18、18、19,占比分别为 78.3%、78.3%、82.6%;C 类人员比较感兴趣的培训内容有高等教育发展/学校治理、科技发展趋势、国家安全,人数分别 17、18、18,占比分比为 58.6%、62.1%、62.1%(表 5)。

表 5 集中培训框架内容占比 %

占比	高等教育发展/学校治理	经济社会发展形势	大学精神与文化	国家安全	管理与沟通	科技发展趋势
A 类	70.4	68.5	66.7	—	—	—
B 类	78.3	—	—	78.3	82.6	—
C 类	58.6	—	—	62.1	—	62.1

由此可以看出,作为高校的中层管理者,都普遍认识到高校中层干部最需要加强学习的理论知识恰恰是"高等教育发展/学校治理""经济社会发展形势""大学精神与文化""国家安全""管理与沟通""科技发展趋势",从一定程度上也说明了目前高校中层干部对于自身建设、知识的需求也较强烈。

6. 最感兴趣的授课方式(图 6)?

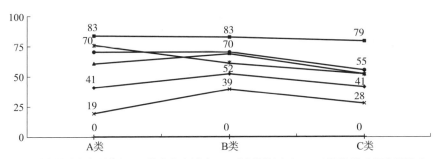

图 6 最感兴趣的授课方式(%)

其中 45 岁及以下的中层干部 77 人,最感兴趣的教学方式是校际同行交流、现场教学/主题实践活动、境外培训,人数分别为 63、50、53,占比分别为 81.8%、64.9%、68.8%;45 岁以上人员 29 人,最感兴趣的教学方式是课堂授课或专题讲座、校际同行交流、境外培训,人数分别为 22、24、17,占比分别为 75.9%、31.2%、58.6%（表6）。

表6 最感兴趣的授课方式占比　　　　　　　　　　　　　%

占比	校际同行交流	现场教学/主题实践活动	境外培训	课堂授课或专题讲座
45 岁及以下	81.8	64.9	68.8	—
45 岁以上	31.2	—	58.6	75.9

由此可以看出，各类领导人员更加倾向于校级同行交流法的授课方式，表明广大中层干部参加培训的实用导向需求。

7. 最感兴趣的考察对象或实践场所（图7）？

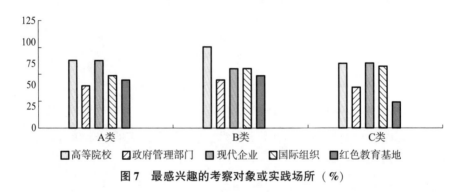

图7 最感兴趣的考察对象或实践场所（%）

其中 45 岁及以下的中层干部 77 人，最感兴趣的考察对象或实践场所是高等院校、现代企业、国际组织，人数分别为 61、62、51，占比分别为 79.2%、80.5%、66.2%；45 岁以上人员 29 人，最感兴趣的考察对象或实践场所是高等院校、现代企业、国际组织，人数分别为 26、19、19，占比分别为 89.7%、65.5%、65.5%（表7）。

表7 最感兴趣的考察对象或实践场所占比　　　　　　　　%

占比	高等院校	现代企业	国际组织
45 岁及以下	79.2	80.5	66.2
45 岁以上	89.7	65.5	65.5

由此可以看出，各类领导人员感兴趣的考察对象或实践场所，更加倾向于高等院校、现代企业，因为与高校管理工作息息相关，具有很高的共通性。

8. 对授课者的选择（图8）？

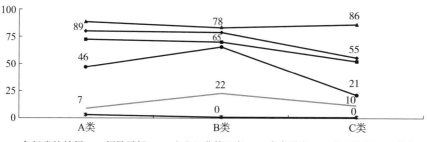

图8　对授课者的选择（%）

其中45岁以下的中层77人，最感兴趣的授课者是领导干部、企业经营管理者、专家学者，人数分别为60、52、66，占比分别为77.9%、67.5%、85.7%；45岁以上人员29人，最感兴趣的授课者是领导干部、企业经营管理者、专家学者，人数分别为17、18、26，占比分别为58.6%、69.2%、89.7%（表8）。

表8　授课者的选择占比　　　　　　　　　　　　　　　%

占比	领导干部	企业经营管理者	专家学者
45岁及以下	77.9	67.5	85.7
45岁以上	58.6	69.2	89.7

由此可以看出，各类领导人员在授课者的选择上，专家学者是所有中层干部的首选，其深厚的学术积累、较高的专业水准，以及宏观视野和准确的政策把握，最受中层干部的青睐。

9. 更喜欢的集中培训的时间（图9）？

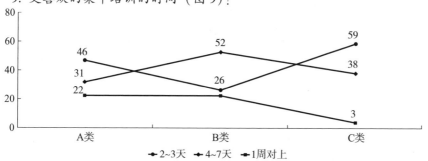

图9　集中培训时间（%）

其中 45 岁及以下的中层干部 77 人，集中培训的天数有 2~3 天、4~7 天、一周以上，人数分别为 37、29、11，占比分别为 48%、37.7%、14.3%；45 岁以上人员 29 人，集中培训的天数有 2~3 天、4~7 天、一周以上，人数分别为 11、11、7，占比分别为 37.9%、37.9%、24.2%（表 9）。

表 9　集中培训时间占比　　　　　　　　　　　　　　　　　%

占比	2~3 天	4~7 天	一周以上
45 岁及以下	48	37.7	14.3
45 岁以上	37.9	37.9	24.2

由此可以看出，A 类、C 类人员更喜欢 2~3 天的短期培训，而 B 类人员更喜欢 4~7 天的培训周期。普遍不太能接收一周以上的培训时间。这源于高校中层干部当前承担了学校大量的事务性工作，需耗费大量的精力，无法拿出大量的时间去参加学习培训。

10. 对培训成果展示形式的选择（图 10）？

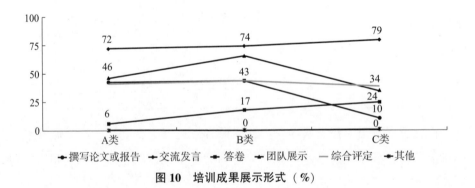

图 10　培训成果展示形式（%）

参加调查中层领导人员 106 人。其中 45 岁及以下的中层干部 77 人，认为比较好的集中培训的成果展示形式是交流发言、团队展示、综合评定，人数分别为 55、39、34，占比分别为 71.4%、50.6%、44.2%；45 岁以上人员 29 人，认为比较好的集中培训的成果展示形式是交流发言、团队展示、综合评定、撰写论文或报告，人数分别为 24、11、9、9，占比分别为 82.8%、37.9%、31%、31%（表 10）。

表 10　培训成果展示形式占比　　　　　　　　　　　　　　　　%

占比	交流发言	团队展示	综合评定	撰写论文或报告
45 岁及以下	71.4	50.6	44.2	—
45 岁以上	82.8	37.9	31	31

由此可以看出，各类领导人员都更倾向于用交流发言的形式作为成果展示的形式，开阔视野，结交同行，向兄弟单位交流、学习工作经验，这也反映出广大中层干部参加培训的目标导向需求，以实用为参加培训的首要原则。

三、存在问题

当前，我校中层干部教育培训的难点主要集中在五个方面：思想认识难提高，培训需求难把握，师资队伍难保障，组织保障难到位，管理考核难进行。

1. 思想认识难提高

在学校层面，多数还仅局限于完成上级布置的任务；在领导干部个人层面，大多仍停留在"要我学"而不是"我要学"。究其原因，当前高校中层干部承担学校大量的事务性工作，千头万绪，纷繁复杂，需要耗费大量的精力，导致在培训工作中难以保证出勤时间。如参加培训，正常工作也还得正常开展，绝大部分中层人员选择的是听从组织安排，凸显了干部内心的无奈和干部教育培训的工学矛盾，对于"双肩挑"的中层干部来说，学术类与管理类工作繁忙，无暇顾及业务学习。近年来，我校实行了机构精简和干部聘任制改革，这在增强干部的竞争意识和责任意识的同时，也使"工学矛盾"更加突出，干部教育培训工作难以真正落到实处，学习培训效果受到影响。绝大部分领导干部对教育培训不够重视。

2. 培训需求难把握

"训什么，缺什么、补什么"一直是干部教育培训的重要原则，但对于高校各类中层领导干部到底缺什么、需要补什么，却很难把握。当前我校各基层学院、职能部门所承担的工作任务有较大的差异，各类中层领导干部所承担的职能任务不同，其本身应具有的素质、技能也有所不同，各类领导干部对教育培训的需求也存在很大的差异，很难统一。

3. 师资队伍难保障

一是师资水平参差不齐。我校干部教育培训,师资大多以本校的校领导、教授专家为主,也有从党校、相关领域邀请的专家和上级单位管理部门的领导,有的理论水准不高,缺乏新意,有的空洞说教,联系实际不够,真正能满足培训学员要求的高水平教师往往难觅;二是缺乏系统的师资组织保障。我校干部教育培训总体上跟着上级文件要求走,缺少系统性和总体规划,既没有建立优质师资库,也没有对教师有针对性地培养,授课者难以做到既有针对性又有艺术性。

4. 组织保障难到位

一是组织工作难到位。我校具体负责干部教育培训的主要是组织部、党校的工作人员,大多没有经过专门的业务培训,缺少先进的培训理念和培训方法,通常就是以上级文件为蓝本,照搬方案实施,缺乏系统性、科学性、创新性;二是上级主管部门指导难到位。高校上级主管部门往往只提出培训规划和要求,缺乏对高校干部教育培训工作的具体指导,对高校干部教育培训落实情况的检查督促也不够,导致工作人员缺乏工作动力和压力;三是经费保障难到位。干部教育培训需要好的师资、好的教材、好的形式,这些都需要一定的经费保障,然而,当前我校用来专项开展干部教育培训的经费还是比较紧张的,导致干部教育培训难以改革创新。

5. 管理考核难进行

考核激励是提高干部教育培训工作成效的关键。由于培训效果很难测评和把握,目前我校干部教育培训的考核基本上都没有制定严格的考核制度,也没有赏罚分明的奖惩措施,由此下去,难以对领导干部严格要求,也难以调动其学习的积极性。

四、对策分析

对于干部教育培训难点的突破,应从以下六个方面着手:统一思想认识,提高学习培训积极性;把握需求,奠定培训基础;多措并举,提高师资水平;加大投入,提高组织能力;强化考核,提高管理效果;重视实践,提高培训实效性。

1. 统一思想认识，提高学习培训积极性

要大力宣传教育，统一思想认识，深刻认识教育培训的必要性，从而调动其内在的学习热情，变"要我学"为"我要学"。只有不断学习新知识、研究新情况、解决新问题，才能适应迅猛发展的新形势。

2. 把握需求，奠定培训基础

切实提高干部教育培训的针对性和实效性，要根据高等教育的基本规律、上级要求，根据不同层次、不同岗位干部的情况设计不同的目标和实施方案，并根据形势发展的需要不断进行调整；通过调研，把握高校中层干部的素质现状，了解干部的实际需求，力求做到"缺什么补什么"，增强培训的针对性；合理计划培训的时间和方式，有效解决工学突出矛盾，针对各类领导干部采取不同的方式进行培训，注重实效。

3. 多措并举，提高师资水平

选拔本校有培养前途的优秀教师，为其提供交流、学习的机会，重点培养；注重选聘优秀企业家、知名专家学者担任兼职教师，把改革发展稳定的现场转化为教学课堂；构建大格局师资库，使干部教育培训工作更加集约、高效；发挥网络资源优势，解决干部的工学矛盾。

4. 加大投入，提高组织能力

重视干部教育培训工作，认真制订干部教育培训的长远规划和具体实施方案，安排专人负责干部教育培训工作，深入研究各类领导干部的岗位特点、工作职责及教育培训需求内容和方式，为科学安排培训提供依据；精心计划培训工作的各项具体安排，包括教材、师资、课程内容、时间、培训方式等，力求内容优化，增强培训的整体效果；注重收集培训对象的意见建议，总结改进提高培训质量；加大经费投入，提高干部教育培训经费年度预算，保证必要的培训开支。

5. 强化考核，提高管理效果

建立培训激励机制，将领导干部参加学习培训情况与干部选拔任用紧密结合，使之成为领导干部考核的必要内容和任职晋升的依据之一；及时公布领导干部参加教育培训的情况和考核的结果，接受广大师生的监督。

6. 重视实践，提高培训实效性

习近平同志指出："干部教育培训工作必须进一步强化实践培训的分量。"

高校干部教育培训应积极创造实践路径，使领导干部在"做"中学。要理论联系实际，创新培训内容和形式；要不断总结我国高校发展中的经验与不足，使之成为高校干部教育培训的生动素材，以鲜活的内容启迪智慧、提高能力；要增加案例式、模拟式、体验式、现场教学等形式，使培训更符合教育规律，贴近工作实际。

参考文献

［1］李华，杨国梁．高校干部教育培训现状及对策研究［J］．重庆大学学报，2011，17（4）．

［2］周玉玲．高校中层干部教育培训的难点及其突破［J］．学校党建与思想教育，2014．

［3］王振华．高校中层领导干部教育培训现状与改进研究［J］．创新教育，2015（15）．

［4］郝保伟，赵宗更．高校中层领导干部培训现状及需求分析［J］．河北科技大学学报（社会科学版），2008，8（2）．

新时期理工科高校青年教师思想状况及引导对策研究

课题负责人：金　军

2012年6月，习近平总书记在清华大学主持召开高校党建工作座谈会时强调，高校是重要的教育阵地，也是重要的思想文化阵地，各级党委要牢牢把握社会主义大学的办学方向，切实加强和改进高校思想政治工作，强化大学生思想政治教育，强化教师队伍特别是青年教师队伍的思想政治建设，加强辅导员队伍建设，加强党员队伍建设，坚持党建带团建，不断提高高校党建工作科学化水平。2013年5月4日，中共中央组织部、中共中央宣传部、中共教育部党组联合印发的《关于加强和改进高校青年教师思想政治工作的若干意见》指出，"青年教师是高校教师队伍的重要组成部分，是推动高等教育事业科学发展、办好人民满意高等教育的重要力量。加强和改进高校青年教师思想政治工作，对于全面贯彻党的教育方针、确保高校坚持社会主义办学方向、培养德智体美全面发展的社会主义建设者和接班人，具有重大而深远的意义"。2015年1月，中共中央办公厅、国务院办公厅印发的《关于进一步加强和改进新形势下高校宣传思想工作的意见》，指出要大力提高高等学校教师队伍思想与政治素质及相关举措，充分体现了党和政府对青年教师思想政治工作的重视，对高等学校健康发展的殷切期盼。2016年8月，教育部印发《关于深化高校教师考核评价制度改革的指导意见》要求严把选聘考核思想政治素质关，把思想政治素质作为教师选聘考核的基本要求，贯穿到教师管理和职业发展全过程。在教师招聘过程中，坚持思想政治素质和业务能力双重考察。严格聘用程序，规范聘用合同，将思想政治要求纳入教师聘用合同，并作为教师职称（职务）评聘、岗位聘用和聘期考核的重要内容。2016年12月，全国高校思想政治工作会议上，习近平总书记强调教师是人类灵魂的工程师，承担着神圣使命。传道者自己首先要明道、信道。高校教师要坚持教育者先受教育，努力成为先进思想文化的传播者、党执政的坚定支持者，更好担起学生健康成长指导者和引路人的责任。要加强师德师风建设，坚持教书和育人相统一，坚持言传和身教相统一，坚持潜心问道和关注社会相统一，坚持学术自由和学术规范相统一，引导广大教师以德立身、以德立学、以德施教。

当前，理工科高校青年教师主体积极健康向上，拥护党的领导，对坚持和发展中国特色社会主义充满信心，热爱教书育人事业，关心关爱学生。同时，也应看到，理工科高校青年教师一般为毕业于相应的理工科院校，学历为硕士研究生及以上学历的人员，这些青年教师理工科学习成长的环境，使他们更加擅长逻辑推理而不是归纳总结问题，比较理性现实，不喜欢形式主义，热爱自然科学却往往忽视社会科学独有的特点。个别青年教师政治信仰迷茫、理想信念模糊、职业情感与职业道德淡化、服务意识不强，更有甚者言行失范、不能为人师表。

青年教师队伍建设是高校师资队伍建设的重要组成，是"双一流"建设的重要力量，是高校培养拔尖创新人才、提升科学研究水平的重要依托，同时也担负着先进思想文化传播的历史使命。青年教师与学生年龄相近，在教学科研一线，自身的思想政治素质对学生具有重要的示范引领作用。加强和改进高校青年教师思想政治工作，对于全面贯彻党的教育方针、办好中国特色社会主义高校、培养德智体美全面发展的社会主义事业建设者和接班人具有重大而深远的意义。

为了客观而真实地了解当前高校青年教师的思想状况，加强和改进高校教师思想政治工作，提升青年教师队伍的师德水平和综合素质，本课题针对学校开展青年教师思想政治工作的相关部门领导及工作人员进行了访谈，主要涉及学校负责青年教师思想政治工作的相关部门领导及工作人员对当前青年教师思想政治状况的评价、有哪些开展这项工作的方式、效果怎么样及其他对这项工作的具体意见和建议等问题。同时，本课题以北京理工大学、清华大学、北京航空航天大学、北京邮电大学、北京工业大学等北京高校理工科院系中从事机关管理岗、教学科研岗、辅导员岗的青年教师为主要调查对象，年龄定义为45岁以下（含45岁）。问卷下发500份，回收调查问卷483份，问卷有效回收率为96.6%。调查问卷主要包括个人信息、政治态度与理想信念、人生观与价值观、职业道德观和职业认同、现实压力和心理负担等五个方面，对高校青年教师的思想状况进行了较为全面的调研。

一、理工科高校青年教师思想状况现状

调查结果显示，高校青年教师政治态度总体上值得肯定，政治上坚决拥护党的领导，坚持正确的政治方向，对全面建成小康社会和实现中华民族伟大复兴的中国梦充满信心。青年教师人生观和价值观积极正确，热爱和认同教师职业，遵守职业道德。但是也存在着政治理论学习热情有所欠缺，对国家的战略发展关注不够，个人发展方面存在一定的功利色彩等现象。具体分析如下：

（一）高校青年教师拥护党的领导，坚持正确的政治方向，对全面建成小康社会和实现中华民族伟大复兴的中国梦充满信心，但部分教师对国家的战略决策了解不多，对政治热点关注不够

通过问卷调查发现，在问及是否认同中国共产党改革开放以来领导中国经济社会建设取得的巨大成就时，有92.8%的青年教师赞同，对"富强民主文明和谐、自由平等公正法治、爱国敬业诚信友善"的社会主义核心价值观是否认同这一观点有93.5%认同，对"全面建成小康社会和实现中华民族伟大复兴的中国梦"这一观点98.6%的青年教师充满信心，对"中国梦的基本内涵和核心目标""全面建成小康社会新的目标要求""中国在'十三五'期间需要取得'明显突破'的十大领域""《中国制造2025》的9项战略任务和重点""世界一流大学和一流学科建设的重点任务""京津冀协同发展规划纲要"非常了解、比较了解和了解的共占85.3%，不太了解和不了解的占到了14.7%。部分青年教师对政治热点问题与国家大事表现出不太关心的态度，更为关心与切身利益相关的问题。如问卷中，19.7%的几乎不看或偶尔看新闻、看报纸，而是通过新媒体了解国内外大事，青年教师了解党的路线方针政策和国内外大事以网络和微信平台为主，达到了85.3%。在列出的所有最关心的热点问题中，"加大环境治理力度"和"国家大数据战略"的关注度排在第三和第四位，"住房改革"与"教育改革"问题则排在第一、第二位。

图1和图2为部分调查问卷分析。

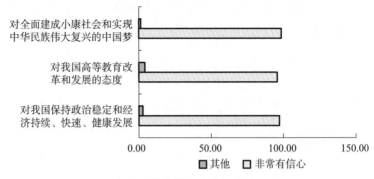

图1 青年教师的态度（%）

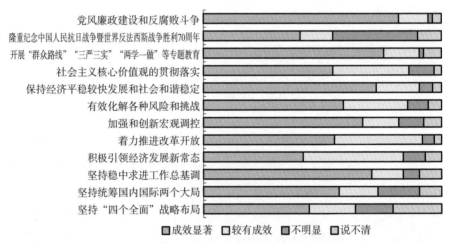

图2 青年教师如何看待政府开展的工作情况

由此可以看出青年教师对于党的领导以及中国的政治制度模式是认同和赞赏的，绝大多数青年教师认为我国改革和建设所获得的丰硕成果比较好，对我国未来的发展充满信心，极个别教师信念欠缺或淡化。

（二）高校青年教师的人生观和价值观积极、正确，部分教师重视学术发展，忽视思政素质提升，小部分教师更关注个人利益得失，人生观、价值观存在一定的功利色彩

调查中，在问及人生最大的幸福时，有63.1%的青年教师将事业、家庭双丰收排在第一位，32%的青年教师将健康的身体排在了第一位；在问及青年教师最重要的品质时，45%的青年教师选择科研能力，25%青年教师选择道

德品质，16%的青年教师选择创新素质，14%的青年教师选择了教学能力（图3）；86%的青年教师同意大学教师的职业道德与专业素养更重要，14%的青年教师认为大学教师整体越来越功利化，在问及对学术事业发展影响最大的三项时，多数青年教师选择了所在学科和教师群体状况、整个社会的学术体制和个人生活，青年教师对与切身利益相关的问题显示出极大的关注。这些数据一方面说明理工科青年教师的人生观、价值观更趋务实，体现了一定的功利色彩；另一方面，也反映了青年教师在实现社会价值与个人价值自我实现选择中的矛盾和困惑。

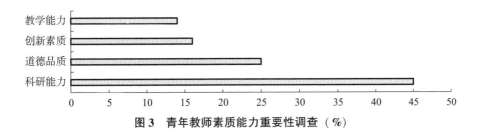

图3 青年教师素质能力重要性调查（%）

（三）高校青年教师多数热爱和认同教师职业，肯定加强师德师风建设的重要性，但同时存在一定的生活压力，部分教师对职称晋升信心不足

调查中有62.8%的青年教师认为教师应承担起科教兴国的重任，有12.8%的人乐于从事教师这一崇高的职业，绝大多数青年教师认为学校应该把师德作为考核考评的指标之一，大多数教师选择这一职业很大程度上是基于对职业本身的热爱和认同。但调查发现，首都高校理工科青年教师无论是管理岗还是教学科研岗都反映有很大的生活压力，压力主要来自生活、职称晋升和工作压力等几个方面，生活方面老师们的主要压力来自住房压力，北京市房价偏高，青年教师工资的大部分要还房贷或者支付房租，部分教师还反映子女上学问题有比较大的压力。工作上面临的主要问题，分别有26.1%和16.8%的人认为最大的是专业技术职务晋升困难和工作负担太重。对所在学校的考核考评制度总体评价满意的占25.6%，对所在学校的考核考评制度总体评价较好的占29.3%，对所在学校的考核考评制度总体评价一般的占28%，对所在学校的考核考评制度总体评价不满意的占7.1%。

二、理工科高校青年教师思想政治工作存在的问题

（一）高校积极开展青年教师思想政治工作，但是深度和广度有待加强

在问卷调查中，当问及你所在的高校"青年教师思想政治工作是否有必要加强"时，有68.8%的人认为非常必要，只有3.3%的人认为没有必要，这说明青年教师多数认为所在高校的青年教师思想政治工作有待进一步提升。当问及你所在高校"青年教师的思想政治工作是否得到了学校领导重视"时，认为学校领导非常关心的占总调查人数的45%，认为学校领导比较关心的占38.2%，认为学校领导不关心及无所谓的占16.8%，这也说明部分高校对青年教师思想工作重视力度不够，或者是青年教师思想政治工作覆盖面不够。青年教师的思想政治工作如何全员覆盖，入脑、入心值得我们进一步思考。

（二）青年教师思想政治工作的组织凝聚力有待提升

我们在调查访谈中发现，工会等部门接待老教师的诉求比较多，很少有青年教师遇到生活、工作问题时求助党组织和工会。从调查问卷反馈来看（图4），在问及青年教师遇到困难时找谁倾诉，选择找亲人倾诉的占到39.3%，选择找朋友倾诉的占20%，18.4%的青年教师选择憋在心里，选择通过网络平台倾诉的占到8.5%，选择找同事倾诉的占到3%，有10.8%的人选择找领导诉说。通过调查可以看出，青年教师遇到困难时首先想到的是找亲人、朋友诉说，或者一部分选择憋在心里，青年教师大部分没有选择向组织倾诉，依靠组织解决问题。这样使得思想政治工作的相关领导和部门不能及

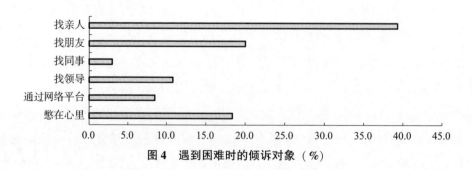

图4 遇到困难时的倾诉对象（%）

时发现青年教师发展中遇到的困难并给予及时帮助,青年教师思想政治工作的时效性和针对性将随之下降,青年教师思想政治工作的领导需要更多地深入基层,倾听教师心声,提高青年教师思想政治工作的组织凝聚力。

(三) 青年教师思想政治工作针对性有待加强

通过调查问卷及访谈,我们可以看到,各个高校都十分重视青年教师队伍建设,积极开展青年教师思想政治工作,不断完善青年教师思想政治工作的方式和方法,如青年教师坚定拥护党的领导,热爱教师职业,但是青年教师很多刚刚走上工作岗位,不可避免的在现实生活、职业生涯规划中面临着许多实际困难。高校思想政治工作的组织部门需要了解青年教师的困惑,有针对性地开展工作,提高思想政治工作的有效性和针对性。调查中发现以下问题值得我们重视:

1. 青年教师师德师风情况总体上是比较好的,但个别教师出现集体观念、纪律观念弱化,为人师表的示范降低等问题

调查中,在问及"青年教师的考核与评定中是否有必要把师德作为评价标准之一"时,有97.3%的青年教师认为应当列入。在问及"青年教师最重要的素质是什么"时,有24.6%的青年教师选择科研能力,有55.4%的青年教师选择道德素质,其中多为从事管理岗的青年教师,由此可见,管理岗的青年教师更重视自身思想政治素质的提升。在调查"高校教师师德师风存在的主要问题是什么"时,25.9%的青年教师认为爱岗敬业精神有所缺乏,认为是育人意识比较淡漠的占28.7%,23.4%的人认为是缺乏为人师表教育示范的作用。通过调查,高校需要进一步切实加强青年教师师德师风建设,不留死角,增强青年教师以德治教的自觉性。

2. 青年教师普遍存在心理压力,心理健康教育有待加强

高校青年教师既是学生中的老师也是老师中的学生,难免在遇到压力和困难时排解得不好,需要我们重点关注。因为青年教师的心理健康状况也将直接影响教书育人的质量和效果,因此,青年教师的心理健康教育工作也是青年教师思想政治工作的重要内容之一。通过调查发现,62.7%的青年教师认为很有必要加强青年教师的心理健康教育。目前,认为心理健康状况很好的青年教师只占13.6%,认为一般的占35.7%,认为存在很多问题需要提高

的占23.2%。在访谈中,我们发现高校都建有完善的心理咨询中心,去咨询的学生占大多数,青年教师很少,针对学生的心理健康教育全员覆盖,很多学校将大学生心理健康教育作为必修课开设,但是针对青年教师的心理健康教育活动很少。通过调查,当前青年教师普遍存在较大的工作压力,体现在教学、科研任务重,学校的政策压力导致青年教师必须取得相应的业绩成果才可以获得职称晋升;生活方面同样存在购房困难、子女上学等现实压力。青年教师普遍存在较大的心理压力,心理健康状况不容乐观,这些都可能在很大程度上制约了他们的自我发展和投身教育教学的主观能动性,因此高校需要对青年教师进行必要的减压辅导和心理疏导教育。

3. 青年教师现实生活压力较大,需有关部门协调,切实帮助青年教师解决他们的后顾之忧

问卷对青年教师生活中的主要困难进行了调查,认为是经济负担过重的青年教师占67.3%,在所有的调查选项中排名第一位,有49.8%的青年教师反映购房困难或还贷压力大,认为影响到身体健康的青年教师占到18.9%。青年教师普遍认为经济压力是制约个人发展的重要因素,因此各部门需要通力合作帮助青年教师解决实际困难,全身心投入教学和科研活动中去,为建设双一流大学贡献自己的力量。

三、加强理工科高校青年教师思想政治工作的对策

课题组人员通过对以上理工科高校青年教师的思想特点及存在的主要问题的分析,梳理了当前理工科高校针对青年教师思想政治工作的主要做法,总结分析了当前理工科高校针对青年教师思想政治工作中存在的主要问题。从加强理工科高校青年教师思想政治工作的组织建设,丰富青年教师思想政治工作内涵,改进青年教师思想政治工作方式方法,规范青年教师思想政治工作制度方面,提出了进一步加强理工科高校青年教师思想政治工作的对策建议,具体如下:

(一)加强青年教师思想政治工作的组织建设

青年教师的思想政治工作是一个系统工程,具有一定的广泛性,需要党组织和政、工、团协同共进,才能形成凝聚力,发挥各自优势,各尽其责地

做好这项工作。具体来说包括以下三个方面：

1. 坚持党委统一领导原则

高校思想政治工作必须坚持以马克思主义为指导，全面贯彻党的教育方针。高校青年教师思想政治工作应在党的领导下与各方通力合作完成，其中学校党委处于关键核心地位，需要坚持这个核心地位不动摇，而各院系基层党组织则是其不可忽视的分支力量。高校党委具有以下重要作用：

第一，高校党委必须坚持正确的政治方向，要坚持不懈培育和弘扬社会主义核心价值观，引导广大师生做社会主义核心价值观的坚定信仰者、积极传播者、模范践行者。第二，要做好干部的选拔工作，要着重在青年教师中进行人才选拔，让青年教师参与到管理工作中来，同时加强监督和考核工作，严控工作质量。第三，要加强教师队伍建设，提升师资队伍的整体水平，党的十七大强调了"党管人才"的原则，要深化改革，培养人才，给予青年教师更多的锻炼机会，充分尊重他们追求自身成长的愿望。

2. 建立各部门齐抓共管的工作格局

建立各部门齐抓共管的原则有利于发挥各个部门的积极性，充分协调各方面的资源，保障工作的成效。具体来说，第一，在党委的统一领导和要求下，组建各部门的顶层协调机制，明确各部门的分工职责，做到权责明确，并通过一定形式的交流研讨会议完成具体工作任务完成进度的把控，实现人人有各自的管理权限、人人有任务责任的局面。第二，要明确管理工作奖惩分明的措施，不能形成吃大锅饭的局面，对于完成任务态度积极、成果显著的部门进行表彰。

3. 充分体现学校工会组织的基层纽带作用

高校工会是党政联系教职工的桥梁和纽带，应充分发挥工会组织在高校青年教师思想政治工作中的独特作用，协助行政领导做好教职工思想政治工作。第一，工会要承担领导与群众沟通的任务，多组织上下层之间的交流沟通活动，使党委能够充分了解底层青年教师的真实情况、真实想法，通过理论联系实际，充分提升高校青年教师思想政治工作的针对性和有效性。第二，工会要多组织青年教师喜闻乐见的文体活动，在文体活动中调节高校教学科研的紧张氛围，增加青年教师间的交流和友谊，相互帮助，互相促进。第三，工会要增强对优秀青年教师的推荐，使优秀的青年教师代表可以更多地参与到学校的管理建设工作中来，以点带面，形成青年教师群体中的良好工作氛围。

（二）丰富青年教师思想政治工作的内涵

1. 全面提高青年教师思想政治素质和全局视野

在 2016 年 12 月召开的全国高校思想政治工作会议中，习近平总书记指出："做好高校思想政治工作，要因事而化、因时而进、因势而新。要遵循思想政治工作规律，遵循教书育人规律，遵循学生成长规律，不断提高工作能力和水平。"习近平总书记重要讲话从全局和战略高度，深刻回答了事关高等教育事业发展和高校思想政治工作的一系列重大问题，是指导做好新形势下高校思想政治工作的纲领性文献。高校青年教师的思想政治工作要从提高青年教师的思想政治素质和全局视野出发，坚持以马克思主义为指导，坚持党对高校的领导，提高思想认识，增强做好工作的责任感、使命感，努力培养中国特色社会主义合格建设者和可靠接班人。

另外，本课题通过调查发现，当前的青年教师更多的是重视专业业务素质的提升，相较而言，缺少对思想政治素质的培养和国际局势的分析讨论。因此，需要充分加强该领域的关注与投入，一方面对历史进行回顾和深入认识，一方面对时事局势进行正确的分析和解读，使青年教师努力成为先进思想文化的传播者、党执政的坚定拥护者，更好担起学生健康成长指导者和引路人的责任。

2. 深入加强青年教师师德师风建设

习近平总书记指出，要加强师德师风建设，坚持教书和育人相统一，坚持言传和身教相统一，坚持潜心问道和关注社会相统一，坚持学术自由和学术规范相统一，引导广大教师以德立身、以德立学、以德施教。当前，青年教师团体的发展目标十分局限，以职称为导向的评价机制使青年教师的主要精力关注在论文、科研等领域，缺乏有效的道德引导，这会对思想政治工作造成很大的影响。因此，教师道德作风建设也是青年教师思想政治教育的重要方面。

第一，弘扬社会主义核心价值观，加强师德师风建设。高校教师在教育教学中对学生言传身教，要以社会主义核心价值观来严格要求自己，身体力行地贯彻到工作生活中，树立良好的道德模范，鼓励诚实、守信的道德标准，以及认真投入、勇于奉献的工作作风。第二，改进高校青年教师的考核评价机制，在原有以业务技术为主的基础上加强道德考评的部分，通过调整目标提升总体水平。第三，要充分考虑青年教师的实际困难，不能单纯强调道德水平，而要结合生活水平提升道德水平，在一定程度上支持青年教师解决居住、薪资水平等基本生活需求，使他们有空间和资本提升自身道德水平。

3. 充分重视青年教师的心理健康教育

随着高等教育的普及，高校青年教师面临更加激烈的竞争，他们的压力来自各个方面，例如学术、科研、管理、财务等方面，在巨大的压力下，如果处理不当，难免会产生心理问题，不仅会影响学生的培养，也会在一定程度上影响学校的整体发展。因此，在高校青年教师的心理健康方面，学校要专门投入精力和方法。

第一，要建立专门的心理咨询部门，聘请专业人员负责，形成连续性的高校心理咨询服务。第二，要加强开展心理健康的讲座，为青年教师提供专门的心理健康辅导，帮助青年教师正确对待压力。第三，对已经出现问题的青年教师，要增加关怀和鼓励，帮助其走出心理问题的困境，避免问题恶化和严重后果的发生。

（三）积极改进青年教师思想政治工作的方式方法

要想达到青年教师思想政治工作的良好效果，就需要不断改进和完善工作方法，与时俱进，不断创新，适应变化的局势，走出一条具有中国特色的青年教师思想政治工作道路。

1. 深入基层着力了解青年教师思想现状

当今社会是一个发展变化迅速的社会，青年教师也面临着高节奏社会带来的机遇与挑战，因此青年教师的思想模型往往是一个复杂、复合的模型，住房、工资会带来经济压力，论文、项目申请会带来业务压力，与学生的关系也需要处理好，如此多的问题使青年教师的思想状态复杂且常常发生变化，因此需要经常与青年教师沟通交流，了解基层青年教师的实时思想情况，保持高度敏感性，对影响青年教师思想状态的重大时事事件保持关注，从而为青年教师思想政治工作的良好开展奠定坚固和充分的信息基础。

2. 着力解决生活工作中的实际问题

物质和意识是不可分割的两个部分,为了能够做好意识形态领域的青年教师思想政治工作,要遵从理论指导,学会从物质角度入手,具体来说,需要切实解决青年教师工作生活中的实际问题,通过满足青年教师的合理物质需求,支撑其思想政治状态的稳定与提升。例如,通过尽可能为青年教师解决住房、工资待遇、子女教育、医疗保障等核心问题,去除青年教师的后顾之忧,使其能够解放出来,把主要精力专注于擅长的科研创新和教书育人工作,这样可以使青年教师变得更加积极、乐观,从而创造出更有价值的成果,或者是培养出一流拔尖创新人才。另外,除了一些共性的问题,也应该结合上一节中对基层信息的深入了解,对个别具有特殊需求的青年教师专门讨论给予帮助,为他们争取正当利益,保障青年教师群体的均衡稳定。

3. 充分利用网络等新技术创新工作模式

进入 21 世纪以来,网络已成为人们生活中不可或缺的部分,深刻影响着人们获取信息、衣食住行的各个方面,也在不断改变着人们的工作模式。青年教师的思想政治工作应该充分利用网络这一公开透明的平台,提升工作效率、扩大覆盖范围、加快同步速度。例如,可以通过网络进行思想政治相关的知识学习,可以通过网络组织相关的讨论会议等。同时,为了防止网络成为双刃剑,还要努力掌控意识形态领域的网络阵地,使正确的文化意识形态成为青年教师喜闻乐见的普遍内容,而使消极负面的内容能够被正确地认知和解读。最好能够积极宣传学术界、教育界的道德模范人物事迹,正确分析、讨论国家大政方针等,增强主人翁意识。同时要利用网络力量构建青年教师意见、建议的表达平台,可以采用匿名或记名等多种方式,实现意愿、意见的快速反馈。

(四) 建立青年教师思想政治工作的规章制度

1. 完善评估和监督机制

随着高校去行政化和双一流建设,大学的功能应当尽早回归到科技创新和培养优秀人才的本位上去,在这样的背景下,大学应当早于社会做出变革,改变当前单调的评价体制,把道德等因素引入评价考核机制,避免仅使用业务指标来评价青年教师的状态,实现多元化的一流大学文化和氛围。

2. 完善思想政治状况的统计分析机制

思想政治工作相比于其他社会活动，需要在对当前状态了解的基础上做出一定程度的预测，从而实现对青年教师未来的思想政治状态的准确推测或者判断，为具体措施的制定提供依据。因此，要密切关注环境变化，善于预测可能出现的情况变化，有了预测的意识状态，还必须依赖于管理者对青年教师的思想政治工作开展执行和推动，从而使预测落到实处。

3. 完善思想政治工作的奖惩机制

我们应灵活运用奖惩机制，带领和指引广大青年教师自觉弘扬社会主义核心价值观，努力成为行业典范。具体来说，应举办一定规模的道德作风、教学能力、科研能力评比，增强青年教师的自我认知。此外，对各方面表现突出的青年教师不仅要给予精神表扬，更要给予物质激励，可以提供例如进一步深造机会、绩效奖金等激励措施。此外，还要对思想政治工作者进行奖惩，只有这样，才能调动各方面工作的积极性，保证思想政治工作更加科学、持续、有效地开展并取得良好的效果。

四、下一步工作展望

在本课题的研究过程中，基于调研数据对青年教师的思想政治现状进行了充分的分析，针对性地得到了一系列相关的意见建议。但是，可以预见政策建议的采纳和实施是一个慎重和由浅入深的过程，因此，本课题的未来工作目标将是深入推进课题建议的落实实施工作，从无到有、从少到多，并在政策实施过程中，保持对青年教师思想政治状态的周期性和事件性调研，并根据最新统计情况不断修正已有的方式方法。

学生培养党建专题

基于组织形式改革的研究生基层党组织建设途径研究与实践

课题负责人：韩 阳

> **摘要**：研究生基层党建工作在研究生思想政治教育中起着举足轻重的作用。本课题以机械与车辆学院的研究生基层党组织机构形式改革为基础，探索研究生党组织形式对党建工作的促进作用，同时探索在此组织形式下对党员干部的工作要求及培养模式，加强基层党组织的凝聚力和战斗力。经课题研究与实践，学院结合研究生课题方向建设基层党组织、完善了党员发展细则、继续加强对党员干部的培养和支持，这都对提高研究生培养质量起到了一定的效果。

一、研究背景

随着经济全球化的迅速发展，作为高层次人才培养的主要渠道，研究生的培养对未来社会发展起着举足轻重的作用。高校的研究生党建与思想政治教育水平是衡量理工类高校办学水平的重要尺度。中共中央、国务院在《关于进一步加强和改进大学生思想政治教育的意见》中明确指出，要高度重视研究生党组织建设，切实加强研究生党建与思想政治教育。高校研究生基层党组织是高校中学历层次最高、思想最活跃的群体，同时也是学生党员比例最高的群体，直接担负着研究生党员的教育管理工作。高校研究生基层党组织在理念、人才和组织等方面比其他基层党组织更具有优势，所以研究生基层党建工作在研究生思想政治教育中的地位和作用不容忽视。

北京理工大学机械与车辆学院以研究所为单位设立研究生党支部，打破了以行政班级为单位设立研究生党支部的原则。本课题从机械与车辆学院的研究生基层党组织建设改革实践成果为基础，探索适合理工科研究生基层党组织机构建设的新模式，以及在此模式下对研究生党员干部的工作要求及培养模式，以期能够提升高校研究生基层党组织的凝聚力与战斗力。

二、研究目标

（一）探索适合理工科研究生基层党组织的机构建设形式

目前我国各高校的研究生党组织大多是按照年级班级为建制设立的，但由于研究生的课程学习是以学科方向进行的，科研学术工作在课题组实验室内，甚至集体活动都是以课题组为单位开展的，日常生活和学习科研中很少接触班级的概念，所以此类研究所党支部较为缺乏活力，党支部的活动仅仅围绕在发展党员这类必要工作上，缺少对群众的指导和带动作用，同时缺乏与教工党支部的共建活动。

与本科生相比，研究生的培养更注重的是培养学生研究问题和分析问题的能力，特别是从事该学科科研学术的能力。因此本课题旨在结合理工科研究生学习重点在科研学术的特点，结合学习型、创新型基层党组织的建设目标，以北京理工大学机械与车辆学院将研究生党支部设立在研究所的改革成果为基础，探索出一条适合于理工科研究生基层党组织机构建设的新模式，并通过基层党组织的学术活动、学术探讨等来提高研究生学风建设，同时利用教工党支部对研究生党支部的指导与共建，提高研究生党组织的凝聚力和战斗力。最后将此种模式与按照行政班级建制的党组织模式作比较，分析利弊，通过实践不断完善。

（二）党员干部培养为切入点，带动研究生基层党组织建设

新模式下对研究生党员干部，尤其是党支部书记的工作有了较高的要求。新模式下的研究生党支部内包含各个年级的研究生，有高年级的博士也有刚

入学的硕士,所以党支部书记这个角色至关重要,他是整个党支部的指挥官,他的工作需要具备较强专业性和创新性,需要能够将整个党支部凝为一体。

同时应更加规范其他党员干部的职责和工作内容,如组织委员、宣传委员等,协作分工,做好党员发展和党员转正工作及组织生活会,丰富党支部的学习、教育、文体活动,指导同级团支部的各项工作。

本课题将探索新模式下应如何规范研究生党员干部的设置和工作职责,以期在党员干部的带动下形成学习型、服务型、创新型的研究生基层党组织。

(三)学院层面对研究生基层党支部及党员干部的支持

最后本课题将探索学院层面对研究生基层党支部及党员干部的支持,新模式下研究生党支部与教工党支部一一对应,因此应由教工党支部的党支书或其他骨干担任研究生党支部的理论导师,指导研究生党支部开展各类活动,协助解决工作中的各类问题。同时对研究生党员骨干予以科学合理的考核,在工作上有突出贡献的应在评奖评优上予以适当的政策支持,以调动党员干部的工作积极性。

三、实践内容及成果

(一)研究生党支部组织机制改革

根据研究生工作情况和需求,机械与车辆学院党委认真探索了研究生党组织建设相关工作。经过半年的试行完善,自2015年起,不再以行政班级为基础设立研究生党支部,改为以研究所为基础设立研究生党支部。

改革后的研究生党支部改变了以往按照年级划分的做法,将研究生党支部设立在各系、部、中心的研究所,理顺了研究生党支部与所在研究所教工党支部的对应关系,促进了教工、研究生党支部的密切联系,加强了教工党支部对研究生党支部的指导与支持力度,同时促进了不同年级研究生党员在学习、科研等方面的沟通与交流。在新的党支部内,多位党员和群主都来自同一个课题组,本身他们的学习生活就在一起,更方便将日常的学术讨论、体育活动、文化建设工作融入党支部的建设工作当中,同时教工党支部的成员都为这个课题组的导师,那么进行教工与学生党支部的共建工作也更为顺畅。

在新的党支部集体中，研究生党员能够主动发挥"党员先锋"的带动作用，除了积极参与党内组织生活与活动外，他们在研究所内的科研、生活、工作各个方面都发挥了先锋作用。在9月份新生入学之后，各研究生党支部的老党员主动承担起迎新工作，检测与控制党支部开展了新生座谈会，为新生党员介绍学校学院历史、讲解实验室特色和研究方向，新生党员也和老党员们一起畅谈对研究生生活的憧憬；在科研工作中，研究生党员扛起了大梁，成为研究所的砥柱，特车所第二党支部的党支书倪俊在完成党支部工作的基础上，也出色地完成了课题组内部的各项工作，出差调研、实验室拧螺栓、学术报告，到处都可以见到他忙碌的身影，倪俊还担任了无人车队的队长，获得了第八届中国青少年科技创新奖；在就业工作中，研究生党员也能够充分发挥互帮互助的精神，就业技巧与经验丰富的求职高手主动与其他研究生分享经验及求职技能，帮助毕业生们找到理想工作。

（二）完善入党推优发展细则，带动研究生基层党组织建设

大学生党员人数在逐年增多，党员人数占整体学生人数的比例也在逐年提升。研究生党员的入党动机，其主流是正确的、端正的，但也明显存在相当比例的不良因素，一部分党员的思想状况不同程度地受到了功利化和现实化因素的干扰，思想上表现出一定程度的游移。因此要从党员发展入党推优这个环节做好质量把控，保证新发展党员的质量，用时利用科学合理的党员发展细则来引导积极分子自己培养，提高党员后备力量的素质。

研究生党员的发展原则最重要的是要有目标导向性，目标是提高研究生党员质量，以党章和共产党员先进性的基本要求为标准，结合研究生身份特点制定科学、合理、全面的评价指标，考核体系要具有过程性、阶段性、层次性、分类性等特点，同时要求评价实施具有可操作性。以此来引导研究生确立正确的入党动机，在增强研究生党员党性的同时促进个性发展和全面素质提升。

学院在2015年开始贯彻《机械与车辆学院发展对象择优入党测评方案》，方案中将学习成果、活动考勤、奖惩任职、支部意见等方面内容量化，对每一个入党积极分子进行打分，从而引导研究生积极分子加强自身学术研究、

勇于承担集体工作、以合格党员的标准严格要求自己。在试行测评方案后，学院研究生的学术水平得到明显提高，2016年获研究生国家奖学金的研究生中，发表top期刊的数量同比增长了一倍。

（三）完善研究生党员培养，加强理论武装

学院在2016年11月开展了基层党支书述职大会，学院全体基层党支部进一步明确了自身的基本职能，反思了党建工作中存在的不足，思考了未来的工作重点，制订了具体的工作计划，这对于提升学院基层党支部的建设水平起到了推动作用，同时也对党支书的工作提出了更高的要求。

同时由教工党支部的党支书或其他骨干担任研究生党支部的理论导师，指导研究生党支部开展各类活动，针对各课题组的特点，制订了学习指导计划，建立了教工党支部与学生党支部长期沟通的机制。学院党委设立了若干支持政策，如：鼓励教工党支部书记或研究生所所长对研究生党支书的工作给予支持和指导，给予各党支部的党员干部一定的工作绩效奖励，在研究生相关的评奖评优中优先考虑科研学术和党建工作都突出的党员干部。

此外，学院设立了分党校，完善了对学生党员的学习培训机制。在学院党委和学院分党校委员会的领导下，学院共产主义学习实践会针对入党积极分子、新生党员、预备党员组织和实施了两期学生党课。党课下设品读红色经典的自主学习活动，针对社会时事热点话题的精英论坛、理论讲座以及红色观影活动，为加强学生党员理论武装保驾护航。学院在开展党课培训、辅导报告的基础上开展了理论学习论坛、主题教育讲座等形式多样的理论培训，积极拓展党员教育的有效途径。为切实引导和帮助青年学生以习近平总书记系列重要讲话精神为根本遵循，认真学习和践行社会主义核心价值观，学院依托理论学习社团开展了以"学习和践行社会主义核心价值观"为主题的理论学习论坛。

（四）搭建党员服务平台，加强实践锻炼

学院各研究生党支部针对"两学一做"开展了专题组织生活会、党日活动，引导学生党员在交流中反思，明确"合格党员"的综合素质要求和具体标准。车辆系研究生党支部联合开展了"比成才、拼科研"党日活动，活动

采用经验分享交流的形式,来自车辆系各研究所的优秀党员为同学们分享了自身科研工作中的经验与收获,同时共同探讨了对"理想、责任、报国"等的观点看法。

研究生党员也积极参与到了社会实践和志愿服务工作中,在社会大熔炉中锤炼坚强党性、锻造高尚道德。工业工程党支部的党员们组成了暑期社会实践团到深圳调研"中俄合作办学";数字化党支部和特车所党支部的党员组成联合实践团深入安徽调研失落的传统文化。数十名研究生党员申报了 APEC 会议志愿者、Formula E 赛事活动志愿者、金卡纳(Gymkhana)赛事活动志愿者以及"温暖衣冬"活动的志愿者联系人,并结合学院特点,将赛车赛事相关的志愿活动常态化。

四、不足及思考

(一)研究生学业繁重,应处理好科研与党建工作的关系

研究生的主业是科研学术,本身在课题组内的科研任务就很繁重,研究生党员和干部还要承担起科研学术的先锋作用,这就对他们的工作素养提出了更高的要求。研究生党支书承担的压力较大,不仅要做党支部内的党建、发展党员的工作,还不能耽误自身的课题研究。因此要怎样处理好研究生党员干部的科研与党建工作的关系值得深思。

(二)纵向建党支部导致一些日常事务性工作难以开展

纵向建党支部后,研究生一些日常的按年级划分的统计工作较难开展,如新生入学后针对新生的党员关系、户口迁移等手续,或针对毕业生的派遣工作,此类工作需要每一个党支部的配合,无形中增加了学生工作者和研究生干部的工作量。学院经过工作实践,为每个党支部分配新生联络员和毕业生联络员岗位,将日常琐碎的工作分配给联络员进行,分担了党支书的工作压力,但学生干事的工作仍较为繁重。

高校赴国外学习的学生党员发展教育管理问题研究

课题负责人：吴文君　卞广为

> **摘要**：随着高等教育国际化进程的加快，高校赴国外学习的学生越来越多，他们当中不乏有入党意愿的学生，有已经被发展成党员的学生。如何有针对性地做好这部分学生的工作是本文拟要探讨的课题。本文认为，通过创建教育培养与考察管理的新模式、利用网络新媒体、灵活安排组织生活、进行多种形式的行前教育、建立境外留学生党支部等方式，达到国内国外培养一体化，开创党员发展及教育管理工作的新思路、新方法。
>
> **关键词**：留学　党员　教育管理

随着高等教育国际化合作进程的加快，高校出国交流学生所占比例不断提高，其中有入党意向的学生和已发展成党员的学生不在少数，他们处在党员发展和教育的不同阶段，如何科学、有效地做好这部分学生的教育和管理工作，已成为当前和今后高校党建工作需要深入思考的问题。

一、高校赴国外学习的学生党员发展教育管理现状——以北京理工大学为例

为培养适应经济全球化需要的国际化人才，不断提高国际化办学水平，北京理工大学大力推进在校生的出国交流。近年来，学校每年组织各类国际（境外）交流项目100多个，每年有20%以上的学生参加国际双学位、出国访学、交换生、毕业设计、实习实践、寒暑期学习等各种交流项目。出国交流时间在一个月至一年不等。

本课题根据近些年来我校的出国交流情况，通过随机抽样进行问卷调研的方式，了解赴国外学习的学生在入党过程中接受教育、管理的真实情况，并对其中一部分即将出国和已归国的学生党员以及有入党意向的学生进行了深度访谈。调查对象分为工、理、文三大学科，共发放问卷100份，回收有效问卷86份，访谈40人。

调查表明，92%的学生在出国前没有接受专门的理想信念方面的教育，8%的同学表明出国前开会偶尔会提到"要与党支部保持联系""定期进行思想汇报"等；因出国人员所在地区不够集中，国外党支部设置为零；90%的学生认为，出国交流期间与党支部联系存在"时差""缺乏可交流的话题""没有指定联系人""网络条件差"等困难，甚至有学生直言"不想联系"；94%的学生联系党支部的主要方式为电子邮件等非即时通信工具，在线对话或视频较少；87%的学生参与组织生活的主要方式为撰写心得报告等，在线讨论和视频会议较少；93%的学生回国后并没有全面汇报出国期间的思想状况和民主评议环节；7%的学生存在因出国交流导致推迟入党或延迟转正的情况。受访者普遍认为，党支部及上级党组织对出国交流学生的教育管理不够规范、合理，甚至存在部分党组织对国外的学生党员不教育、不管理的情况。

二、学生党员的教育管理缺失带来的负面影响

这些出国交流的学生，绝大多数都比较优秀：有的是普通学生；有的是正式党员；有的是预备党员，面临转正问题；有的是已经递交了入党申请书，处于考察阶段的入党积极分子和党员发展对象。留学期间，由于留学党员教育管理工作中存在的以上种种问题，党员的发展教育培养出现缺失甚至真空现象，教育管理和考核评价方面都受到较大影响，主要表现为：

（1）正式党员不能正常参加国内党支部的组织生活，影响了对其党性觉悟的培养和提高。由于国外条件限制，无法参加性质相似的活动；与国内党支部的在线会议和学习讨论等可能由于时差和网络问题无法实现；中短期交流时，适应国外生活本身压力较大，非即时性联系可能成为增加负担的任务。

（2）由于不能及时了解预备党员的情况，影响其正常转正。预备党员的教育、培养、考察和管理缺乏规范的、统一的机制，不能保持与国内党支部的联系，以至于支部不能充分掌握其预备期的表现，不能决定其是否符合党

员条件。预备党员如果在预备期进行长期出国交流（6个月以上），多数都要延长预备期，在回国后继续接受考察；如果回国后马上毕业，组织关系转到新单位，按政策规定又要延长考察期，一旦超出规定时间则无法转正。

（3）缺乏对发展对象和积极分子的教育管理，不能及时将优秀学生吸纳到党的队伍当中来。如前所述，不少学生在留学期间不能很好地保持与国内党支部的联系；或者能够按要求联系并进行思想汇报，但由于考核评价机制并不完善，与国内其他发展对象和积极分子的标准不能统一；或纯粹因为无法按时回国参加发展大会和宣誓仪式；这些导致虽然出国前各方面表现都不错、党员发展条件已基本具备，也不得不推迟发展的情况，从而不利于党及时补充新生力量和新鲜血液。

三、存在问题的原因分析

基于以上现象，加上诸多因素，总结高校党组织对留学党员的教育管理工作中出现的问题，主要存在以下几个方面的深层次原因：

1. 政策制度缺乏规范

由于《党章》和中央组织部尚未出台专门的关于留学党员管理的政策规定，国内多数高校都依据基本规定、立足自身实际，制定了一些留学党员教育管理的办法，但没有较为统一的、规范的留学党员教育管理细则；特别是在对不同发展阶段的留学党员（含有入党意向的留学生）进行分类引导和分层管理方面，尚未形成较为行之有效的管理体制，无法解决实际工作中出现的很多问题。

2. 管理方式陈旧生硬

一般高校党组织仍旧采用组织手段、纪律手段和行政手段等传统手段来实现对留学党员的教育管理。而学生人在国外，时空跨度大、沟通难度大，受组织、纪律等手段约束的影响力较小。如果继续沿用传统手段，不能创新教育管理工作的方式、方法，会直接导致党组织与留学党员沟通渠道不畅，针对性不强，失去对留学党员的约束。

3. 管理人员思想认识存在误区

部分高校的基层党组织工作人员对留学党员管理工作持消极畏难态度，认为留学党员在党员队伍中所占比例仍旧较小，对党建工作整体布局的影响不大；加上留学党员人员分散情况复杂，教育管理工作实施难度大、成效不明显，部分管理人员对这类党员学生持不想多管的态度，不愿在教育管理方式、方法的创新上多下功夫。

4. 留学党员党性修养有待提高

多数留学党员在国内学习时间不长，接受党组织思想政治教育培养不多，有些党员的党性意识较为淡薄，组织观念不强。不少人认为出国就是为了学习专业，为了体验生活、增长见识，忽视自身党性修养的提高，忽略了自己的党员身份，甚至出现思想波动。加上留学生活的丰富多彩和教育管理的松懈和不当，造成部分留学党员不关心时事、不理解党的政策，以各种借口不做党所分配的工作，从而和组织联系脱节。

四、高校赴国外学习的学生党员教育管理工作机制探索

实践证明，在国际国内形势深刻变化的时代背景下，高校各级党组织在留学党员教育管理中的地位和作用只能加强，不能削弱。结合先行研究、调研结果以及实际工作经验，试对留学党员的教育管理工作机制进行如下探索：

1. 创建教育培养与考察管理的新模式

高校各级党组织要把建立和健全留学党员教育管理制度放在重要位置，形成较为统一的、规范的管理细则，并根据实际运作情况不断完善和改进。特别是对出国交流的处于党员发展不同阶段的学生，要进行分类引导和分层管理，尽快出台较为行之有效的管理方案。

第一，对入党积极分子建立培养档案，做到一人一档，并及时向档案填充材料，真实完整地反映培养过程。第二，建立健全联系人制度，由支部指定与出国学生关系密切的党员（不一定是入党介绍人）作为特定联系人。联系人制度作为我党联系党外积极分子的纽带，要充分发挥他们的桥梁作用。对于出国留学的学生，尤其应该发挥联系人的作用，"一对一"定点、定向联系、督查，切实发挥好掌握情况、教育引导的功能和职责。第三，对留学党员采用严格的思想汇报制度，要求定期向所属党支部汇报思想、学习、生活等情况，也可提出困惑、寻求解答，留学人员的思想往往会随着在国（境）外生活环境的变化而变化，所以及时了解和把握他们的思想动态，并作为对其进行考察的重要依据尤其重要。第四，对留学归国人员，支部要立即开展

民主评议，让支部成员及相关群众快速全面了解其留学期间的表现，并做出评议。

2. 利用网络新媒体灵活安排组织生活

习近平总书记在2016年全国高校思想政治工作会议的讲话中提出，要提升思想政治教育的亲和力和针对性。网络新媒体时代已经到来，谁赢得了互联网，谁就赢得了青年学生。利用互联网开展留学党员教育管理，是与时俱进、创新思想政治工作的一条重要途径。高校党组织应当因势利导，运用新媒体新技术，推动思政工作传统优势同信息技术高度融合，增强党员教育管理工作的时代感和吸引力。

建立党建专题网站已是老生常谈，设立专题论坛、开辟学习频道、建立专用QQ群/微信群等，都需要翔实而有话题性的内容来支撑。如果能结合两国时事热点设定活动主题，进行思想碰撞；或由留学党员结合国外学习生活的实际情况，通过讲故事、聊变化的方式向国内党支部汇报思想，就比较容易调动起留学党员参加支部活动的积极性；在遵守所在国家法律法规、不影响他人的前提下，在时间和网络条件允许的情况下，通过不限定活动地点的网络视频形式开展活动，也不失为一种选择。

3. 进行多种形式的行前教育

留学党员出国交流前夕，学校党组织应采用专题党课、讲座或会议的形式，教育学生要坚定共产主义信念，树立民族自信心和自豪感，时刻保持头脑清醒，在任何时候都要遵守党的纪律，牢记"我和党支部有个约定"，主动与组织保持联系，定期进行思想汇报，灵活过好组织生活等。专题座谈、个别谈心等方式能在对留学党员提出明确要求的同时，征求他们的反馈、倾听他们的心声，在严格的纪律要求之外，体现了人文关怀。还可以采用案例教育法，让学生通过真实事件和案例感受出国可能带来的各方面问题，做好心理准备和防范措施；采用体验式教育法，如安排入党积极分子重述入党动机、预备党员和正式党员重温入党誓词等，唤醒接受党组织教育培养的既有经验，引发内心感悟和反思，进而自觉履行党员义务、积极主动地向党组织靠拢。

4. 建立境外留学生党支部

在留学生分布相对集中的国外院校，可以打破国内院系及专业的限制，以校为单位建立境外留学生党员支部和联谊会。如果留学生分布在该地区各个院校，可以选择其中一个为中心，其他院校为支点成立党小组。尽量选择政治上较为成熟的正式党员作为临时党支部书记，负责与国内党组织联络，并通过各种方式组织开展日常的教育管理工作，以解决留学党员过于分散、不便于组织的困难。条件允许的情况下，还可以派党员教师或学生党建负责人定期出国指导工作，掌握学生思想动态，加强对学生的思想引导、价值引领和人文关怀，达到国内国外培养一体化。

"南航徐川"与"宝哥说"脱口秀的火爆证明了一个事实：当代大学生不是可以强行灌输价值观的一代，他们需要的是启发互动、独立思考和自主选择。教育过程中要坚持以人为本的价值理念，引导留学党员及有入党意向的学生坚定理想信念。通过建立健全留学党员教育管理机制，逐步形成以党支部为主导、以留学党员为主体、以延续性教育为保障、以网络新媒体为支撑的留学党员教育管理的新模式，将思想政治工作做到位，为将这批优秀的留学党员培养成中国特色社会主义事业的建设者和接班人提供有力保障。高校各级党组织要高度重视，院系及相关职能部门互相配合，不断完善工作机制，不断探索工作方法，为留学党员教育管理工作的规范化、科学化而不懈努力。

参考文献

[1] 李宝章，李妍，王滨生，等. 高校赴国外学习的学生党员教育管理体制机制研究——以大连地区高校为例 [J]. 求知导刊，2014（5）：76-79.

[2] 庄瑜，周俊辰. 本科国际交流生党建工作的现状与研究——以华东师范大学、南京大学、北京外国语大学为例 [J]. 科教文汇（上旬刊），2015（5）：127-128，139.

[3] 袁雅莎. 自媒体时代高校思想政治教育的应对途径探析 [J]. 思想理论教育导刊，2015（11）：125-128.

[4] 朱华，王丹. 高校出国（境）党员教育管理状况调查研究——以武汉大学为例 [J]. 思想教育研究，2016（7）：116-120.

[5] 北京理工大学本科生国际交流〔EB/OL〕.［2017-02-22］. http：//abroad.bit.edu.cn/.

2017年党建课题汇编

"互联网+"党建专题

"两学一做"党建专题

优秀党员文化传承专题

"互联网+"党建专题

"互联网+"背景下高校利用"两微一端"平台树立先进党员典型的研究

课题负责人:徐 建

一、研究背景和意义

自 1994 年至今,随着信息网络技术的发展,我国党建信息化的发展大致可分为三个阶段:第一阶段,"推行电子党务、实现办公信息化"(1994—1999);第二阶段,"建立党建网页与党建网站"(2000—2009);第三阶段,"党建信息化即时化时代与党建网路体系化"(2010—2015)。现随着网络空间时代的到来,"互联网+"概念提升了高科技密集型发展模式与先进互联理念的思想碰撞,锐意创新,传统理念与"互联网+"思维相结合是时代发展的必然趋势,"互联网+党建"迫使全国党建工作一体化、系统化、开放化与民主化,提升党建工作的创新点。

中共教育部党组印发的《普通高等学校学生党建工作标准》(以下简称《标准》)和中共中央国务院印发的《关于加强和改进新形势下高校思想政治工作的意见》(以下简称《意见》)为本课题指导思想。

《标准》指明了党建工作的目标要求,指出党员要充分发挥先锋模范作用,做党的路线方针政策的宣传者,做朋辈帮扶、互助友爱的践行者。高校应定期开展评选表彰优秀学生党员工作,通过选树先进典型,用身边人、身边事教育影响其他学生。团结和带领广大学生为推动形成优良党风、校风、学风做贡献。

《意见》指明了党建工作的开展形式,指出要加强互联网思想政治工作载体建设,加强学生互动社区、主题教育网站、专业学术网站和"两微一端"建设,运用大学生喜欢的表达方式开展思想政治教育。

高校党建工作为实现"四个合格",即实现全面从严治党合格、贯彻落实党中央治国理政新理念新思路新战略合格、共产党员行为和作风合格、改革发展稳定的各项工作合格,应以互联网为依托,以大数据、云计算为支持,用网络信息刺激学生思维,用网络平台宣传优秀学生党员事迹,用网络监督提升学生党员自觉自律,用发展的眼光看问题,满足党建工作的创新需求。同时,宣传要以大学生偏爱的方式进行。对于新时代大学生而言,追星是一种潮流,"网红"是一种时尚,高校建造党建工作的"潮流时代",可以依托新媒体平台,塑造学生党员中的"网红",让学习与追随"网红"党员成为一种时尚与趋势。

二、研究过程

(一) 理论研究

借助文献检索,查阅党建工作实践和理论创新的相关研究,了解新时期优秀党员的素质标准与宣传方式,同时采取跨学科综合比较研究,搜索微媒体平台运行特点与传播方式,学习新媒体知识,形成指导课题开展的理论。

(二) 调研情况

1. 研究对象

本课题的研究对象为高校大学生群体。大学生既是高校党建工作的主体实施对象,也是"网红"党员的选拔群体。本课题研究"互联网+"背景下高校利用"两微一端"平台打造学生党员中的"网红",选拔标准由学生决定,选拔对象也从学生中产生,必须以大学生为研究对象,深入调查,了解当前高校发挥党员先锋模范作用的工作现状,包括选拔优秀党员的标准、宣传先进事迹的方式与效果、对普通学生思想行为的影响力度与覆盖范围、大学生针对此项党建工作的反馈意见等内容,发现党建工作中存在的问题,确立研究的具体目标与方向。

2. 调研方法

本课题应用发放问卷的方式，对高校党建工作现状、优秀党员宣传与影响、微媒体平台的运行模式等内容进行全面调查。因本课题研究以北京理工大学信息与电子学院为基础平台，建立模型与开展实例探索，所以调查主要以北京理工大学为主，共发放问卷 500 份，回收有效问卷 494 份，涵盖了本科生、研究生等多个群体，以更全面地反映当前高校党建工作的现状和新时期大学生党员模范作用发挥的需求。

（三）调研数据整理

由于本次调研获取的样本数量大，调研对象和问题答案都呈现出多元化的特点，积累了大量数据。本课题组成员发挥专业优势，对大量数据进行了统计分析，借助 SPSS、Excel 等软件对问卷结果进行了进一步凝练和数学检验，以求结果能够更准确地反映实际情况。

（四）实践模型探索

以北京理工大学信息与电子学院为基础平台，开展实践模型探索工作。信息与电子学院共有学生党支部 34 个，集中开展"网红"党员评选工作，即以支部为单位，选拔 34 名优秀学生党员，以十九大精神为指导，开展"网红党员带你学"活动。涉及"网红党员"情况介绍以及由其带领、以其视角、用其口吻进行的学习宣传贯彻十九大精神系列内容，并通过微信公众号（北京理工大学信息与电子学院团委）进行推送宣传，目前已完成 6 期推送，累计关注阅读量达 2 000 余次，取得了良好效果（图1）。

三、研究内容

（一）大数据时代高校党建创新路径探究

随着科技日新月异，大数据技术逐渐被应用在各行各业中，高校党建也在其影响下发生了相应的变化。党建工作能够借助大数据时代的新技术和新平台更高效更快速地发展，实现高校党建民主化和人性化。在大数据的时代背景下，本研究对党建工作创新的意义、当前高校党建工作存在的问题以及

图 1 "网红党员带你学"活动部分照片

大数据时代高校党建创新途径进行了研究,旨在提升高校党建工作服务意识、时代认知和创新能力。同时,通过路径分析,找到高校党建工作新的实现方向,为后续整合和完善党建工作提供实践方法和理论参考。

(二)"互联网+"在高校党建工作中的运行机制

用互联网等信息技术加强党的建设是我们党已经确立的思路,"互联网+"作为创新2.0时代的互联网发展新业态,是知识创新推动下的互联网形态演进以及其催生的经济社会发展新形态。"互联网+党建"是新阶段基层党组织提出并实践的党建成果,类型多样,但具备效果好、潜力大等优势。本研究从"互联网+"的内涵,"互联网+党建"的提出背景、实施途径和典型案例分析几个方面入手,试图以此为高校党建工作进行有益探索,提高高校党建的整体功能,打破时空的物理限制和组织间的壁垒,指明新时期的党建工作的高效实施途径,提高高校党建资源协同化水平和精准化程度。

(三)"网红"党员

新时期的"网红"正在引领受众群体的思维方式、价值取向和行为方式,合理利用"网红"党员的概念开展党建工作,是当前高校党建的创新发展模式,也是为更有个性的年轻一代提供正确的价值观、人生信仰和职业发展规划的新契机。本研究从"网红"的发展与党建工作的关联、"网红"党员基本素质、宣传方式和宣传方向等方面入手,将"网红"概念与党建工作有益结合,创新高校党建工作模式,以期加强党建内容数字化和平台多样化,提高党建工作的接受度,拉近学生与党建工作的距离,更好地推进高校党建工作向着为新时代中国特色社会主义建设服务的方向迈进。

四、研究结论

(一) 大数据时代高校党建创新路径探究

1. 大数据背景下创新高校党建工作的意义

党的十八大明确提出:"大力提高党建工作中的科学技术水平,要全面地创新党的建设,要将我国的执政党建设成'学习型''创新型'以及'服务型'的新型执政党。"因此,高校在开展党建工作时也应全面提高科学技术水平的应用能力,把握大数据时代的特点,充分结合大数据优势服务党建工作,实现党建工作的创新发展。

(1) 有利于掌握党员思想现状和预测思想发展趋势。

掌握学生党员的思想现状是高校党建工作有效开展的前提条件。大数据最擅长的即从众多数据中提取目标信息,从信息分析和分享中实现对学生党员的思想状况掌握。例如,北京理工大学校园一卡通在购物、饮食、进出校门、上网、借阅图书等方面发挥着重要作用,记录各条信息,如果借助大数据技术对其进行分析,就能绘制出学生党员的生活和学习图谱,针对不同特点的党员同志,结合网络平台的优势,正确引导,合理规范,为党建工作的顺利开展提供技术支持。

对学生党员的思想发展趋势预测是提高党建工作针对性和实效性的重要手段。通过大数据分析,基于学生党员的日常思想现状信息,探讨背后的原因,进而提取思想发展的可能路径。最终,根据时代发展特点和贴近生活的案例介绍,帮助学生党员有效规避不良信息的干扰和侵袭,坚定党在各项社会事业中的领导地位,使学生党员将来更好地服务于社会主义现代化建设。

(2) 有利于健全党建工作机制和加强执政能力。

制度建设对于大学建设和整个国家各项事业的发展皆为根本性建设。大数据时代，依靠数据分析获取高校党建发展的利弊得失，利用技术优势既符合时代发展特点又能破解当前高校党建发展的难题，取得竞争优势。北京理工大学正是在不断健全和完善党建工作机制的基础上，坚持党的领导，坚持"德以明理，学以精工"的校训精神，在中国军工和科技史上留下了一个又一个精彩的足迹。例如中国第一台电视发射接收装置、第一枚二级固体高空探测火箭、第一辆轻型坦克、第一部低空测高雷达等。在国庆60周年阅兵的30个方阵中，学校参与了22个方阵的装备设计和研制；在建军90周年朱日和阅兵的45个方阵（梯队）中，参与了29个方队的装备研制工作。这些都展现了北京理工大学在服务国家战略和奉献世界科技发展中的担当。

大数据时代更强调科技发展服务于制度建设，强调制度建设依靠科技创新。在大数据时代，高校党建既要解决自身发展过程中的累积性问题，又要应对大数据对传统党建模式、党员评价体系、党建宣传模式等的冲击，如果缺乏相关制度保障，高校党建发展将面临更大的困难。因此，应合理利用大数据技术，即高校既要顺应时代发展趋势，又要根据自身需求进行机制改革，坚持改革创新，建立符合新时期发展要求的党建模式、评价体系和宣传模式。同时，面对大数据带来的消极思想和不良数据等问题，高校党建应加强党建工作机制的抵御力，依照法律和规章制度管理，将大数据技术融入依法治校过程中，不断加强党的执政能力，加强党建工作的引领和对正确价值观、人生观的保障。

（3）有利于发挥党建战斗力和满足高校党建内在发展需求。

大数据时代的科学技术能够使党员之间的联系更加紧密，充分发挥党员在党建工作中所起到的模范带头作用。通过个别优秀党员的影响力，能够更好地带动党建工作在高校中的影响力。本研究的结果表明，72.27%（357人/494人）的被调研人认为利用大数据技术能够提升党员的宣传力度，提升党建工作在人们心目中的地位，有效发挥党建战斗力。

当前，高校党建遇到了发展瓶颈，传统的党建机制已经不能满足时代要求，学生党员在传统党建工作中往往缺乏活力和参与的主动性，尤其对于单纯的理论灌输和单调的宣传平台较为抵触。对于破解高校党建内在发展难题，大数据时代提供的数据平台和交流媒介发挥着重要作用。一方面，大数据背景下的党建新模式能帮助党员面对难题时获得更多解决途径；另一方面，大容量数据的分析能促使帮助高校党建快速识别自身优劣势，在科学支撑的党建决策中发挥重要作用。大数据时代的多元平台建设为党建工作的实施和监督提供了更便利的途径，也拉近了党员与党员、党员与群众之间的距离，通过紧密联系创造更多的学习机会、分享机会和不同思想的融合。

"延安根、军工魂"是镌刻进北京理工大学的红色基因，"团结、勤奋、求实、创新"是每一个理工学子铭记在心的优良校风，正是这些激励着北京理工大学在中国崛起的历史中发挥着重要作用。在大数据时代，高校党建只有将优良传统和先进技术理念相结合，才能更好地推广科学技术转化，带来社会经济效益，最终实现高校的可持续发展。

2. 当前高校党建工作存在的问题

当前，高校党建工作存在对创新建设重要性认识不够、对党建工作考虑不够全面、对党建工作的督促和建设力度不够等普遍问题。而基于本研究的深入调查，北京理工大学的党建工作还存在以下问题：

（1）学生党员入党动机多样化。

通过调研，本研究发现学生党员入党动机存在多样化的现象。多数党员具备较为纯正的入党动机，即信仰共产主义，愿意为之奋斗，愿意为人民服务，愿意为国家和社会发展做出应有的贡献；但也有少部分党员入党动机功利化严重，更多考虑的是入党对于评奖评优、就业和学校地位提升的作用。这充分说明大数据时代多元信息集合带来了一些负面影响，腐蚀着党员的纯洁性思想。因此，高校党建工作需强化对大学生入党动机的培养和教育，借助思想、技术和平台多种资源，帮助大学生端正态度，以为人民服务和为共产主义事业奋斗为正确思想。

（2）学生党员理论学习不够深入。

中国共产党以马克思列宁主义、毛泽东思想、邓小平理论、"三个代表"重要思想、科学发展观和习近平新时代中国特色社会主义思想作为自己的行动指南，对于中国革命的胜利、中国特色社会主义事业的顺利发展有重大作用。本研究调查表明，学生党员中存在部分不经常学习党的理论的同志。这一结果和当前党建工作开展方式不够多样、思想宣传途径过于保守有关，很多学生党员并未真正了解北京理工大学为党建宣传建设的多个新媒体平台，还停留在对高校党建传统的认识中。因此，针对我校的问题，后续党建工作应加大宣传力度，注重教育方法。例如，可以邀请党员中的优秀科研代表，为学生党员讲述党的思想对科研生活的指引作用，使学生党员认识到深入学习我党理论的重要性，自觉加强理论学习。

（3）学生党员继续学习环节薄弱。

通过本研究调研发现，北京理工大学学生党员普遍表明继续教育学习环节较为薄弱，部分党员对于继续学习仅停留在学校和学院组织的学习活动上，缺乏学习的自主能动性。这一问题的产生主要有以下几个方面的原因：一是学校党建工作对继续学习重视不够，虽然每学期都有一批学习活动推出，但针对每个学生党员的个体特点和我党理论知识的掌握程度，缺乏学习活动的分层设计；二是在入党之后，学生党员的继续学习缺乏有效的制度引导。因此，我校应在后续党建工作计划中借助大数据时代技术优势，加强继续学习内容的拓展，建立继续学习量化指标和考核方案，通过不断规范制度建设，提升学生党员继续学习的整体积极性。

3. 大数据时代高校党建路径

（1）利用大数据技术创新高校党建方式。

大数据时代的技术优势有助于高校党组织建设方式的更新，能够更好地促进党领导目标的实现，满足高校党建发展的要求。一方面，北京理工大学各级党组织在建设方式上，开展了很多有益的探索，通过党组织建设走进科研团队、社团、班级和宿舍等，推动基层党建工作开展，提升基层党建成效，具备了自己的创新特色。另一方面，某学院根据党建需求，结合时下发展迅速的微信平台，根据前期充分调研的信息，及时推出"网红"党员，带领学生党员学习党的先进理论和思想，关注人数逐渐增多，关注热情不断提高，取得了很好的党建成效。

（2）利用大数据理念创新组织学习方式。

传统的组织学习方式已经无法满足当今高校的发展需求，高校党组织学习方式亟须更新。而大数据时代的数据分析理念，能够为高校所利用。具体来说，党建工作可以围绕"学习党的先进思想，完善组织服务机制"这一主题开展学习活动，这样既可以有效保持党员的先进性，还能推进党建工作制度建设。例如，可以设立党建学习数据系统，通过不断补充党的先进理论、思想和实践案例，向学生党员推出党建创新学习模式；同时，可针对学生党员较为关注的社会热点问题,在微信、微博等平台开放讨论,邀请理论水平高的优秀党员进行分析、讲解和教育引导。高校党建借助以上措施既能够创新组织学习方式,又能促进学校政治理论技术发展。

(3) 利用大数据平台创新组织活动载体。

大数据时代提供了许多宣传平台,这也为党组织活动的开展提供了更多选择。组织活动载体没有固定模式,而通过大数据平台来增加党组织活动载体既能促进互动性党建的形成,又能使党建工作具备更强的开发性。例如某学院开展"党员服务进社区""优秀党员面对面""参观改革开放成就展"等活动,通过微信、微博和QQ群等平台,从学习活动的设计、实施、总结到学习活动的宣传,均制作了图文并茂的素材,在党员中反响强烈,获得了大量的肯定回应及转发宣传,许多学生党员已经开始期待后续的其他组织学习活动。这表明,多元化的活动载体和方法充分发挥了大数据技术平台的党建优势,拓宽了党建渠道。

(二)"互联网+"在高校党建工作中的运行机制

1. "互联网+"的内涵剖析

互联网作为当今社会发展面临的最大信息源,中国互联网普及率已达50%以上,超过全球平均水平。"互联网+"作为信息化发展的新业态,加快了社会分化解构,重新定义了信息传播方式,使学生党员不出门即可了解党建工作动态。研究表明,95%以上的高校学生认为互联网已经渗透到自己学习和生活的方方面面,深刻影响着自己的知识获取和行为方式。高校党建工作作为高校发展的重要内容之一,理应顺应时代发展潮流,吸纳先进理念和技术,借助"互联网+"开展党建工作。这既能增强组织管理的时效性和覆盖能力,又能强化党员之间、党员和组织之间的认同感。"互联网+某项事务",不是简单的二者相加,而是在工作中借助无处不在的互联网技术优势,将某事务与互联网互融。例如,党建工作的许多方面需要借助互联网来量化,组织建设、党员教育和思想沟通等都需要借助"互联网+"创新党建生态环境,提高服务群众的强度,实现党建管理的准度,拓宽舆论宣传的维度。

2. "互联网+党建"的提出背景

高校党建需要在数据化和智能化不断深入影响社会发展的浪潮中找到自

己的定位，在"互联网+"与多类社会经济事务发生关联的背景下，"互联网+党建"既是高校党建发展的必然要求，也是应对大数据带来的挑战的有效方法。"互联网+党建"，是指综合运用互联网技术、理念和手段，按照全面从严治党的要求，构建党组织与党员、群众及其他组织间的互动平台，促进党建工作更加高效、更加科学和更加规范。"互联网+党建"能有效延伸党建的时间和空间，打造党建一体化平台，党组织学习活动则可以此扩展到虚拟空间。高校借助"互联网+"开展党建工作，一方面能够实现对党组织状况的全面把握，对党员个性和思想变化的有效服务和有益引导；另一方面，可以实现党员思想变化的快速应对和便捷的沟通，有助于提高党组织统计和决策的科技水平。

3. "互联网+党建"的实施机制

（1）增强运用互联网开展党建的主动性。

党建工作目前在高校遇到的发展问题和大数据时代带来的负面冲击，倒逼高校各级党组织和领导干部应努力学习和掌握网络知识，提高网络建党、问政的能力。"互联网+党建"的核心是以人为本，主张创新、开放、参与、共享的理念，将党建工作与新的管理模式相结合，充分利用云计算、大数据等"互联网+"独特技术，实现高校党建的精准化管理，提升党建工作的科学化水平。高校党组织应切实转变思想观念，夯实网络认识基础，积极学习和运用互联网技术，梳理党建工作难题，通过分析数据、评估结果和动态追踪，提升党员教育、日常管理、党员考核等各项工作的针对性。

（2）突出顶层设计，统筹推进"互联网+党建"。

"互联网+党建"作为一项复杂的系统工程，应突出顶层设计的重要性，将其纳入全校工作的统筹规划中。应由校党委组织制订"互联网+党建"工作的整体规划，从目标定位、战略布局、实施措施、评价标准等方面提出指导意见。然后，各级基层党组织可以在校党委的统一指导下，根据本组织特点，制定相应的实施细则。顶层设计关乎"互联网+党建"平台的生命力，因此，在进行顶层设计之前，需要对本校学生党员的基本思想状况进行调研，对可能的思想发展趋势进行预测，结合先进的平台建设理念，制订科学的党建工作规划，确保"互联网+党建"这一系统工程的稳定高效运行。

（3）搭建"互联网+党建"高效信息整合平台。

高校可以打造互联共享信息资源的党建平台，通过该平台，有效整合各级党组织宣传信息，并且给予连接其他高校或者全国性党建信息平台的便利，使学生党员能够通过该平台获得本校、外校乃至全国的党建信息。对于"互联网+党建"平台的内容，应及时补充，不断扩大信息源，丰富我党的先进理论和实践经验信息，充分发挥党建平台对党员干部的工作和学习指导功能。此外，应坚持线上和线下的高效沟通，使学生党员通过平台获取党建信息的同时，可以有效反馈，平台通过分析反馈信息了解学生情况，完善多元信息数据库，提升网络沟通能力。通过开展丰富多彩的线上和线下党建活动，帮助党员之间更好地沟通和学习，增强党员归属感、参与感和获得感，进而促进高校党建的有效管理。

（4）建立健全"互联网+党建"保障制度。

高校从学校整体层面，应出台"互联网+党建"保障制度，切实规范各项党建事务，加强对广大党员的网络安全培训，增强安全意识，净化网络环境。各学院可以根据各自特点，提出适合本学院党建工作的保障制度，从党建工作的影响范围、知情权、保密程度等多方面，科学划定信息流通边界，制定安全防控措施。特别是针对可能出现的恶意网络谣言等应制定准确的判断依据和应对措施，明确紧急事件的处理流程。

4. "互联网+党建"实证案例

（1）借助移动网络实现党务网络化。

当今高校学生几乎人手一部手机，而手机所具备的移动网络功能，能够实现党务工作的网络化管理机制。例如，2010年1月，习近平总书记通过全国党建工作手机信息系统，向全国100多万名基层组织书记、大学生村官发出问候信息，实现了中央、省区到地方各级党员干部之间的安全、便捷沟通，这即为借助移动网络强化党建的一项创新举措。高校党建也可以学习这一案例，通过建立高校一体化党建信息平台，实现党建信息的统一推送、定向传输，提高党建新闻、先进理论、实践经验的快速传播。

（2）借助微信公众号开展党员微课。

清华大学通过微信公众号平台建立了清华大学学生红网，分为清华党建和热点时政两个主题，主题下又包含时政分析、知识辩论、线下读书活动招募、微信党课介绍、漫话天下等栏目，将时政信息、党课辅导、党建学习组织活动等有机结合起来，用独特的视角、生动的笔触，介绍党的基础知识、辨析理论难点、回应时事热点、解答思想困惑，该平台已经成为党建工作开展的桥梁和重要阵地。国内许多高校也建立了类似的网络学习平台，这些平台基本都具备创新的表现形式、鲜明生动的知识点介绍、便捷的沟通反馈和亲和力强的板块设计，这为党建工作在移动互联网平台的开展提供了很好的借鉴。

（三）"网红"党员

通过问卷调查和数据分析，本研究对"网红"党员的选拔标准、宣传方式、评价体系等进行了深入分析，共发放问卷500份，有效回收494份，有效问卷率达到了98.8%。在回收的问卷中，男生占63.16%，女生占36.84%，基本符合理工类高校男多女少的现状；正式党员占21.86%，预备党员占21.66%，群众占56.48%；本科生占80.77%，研究生占19.23%。

1. "网红"的由来及与党建工作的关联

"网红"是"网络红人"的简称，是指现实或网络生活中因为某个事件或某些行为而被网民关注从而走红的人。"网红"的产生往往对应网民的审美、审丑、娱乐、刺激、品味等心理，且是各方利益共同体综合作用的结果。党建工作中可以借助"网红"概念，树立"网红"党员，对党的理论、知识进行讲解，对社会热点问题进行解答，以期引领学生党员的思想风潮。调研表明绝大多数（72.27%）的学生认为党员可以成为"网红"且易于接受。此外，因为"网红"存在于互联网，党建工作依托网络平台，也能够提升党建信息传播效率、整合多元党建资源、及时获得学生党员反馈。北京理工大学信息学院党支部运用微信公众号平台开展"网红党员带你学"活动，每期选拔一位优秀党员同志介绍党的先进理论和思想，通过结合自身的生活工作经验，创新党建宣传新模式。这一模式的提出一是借鉴"网红"概念，二是考虑到多校区办学往往为党建工作开展带来新的挑战，而借助移动互联网平台能够有效弥补因实际距离带来的信息沟通不畅，实现党建信息的快速传播。

2. "网红"党员的基本素质

本研究针对"网红"党员的选拔标准（图2），设置了八个选项，即党员颜值、政治素养、作风态度、组织管理、工作意识、廉政自律、宣传能力和其他。数据表明，政治素养和作风态度是学生看重的选拔标准，而党员颜值是几个明确选项中比例最低的，这与一般"网红"通常靠颜值吸引观众有所不同。以上结果说明高校学生对优秀党员的评价标准较为一致。

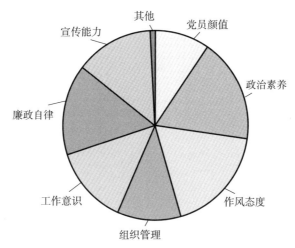

图2 "网红"党员的选拔标准

本研究进一步细化每一项"网红"党员的选拔标准，试图通过深入分析获取学生心目中更详细的"网红"党员形象。结果表明，政治素养中各项内容排序时，理想信念的重要性最高（66.8%），理论素养的重要性相对较低（47.98%）；作风态度各项内容排序中，选择责任感和敬业精神的学生较多，分别有73.08%和54.86%，选择学习态度的较少（48.18%）；而针对组织管理各项具体内容，更多学生认为重要性依次降低的是沟通能力—处理突发事件的能力—组织协调能力—分工合作能力；涉及工作意识时，承担意识和服务意识更被学生看重，拼搏意识和奉献意识次之；宣传能力的问卷结果表明，大多数学生认为微媒体传播软件的使用是最重要的（60.93%），而后才是口述演讲和文字写作，也表明微媒体在党建生活中的重要性。

3. "网红"党员的宣传方式

好的内容需要适当及时的宣传，才能形成信息传播的效果。本研究从宣传形式、宣传媒介、宣传力度和宣传频率四个方面进行问卷调研，结果表明，宣传形式和宣传媒介是大学生看重的宣传方面。对于具体的宣传媒介（图3）来说，多数人认为微信是最适合的党建宣传平台（47.98%），其次是微博

（29.76%）和学院平台（15.79%），论坛受关注最少，也说明当今大数据时代，论坛已然不适合时代发展。从本研究调研来看，每周一次的宣传频次是大多数学生的选择（41.7%）。此外，微信"网红"党员宣传已经能够被大多数人接受，但由"网红"党员参与或主导的党建活动并未展现出吸引力优势，大多数人认为党建活动的参与度与"网红"党员无关或产生负面效应。

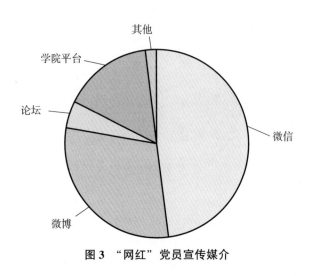

图3 "网红"党员宣传媒介

五、后续研究方向

高校作为培育党和国家接班人的重要阵地，其工作任重而道远，形式突破与方法创新是提升高校思想政治工作的重要形式。党建工作作为思政工作的重要组成部分，选拔和宣传优秀学生党员，可以朋辈教育带动与促进党务工作的开展。本课题后续研究方向为理论研究与实践探索双线进行，从理论上进一步分析"两微一端"平台的优势，"网红"的特质与传播形成机制，细化优秀党员的选拔标准，形成系统化的指导思想；实践方面，继续开展"网红党员带你学"活动，并总结探索学习与宣传效果、影响力度、学生评价等内容，形成规范模式。

"互联网+党建"新形态下的"五微一体"党员学习教育模式探究

课题负责人：奚英伦　党　莹　惠　宁　吴　昊

> **摘要：** 在"互联网+"时代，可运用"互联网+"推动高校党建工作，北京理工大学计算机学院党委通过"五微一体"党员学习教育模式的构建与提升，不断探索加强"互联网+"思维创新高校党建路径，推进党建工作模式创新，打造"五微一体"特色品牌，抓住党建工作与"互联网+"领域深度融合发展机遇，全面促进高校党建工作因事而化、因时而进、因势而新，广泛运用微信平台，探索新时代下的教育学习新模式，增强高校党建科学化、时代化水平。
>
> **关键词：** 高校党建　"互联网+"　微信平台　探索创新　五微一体

党的十八大以来，以习近平同志为核心的党中央承接不忘初心的历史血脉，坚持党要管党、全面从严治党，不断增强党的自我净化、自我完善、自我革新、自我提高能力。2017年，中共中央、国务院印发了《关于加强和改进新形势下高校思想政治工作的意见》（以下简称《意见》），《意见》指出，加强和改进高校思想政治工作，是应对新形势新任务新变化解决新问题的迫切需要。2017年，教育部党组印发《普通高等学校学生党建工作标准》（以下简称《标准》），《标准》指出，党员教育方式载体要运用学生互动社区、主题教育网站和"两微一端"等网络新媒体，创建网上党建园地、网上党校等党员教育平台。2018年1月，第四十一次《中国互联网络发展状况统计报告》指出，截至2017年12月，我国网民规模达7.72亿，普及率达到55.8%。同时，腾讯官方发布的《2017微信数据报告》显示，截至2017年9月，微信日登录用户超9亿，日发送消息380亿条，日发送语音61亿次。在这样的时代背景与要求之下,移动互联网作为现代文明的载体之一,对高校师生的思想观念、价值取向、思维方式、行为模式以及个性心理等产生了深刻影响,它既为高校党建工作催生了新的教育理念和工作模式,也为高校党建工作带来了新课题、新任务、新要求。本课题将探究以"五微一体"手机微信平台作为"互联网+党建"党员学习教育模式的构建与提升,结合学习宣传贯彻十九大精神的内容与要求,将"微心声、微支部、微视频、微故事、微党课、师生与党团支部一体共建"等学习教育模式进一步完善与创新,以满足新形势下"互联网+党建"的要求。探索加强党建工作者的互联网思维、建设一支玩转新媒体的队伍、转变思政教育的话语体系,将党员学习教育的效果落到实处。

一、互联网时代为高校党建工作带来的机遇和挑战

(一)机遇

1. "互联网+手机"传播的优势

"互联网+手机"传播的广泛性与便捷性。根据第四十一次《中国互联网络发展状况统计报告》,截至2017年12月,我国手机网民规模达7.53亿,网民中使用手机上网人群的占比由2016年的95.1%提升至97.5%;台式电脑、笔记本电脑、平板电脑的使用率均出现下降,手机不断挤占其他个人上网设备的使用,以手机为中心的智能设备,成为"万物互联"的基础。手机已经成为信息时代传播信息的主要途径,其面向对象的广泛性、操作的便捷性显而易见。党建工作者可以利用新媒体平台及时发布党建相关学习教育内容,把党的新政策、新理论、新思想通过微信平台传递到每个党员身边。

"互联网+手机"传播的生动性与多样性。智能手机的迅速发展,不断丰富着手机信息传播的方式,逐步出现了文字阅读、图片浏览、视频观看、H5直播互动、网络答题、听课软件等生动多样的形式,这类生动形象、图文并茂的展示方式十分切合当代高校师生党员的生活习惯,有效地拓宽了开展党建工作的渠道。高校党员教育活动可以在线上利用这类立体化的方式,使学习教育"活起来"。

"互联网+手机"传播的交互性与及时性。交互性强被誉为互联网络的最

大优势。简单来说,在网络传播中,受者能够通过多种输入输出方式与系统或者其他受者在一定程度上进行直接双向交流的特性被称为网络交互性。新媒体密切了信息主体和受众者之间的联系,通过信息在新媒体平台上的相互传递,师生党员可以轻松地从新媒体平台中获得与党建相关的信息,并发表自己的观点。这便于高校党建工作者及时了解师生党员的思想动态和内心情感,以便能够及时地、有针对性地对其进行思想教育。

2. 以手机微信平台为开展党建工作创新模式主要载体的现实意义

目前,微信平台作为智能移动手机的主要交流方式,具有精准高效的信息传播、简单实用的功能界面、使用人群的范围广泛、多媒体的丰富形式等特点,已被诸多高校、企事业党政机关作为一种移动学习平台,通过微信订阅号、服务号和企业号三类,实现与特定群体间文字、图片、语音和微视频的全方位沟通和交互。

高校党建工作利用微信平台开展学习宣传,基于对其可行性和操作性的分析。一是碎片化时间的积累利用性,高校教师与学生在繁忙的工作、学习之余,利用乘车、出差、休息等零碎化时间,通过微信快速阅读党建工作最新成果,形成学习的常态化;二是移动终端使用的普遍性。手机、平板电脑已成为大众化工具,为党建工作创造了天然的服务平台;三是微信平台形式的丰富化。三类方式提供了全面的学习阅读模式,生动的图片、语音和视频,能更有效地吸引注意力,提高学习效果。

(二)挑战

1. 信息多元化带来的思想冲击

目前,网络的发展为高校师生每天带来海量的信息资讯,信息中包含着复杂的社会多元化思想、扭曲的价值观、落后的观念等内容,正在以潜移默化的方式影响着师生的心理健康与正确的价值观念,为高校的党建思政工作带来了极大的挑战,容易造成大学生理想精神追求的迷茫与困惑、高尚理想信念的缺失等问题。同时,信息技术的扁平化发展与普及,为高校基层党建工作者和师生提供了平等的信息资源,改变了传统党建工作者占有资讯、使用资讯的优势,易导致高校基层党建工作的内容与形式的权威性受到挑战。

习近平总书记强调"网络空间是亿万民众共同的精神家园。网络空间天朗气清、生态良好，符合人民利益。网络空间乌烟瘴气、生态恶化，不符合人民利益。我们要本着对社会负责、对人民负责的态度，依法加强网络空间治理，加强网络内容建设，做强网上正面宣传，培育积极健康、向上向善的网络文化，用社会主义核心价值观和人类优秀文明成果滋养人心、滋养社会，做到正能量充沛、主旋律高昂，为广大网民特别是青少年营造一个风清气正的网络空间。"高校基层党建工作者需要思考与解决"如何对大学生接受的资讯进行有效的把关，如何有效减小当前网络不良信息和各种意识形态的渗透，如何积极地影响大学生正确人生观和价值观的形成"这一信息时代的党建命题。

2. 平台单一化带来的作用缺失

目前，高校党建工作主要采取线下学习教育活动的方式开展，网络党建智慧平台建设以网站为主要形式，集管理、服务、教育、互动于一体，但随着移动网络的发展和师生党员个人工作学习的需要，以手机为主要载体形式的移动互联网形式成为党员学习教育最为直接、最为迅速的方式，对比之下，娱乐性平台形式较多、覆盖较广、使用率高、话题关注度高、影响较大，党建学习教育平台相对建设较少，未能发挥其应有的作用。

习近平总书记指出"各级党建机关和领导干部要学会通过网络走群众路线，经常上网看看，了解群众所思所愿，收集好想法好建议，积极回应网民关切。"微信平台作为依托于移动终端设备的即时通信工具，具备传统党建模式所不具备的新特征。利用微信开展党建工作，具有自主性、实效性、共享性、操作简便性、互动性等优势。高校基层党建应紧跟时代步伐，巧用互联网思维和信息技术手段，通过建立微信群、开设公众号等方式做强指尖上的"微党建"，有效扩大党建工作覆盖面，提高党建工作牵引力，进一步增强党的生机活力。

3. 技术缺乏化带来的功能不足

高校党建工作者观念与技术上未能及时紧跟时代，传统教育形式网络技术缺乏，不能很好地适应"互联网+党建"工作的需要。从内容上看，新媒体党建平台主要依附于平面媒体，把有关文字和图片简单发布，全面深入地发布评论、图片、视频、动画信息以及党建重要档案数据的资料偏少；从栏目设计上看，偏重于宣传性，而轻视学习内容的实用价值；从管理上看，缺少懂党建的网络专业技术人员，对党建相关信息不能作出及时反应，内容更新缓慢。以上这些问题的存在，影响了新媒体党建平台实际功能的发挥。

习近平总书记在十九大报告中强调"坚定不移全面从严治党，不断提高党的执政能力和领导水平。""增强改革创新本领，保持锐意进取的精神风貌，善于结合实际创造性推动工作，善于运用互联网技术和信息化手段开展工作。"在现实环境中，熟悉并了解新媒体相关知识和有过实践经验的党建工作者仅占少数，要加大网络应用方面的培训力度，培养造就一支既懂党务工作又懂网络信息技术，政治素质好、业务能力强的复合型党建人才队伍，提高其舆情监测和引导社会舆论的能力。

二、"五微一体"党员学习教育体系的构建与提升

（一）体系的逐步构建与提升

北京理工大学计算机学院党委自2016年起开始探索构建"四微一体"党员学习教育模式。制作《释放多元社会思潮碰撞的正能量》《不要让历史成为任人打扮的小姑娘》《从当前意识形态斗争看开展"两学一做"的必要性》等三场"微党课"；录制十期《在你身边》优秀党员事迹"微视频"，在网络平台宣传史树敏、嵩天等五位坚守在育人一线的教师党员和王穆荣、张昆等五位奋斗进取的学生党员事迹，打造师生身边的"网红"；征集青年"微心声"，通过"青年微语""你的微笑"等专项活动展现学生党员的良好精神风貌；打造线上"微支部"，在计算机学院微信订阅号上创建"支部风采"版块；开展师生党支部"一体"共建。以上相关做法收到了良好的效果。

2017年，为深入学习宣传贯彻党的十九大精神，教育广大青年向党中央学习，向习近平总书记学习，开展线上活动与线下学习相结合，将"四微一体"升华完善为"五微一体"，以学生们喜闻乐见的"互联网+"模式，结合"党言党语+网络语言"的新形式宣传十九大精神。在工作推进过程中，运用"微心声""微支部""微视频""微故事""微党（团）课"等"五微一体"载体，强化师生党支部、党团支部一体共建，发掘青年学生身边人、身边事，在新时代、新征程、新氛围中，谈体会、讲感想、话奋斗，全面打造"互联网+"学习宣传十九大精神的新模式。

（二）学习宣传贯彻十九大精神"五微一体"的形式与内容

1."微心声"

"微心声"指针对青年学生，建立一个公共开放式平台，由青年学生发声，结合不同时期的主题内容与自身学习工作情况，抒发当代青年的真情实感，并转发至微信平台，形成青年学生积极向上的舆论阵地。

十九大期间，在学生党团支部中组织开展"畅言十九大 我想对党说"青年党团员"微心声"活动。每个支部通过"畅言十九大"活动，推荐3~4名党团员代表，结合十九大报告学习心得、国家发展重大成就与自身成长经历，用青年人喜欢、真情流露的话语方式，聊感受、谈变化、说征程，以"我想对党说"的线上推送方式，发布到学院公众号，表达青年党团员不忘初心、牢记使命、奋发向上的心声。

2."微支部"

"微支部"指党支部、团支部建立自己的微信公众号平台，将开展的学习教育活动、党团日活动、学习心得感悟等进行展示，表现当代青年关注国家社会发展、认真学习党和国家政策等日常学习生活常态，并转发至微信平台，形成积极学习的良好氛围。

学院学生党团支部建立微支部"十九大精神"学习互动宣传平台。平台将党支部学习十九大精神"三会一课"、团支部"学习总书记讲话 做合格共青团员"主题团日活动等线下学习内容，利用"互联网+"模式发布，交流线下学习情况、分享心得体会、展示开展效果。让学习与交流多样化、便捷化，实现了精神传达快、覆盖面广、24小时在线的党（团）建工作交流载体。同时，增加党团员之间的日常交流，提高了学习的及时性和有效性，提升了凝聚力和战斗力。

线上"十九大报告100题"头脑王者活动。学院充分利用网络阵地，将十九大精神宣传寓教于乐，吸引青年群体主动参与到十九大精神学习上来，在潜移默化中达到入脑入心的学习效果。面向各党团支部青年党团员开展线上"十九大报告100题"头脑王者活动，截至目前学生参与累积800余人，达到了让"十九大精神"在每一位学生的手机中"飞一会"的良好效果。

3. "微视频"

"微视频"指录制关于党建教育、思想政治教育内容的视频宣传资料，以身边事、身边人中的典型事、典型人为范例，选树学习榜样。微视频内容应该更加贴近生活，录制时间不宜过长，剪辑中配以文字介绍等内容；或以党政官方媒体发布的视频为内容，转发至微信平台，组织广大青年教师和学生进行自学或集体观看学习。

在学习十九大中，学院从学生党建、团建工作细微处着眼，用好"微"元素，将学习十九大内容化整为"微"，利用"微"学习视频短小精炼的优势，弥补学习时间碎片化的不足。在学院微信公众号设立"凝聚青年心 学习十九大"微视频专题学习版块，内容包括"人民日报社评论部与人民网联合制作《我是评论员》""党章公开课""人民公仆""携手建设更加美好的世界""习近平2018年新年贺词"等内容，力争一个视频解决一个知识点。组织各党团支部青年党团员集体观看或自学观看，使广大青年党团员"一点就能看，一看就明白"，营造"时时是课堂、处处受教育"的良好氛围。

4. "微故事"

"微故事"指结合北京市委教工委、高校、学院开展的读经典活动，带领青年教师、学生一起读经典、讲故事，或结合学校校情校史、学院院情院史发展，讲述学校、学院成长历程，转发至微信平台，形成讲"好故事"的氛围。

学院组织各学生党团支部开展"读《习近平的七年知青岁月》"主题活动。《习近平的七年知青岁月》再现了青年习近平扎根陕北黄土高原，七年来同人民群众同甘共苦、情同手足、血肉相连、鱼水交融的青春面貌。各党团支部以读书会的形式一起朗读主要内容，分享读书感受，并推荐优秀学生代表录制经典章节的朗读版进行线上推送，引导青年党团员树立正确的人生观、价值观，形成话理想、谈奋斗的浓厚氛围，从而进一步树立矢志不渝的理想追求和植根爱国为民的家国情怀。

5. "微党（团）课"

"微党（团）课"指由党课教师、思政辅导员、党支部书记等录制时长较短、内容实用的精品微党课，并配以文字、动画等形式，转发至微信平台，或转发精品党课"微作品"，便于高校师生学习。党建工作可以把讲好"微党课"作为提升学习成效的有力抓手,鼓励普通党员轮流上台,在微信群和朋友圈"晾晒"转发,从而更好地感染、带动党员学理论、提素质的积极性和主动性。

开展"微党(团)课"。学院组织 26 个学生党支部书记与 49 个学生团支部书记开展以"十九大精神"为主题的讲党课和主题团课活动,让青年党团员围绕中心、聚焦主题、讲一堂小党(团)课,形成了一套"青年生活与党(团)建学习有机融合、组织生活常态化生动化"的工作机制,并在学生党支部中逐步开展各党小组轮流组织,普通党员主讲,全体党员当听众、参与讨论的形式,进一步使大家乐于参与,保持了党(团)学习教育长流水、不断线、经常化。

设立"微党课"专题学习版块。学院利用北京长城网、党员 E 先锋等网站学习资料,在学院微信公众号设立"微党课"专题学习版块,组织各党团支部、党小组集体学习。内容以十九大《中国共产党章程(修正案)》为重点,以中共北京市委组织部与平谷区委组织部联合制作的系列短片《手绘党章》为内容,以手绘动画的漫说形式让青年党团员在轻松愉快的氛围中,分分钟将《党章》学习。

6. 党团结合,实现师生党员、学生党团员学习教育"一体共建"

北京理工大学计算机学院师生党支部、学生党团支部结合学习十九大精神,共同开展"学十九大精神 读七年知青岁月"主题教育活动。良乡校区本科一年级与二年级以团支部为活动主体,中关村校区教师、本科三年级与四年级、全体研究生以党支部为活动主体,做到切合实际工作,符合师生需求,全面覆盖一体,求真务实、真抓实干地开展党建与共青团工作。

三、"互联网+"时代改进高校党建工作的对策

信息技术的迅速发展使新媒体、自媒体兴起,给广大师生党员的工作、学习和生活方式带来了急剧变化。网络不仅成为师生获取知识和信息的新途径和新方法,而且不断改变着他们的传统思维习惯和思想价值观念。网络已经成为高校党建工作的重要形式和重要阵地。因此,适应网络时代要求,积极推进"互联网+党建"是新形势下开展高校党建工作的必然选择。

要做好"互联网+党建",使党建工作接地气、入人心,必须结合时代特点贴近师生思想实际开展工作,必须围绕师生、服务师生,把解决思想问题同解决实际问题结合起来,充分运用新媒体手段关心人、帮助人、教育人、引导人。开展生动活泼、形式多样的"互联网+党建",着力建设深受大学生喜爱的网络阵地。

(一)加强"互联网+党建"思维,创新高校党建路径

"互联网+"思维主张"创新""开放""参与""连接""共享""互动""融合",其核心是以人为本、连接一切和资源整合。高校党建工作应加强"互联网+"思维,树立起"以人为本""服务为王"的工作理念。2016年4月19日,习近平总书记在主持召开网络安全和信息化工作座谈会时指出,"很多网民称自己为'草根',那网络就是现在的一个'草野'""网民来自老百姓,老百姓上了网,民意也就上了网"。高校党建工作更应该"通过网络走好群众路线",了解民意,开展学习教育工作。运用新思维,以信息时代党员需求为导向,正确分析、深入研究"互联网+党建"的传播特点,准确把握党建新媒体工作的规律性,努力实现新形势下高校党建工作的新发展。

(二)优化"互联网+党建"队伍,综合运用各类技术

优化"互联网+"环境下的网络党建及思想政治教育队伍人员结构、着力提升党建工作者运用网络技术的能力。"互联网+手机"对工作队伍要求更高,应结合工作实际,建立一支由基层党委、团委、党校、组织部门等为主体的党建与网络思想政治队伍,配备具有新闻传播学、计算机技术、思想政治教育、法学、语言文学等背景的专家和工作人员,朝着队伍的结构化、专业化和职业化发展,把握基层党员微信使用发展趋势,引领党建与网络思想政治的前进方向。

同时,加大对党建工作者的网络信息技术培训,提高其利用信息化技术的能力,优化知识结构,实现传统党建学习知识与现代信息技术的融合,为创新基层党建工作提供智力支持。

（三）重塑"互联网+党建"风格，转变网络话语体系

传统的党建学习宣传内容和形式一直给人的印象是严肃沉闷的，精彩生动不足，带有较重的宣讲色彩。新媒体时代的受众日常接触新闻信息的方式发生了很大改变，其信息量大、文字更贴合潮流、更易于接受，广大党员可以根据自己的喜好有选择性地阅读。所以，党建工作者在利用微信平台向师生党员宣讲学习教育内容时，分析形势、解释疑惑时，应该首先要紧密结合社会热点，用大量鲜活、贴近师生党员、富有生命力的实例去引导党员读者，力求让党建宣传动起来、活起来、更接地气。

其次，要及时掌握新的话语方式，避免模式化、概念化、套路化的说教方式，要善于用网络的语言和视角进行平等交流，用广大师生乐于接受的话语体系，让广大师生想了解、愿接受，从而增强党员学习教育的创造力、感召力和公信力，在潜移默化中做好党建工作。

四、结论

习近平总书记曾在全国组织部长会议上指出，"各级党委要做到网络发展到哪里党的工作就覆盖到哪里，充分运用信息技术改进党员教育管理、提高群众工作水平，加强网络舆论的正面引导"。

高校党建工作在加强"互联网+党建"思维、优化队伍建设、转变话语体系的基础上，更应该大胆创新探索、谨慎开展工作。各个高校在新时期、新形势、新要求下，应及时有效利用新媒体运营理念创新党建育人工作模式，掌握意识形态工作的领导权、主动权、话语权，全面促进高校党建工作因事而化、因时而进、因势而新，增强高校党建科学化、时代化水平。

参考文献

[1] 习近平．全国高校思想政治工作会议讲话［R］．北京，2016．

[2] 普通高等学校学生党建工作标准［S］．北京：中共教育部党组，2017．

[3] 中国互联网络发展状况统计报告［R］．北京：中国互联网信息中心，2018．

[4] 2017微信数据报告［R］．腾讯网站，2017．

[5] 什么叫交互性[EB/OL]. https：//zhidao. baidu. com/question/158539503. html，2017.

[6] 习近平. 网络安全和信息化工作座谈会[R]. 北京，2016.

[7] 习近平. 中国共产党第十九次全国代表大会报告[R]. 北京，2017.

[8] 朱友红，刘晞平. 新媒体成为高校党建"新武器"[J]. 人民论坛，2016（11）：90-91.

"两学一做"党建专题

"两学一做"学习教育实践育人长效机制研究

课题负责人：高伟涛

基层党支部建设和党员教育管理既是一项重要的基础性工作，也是一项系统工程，开展基层党支部建设和党员教育管理工作的调研对于准确把握当前高校基层党组织建设现状，增强基层党组织工作的针对性和实效性，切实提高基层党支部建设水平和党员教育管理质量，有着十分重要的现实意义。为此，北京理工大学数学与统计学院党委就基层党支部建设和党员教育管理问题进行了专题调研。

一、调研的对象、内容及方法

课题组于 2017 年 9 月至 2018 年 2 月对北京理工大学数学与统计学院进行了一次基层党支部建设和党员教育管理的调研，调查对象包括学院教工党员、学生党员、积极分子及部分群众。调研内容涉及基层党支部建设状况、基层党组织在服务机制和服务内容建设方面的情况、党员教育及党员管理等方面。调查主要通过微信开展调查问卷，共有 254 人参与调查，本科生 124 人，研究生 77 人，教师 53 人；党员 137 人，团员 112 人，群众 5 人。同时，还赴其他高校（延安大学数学与信息科学学院）走访座谈，与校内部分师生党员进行约谈，共计 30 余人次。整理调查内容后，形成以下报告。

二、对基层党支部建设及党员教育管理的整体评价

从调查结果来看，北京理工大学数学与统计学院党委基层党组织建设的

现状整体是被认可的。

1. 党支部能够充分发挥堡垒作用

问题5和问题7的调查结果显示，85%的被调查者认为党支部能够在推进发展、服务师生、凝聚人心、促进和谐等方面发挥重要的堡垒作用。34%的被调查者认为党支部在思想引领方面的作用比较突出，34%的被调查者认为党支部在确保中心工作方面比较突出，18%的被调查者和10%的被调查者认为党支部分别在凝心聚力方面和带队伍保稳定方面作用比较突出。问题34的调查结果显示，94%的被调查者对身边党支部的工作满意，说明基层党支部建设赢得了绝大多数党员群众的信赖和支持。具体见图1至图3。

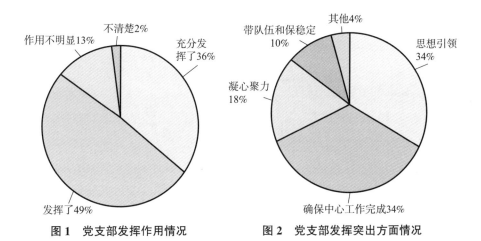

图1 党支部发挥作用情况　　图2 党支部发挥突出方面情况

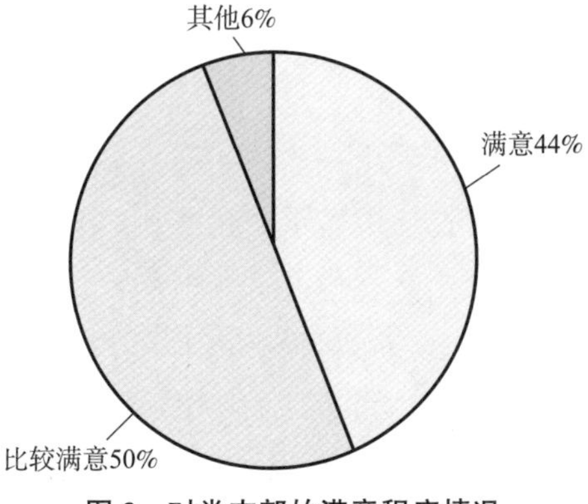

图3 对党支部的满意程度情况

2. 党员的先锋模范作用比较突出

问题6的调查结果显示，90%的被调查者认为党员发挥了先锋模范作用。在调查党员入党前后表现的问题上，有74.41%的被调查者认为身边党员入党前后模范作用发挥一致，模范作用好，说明党员在入党后仍能时刻严格要求自己，具有责任感和使命感，坚持发挥模范带头作用。具体见图4和图5。

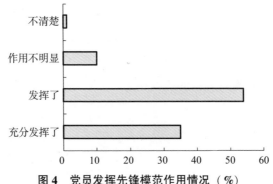

图4 党员发挥先锋模范作用情况（%）

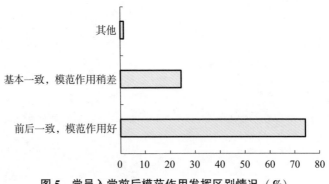

图5 党员入党前后模范作用发挥区别情况（%）

3. 党员具备较强责任意识和服务意识

问题21和问题22的调查结果显示，在推进党员志愿服务过程中，党员能够积极联系群众，服务师生。在过去一年时间里，75%的党员参与服务次数为1~5次，11.5%的党员参与服务次数为6~10次，2%的党员参与服务次数为10次以上。在过去一年时间里，42%的党员服务时长1~10个小时，40.3%的党员服务时长10~20个小时，13.7%的党员服务时长20~40个小时，3.6%的党员服务时长40个小时以上。具体见图6和图7。

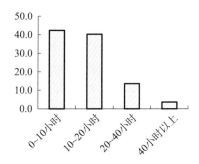
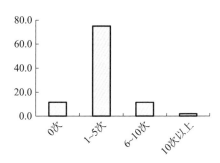

图6 过去一年党员服务时长情况（%）　　图7 过去一年党员服务次数情况（%）

三、存在的问题及原因分析

调查结果显示，基层党支部建设和党员教育管理方面还存在一些亟待解决的问题。

1. 党支部组织生活效果不显著

调查结果显示（表1），有37.40%的被调查者认为当前党支部建设最突出的问题是"开展工作的主动性和创造性不足，党建工作责任制落实不到位"。同样，在问题16的调查中，有52.48%的被调查者认为目前党支部存在的问题是"内容单调、缺乏创新、枯燥乏味"，有35.46%的人认为是"一味追求形式，敷衍了事"。问题15的调查中，有40.85%的被调查者认为当前党支部工作最需要加强的是"创新党建工作内容、形式、载体"。问题27中，55%的被调查者认为"创新方式方法"是提高"三会一课"质量最有效的途径。这些数据说明，党支部建设上存在活动模式单一的问题。

表1 党支部建设工作最突出问题情况

选项	百分比/%
党支部设置不合理	5.91
学院不重视	3.94
党建工作经费保障不到位	21.65
党支部不能有效参加重大问题决策	15.35
党务工作人员队伍素质不高，能力不强	5.51
开展工作的主动性和创造性不足，党建工作责任制落实不到位	37.40
其他	10.24

究其原因，有的党支部中党员因学习、工作活动内容繁多，时间紧张，党建活动开展的次数较少，内容往往也仅传承以往的一些经验做法。支部班子工作不力，有些教工党支部组织生活单一，内容贫乏，存在以行政工作挤占组织生活的现象。学生党支部在创新开展支部活动，结合专业特色、学生特点方面思考得不够，无法适应时代发展和青年学生党员的实际要求。同时，由于投入资源不足、学生关注度不够等原因，导致很多党员参与活动的热情不高，甚至认为参加工作或活动的意义不大，认为党支部活动是在"走形式"。这些因素导致党支部建设及思想教育工作停留在一般层面上，有针对性的、因人而异的个别教育少，造成思想教育不够深入，客观上也影响了党组织的威信。

2. 党员教育管理上问题突出

在思想作风建设上力度不够。调查结果显示，"价值观念趋向多元"成为党员思想作风建设中最突出的问题，百分比高达50.39%，另外，"理想信念不强""党性观念淡化"等问题也十分突出（图8）。

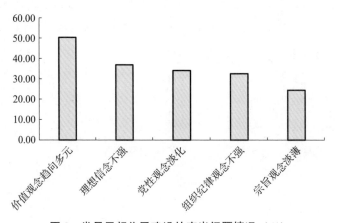

图8 党员思想作风建设的突出问题情况（%）

究其原因，在改革不断深入的过程中，人们的思想观念出现多样化，价值观呈现多元化，精神物质需求日益增长且复杂多样，商品经济等价交换原则也逐渐渗透到高校党员的思想领域，一些党员强调自我价值、自我发展，享乐主义、个人主义在一定范围内滋生蔓延。

在党员教育方面，问题13调查结果（表2）显示，35.42%的被调查者认为"党员教育形式单一"在党员教育方面问题最突出，其次，25%的被调查者认为"理论学习与实践教育欠统一。"

表2 党员教育突出问题情况

选项	百分比/%
党员教育缺少宏观规划	16.67
入党前后教育培养不平衡	7.63
党员教育形式单一	35.42
理论学习与实践教育欠统一	25.00
党员自我教育能力低	15.28

在党员管理方面，问题18和问题35调查结果显示以下几方面问题严重，一是党员宗旨观念和身份意识弱；二是重发展，轻教育；三是管理松散，没有形成制度化和规范化建设，缺少评价和考察机制。

3. 党员综合考核评价体系不完善

在党员教育管理制度的问题（表3）上，39.13%的被调查者认为完善的综合考核评价体系非常有必要，同时39.86%的被调查者认为需要建立党员监督机制；另外，有34.06%的被调查者认为需要建立党员的准入制度和责任追究制度，26.06%的被调查者认为要建立落后党员延迟淘汰制度。

表3 党员教育管理制度需要完善的方面情况

选项	百分比/%
党员的准入制度和责任追究制度	34.06
落后党员延迟淘汰制度	26.06
完善的综合考核评价体系	39.13
党员监督机制（党内监督和党外监督；上下互相监督、基层党委意见箱等反馈监督平台）	39.86

在考核制度方面，问题14和问题37调查结果显示以下几个方面问题严重，一是理论学习不到位；二是不够科学、不明确；三是难落实，难坚持。

究其原因，在考核过程中评价指标和考核措施并不具体明确，导致在对大学生党员进行评价时更多地依靠大学生党员的表面行为、个人喜好、关系亲疏，严重影响大学生党员的健康培养。另外，理论学习枯燥，形式单一，不能引起党员的兴趣，导致党员的理论学习远远低于实践教育，不科学；在考核过程中未建立起规范的监督和退出制度，学生党员的考核、转正流程程式化，对表现差的"问题党员"的问题采取"睁只眼、闭只眼"的态度，没有真正落实取消预备党员资格、预备党员延期转正等制度。

四、对策

1. 创新工作方法，提升基层党支部活力

在深化高等教育体制改革的新形势下，高校基层党支部建设面临着大量的新情况新问题，过去的一些做法已经不适应形势任务的要求，必须不断加以改进。工作中，既要发挥过去行之有效的好做法、好传统，又要大胆试验，勇于创新，要继承和发扬我党思想政治工作的优良传统，总结改革开放以来高校基层党支部建设的成功经验，加强对新情况、新问题的研究，进一步提高工作的针对性和实效性，不断探索加强和改进高校基层党支部建设的新路子。第一，规范党支部要求，加强高校党支部的班子建设。高校党支部要制订切实可行的工作计划，建立有效的工作制度，在工作安排上坚持全局性；在制度建设中注意规范性；在党支部的活动形式上坚持灵活性。支部书记应由党性强、政治和业务素质好、作风正、工作负责、联系群众、具有奉献精神的党员担任。还要认真开展对党支部书记的培训，提高工作水平，按照党支部工作条例来做好工作。第二，丰富组织生活内容，活跃支部活动内容，如到校外开展公益活动、社会实践、科研调查，组织勤工助学，参观革命老区、博物馆等，举办观影、辩论赛、读书会、文体比赛等文化活动。

2. 加强党员教育管理

一是加强思想作风建设、理论学习，使学习方式多元化。定期开展自学、集体学习和讨论、听辅导报告或专题讲座、参观学习等教育方式；二是将理论学习和实践教育相统一，强化党员宗旨观念和身份意识，继续推进志愿服务，将志愿服务的内容与师生进行良好的结合，设立"志愿先锋"岗位，实现个体党员价值最大化，同时结合专业知识，开展具有专业特色的志愿服务项目，将志愿服务的内容和师生进行良好的结合，并通过学院新媒体进行宣传；三是利用网络开展工作，充分发挥新媒体作用，抢占新媒体网络阵地，利用网络平台开展理论学习，同时利用微信、QQ等新媒体进行日常信息发

布，党建党务公开、政治学习讨论、师生党员交流。

3. 完善综合考核评价体系

制定完善的行之有效的综合考核评价体系，可以为党员指明努力的方向和目标，为党员的教育培养提出全方位的要求，促进党员良好形象的塑造，保证高素质人才的全面发展，极大地增强党支部的凝聚力和战斗力，发挥党组织的政治优势和组织优势。

党员的综合考核评价体系的内容应包括政治思想、组织观念、先锋作用、廉洁自律、突出贡献等几类重要项目，其中每个项目又细分为具体的考评指标和考评内容，并对每项内容赋予一定的分值。在考评的过程中，针对考评指标体系各项具体指标和内容，党支部可采用群众调查、党员自评、党内互评、查阅支部相关记录等方法，对整个考评指标体系以赋分量化的形式进行操作，对每位党员进行量化打分，并按分值的结果进行评议，其结果作为党员民主评议、评选优秀党员的直接依据。

加强党支部组织生活政治性、原则性实现途径和长效机制研究

课题负责人：刘晓俏

引 言

党的十八届六中全会聚焦于全面从严治党的主题，继十八大报告部署全面建成小康社会、十八届三中全会部署全面深化改革、十八届四中全会部署全面依法治国之后，现在完成了对全面从严治党的新部署。六中全会的重要任务是修订出台了《关于新形势下党内政治生活的若干准则》。从六中全会通过的公报看，加强和规范党内政治生活有14个要点，其中，明确规定党内政治生活的总方针。公报指出，必须以党章为根本遵循，坚持党的政治路线、思想路线、组织路线、群众路线，着力增强党内政治生活的政治性、时代性、原则性、战斗性，着力增强党自我净化、自我完善、自我革新、自我提高能力，着力提高党的领导水平和执政水平、增强拒腐防变和抵御风险能力，着力维护党中央权威，保证党的团结统一，保持党的先进性和纯洁性。之所以提出这个总要求，是因为只有通过这个总方针，才能达到在全党形成既有集中又有民主，既有纪律又有自由，既有统一意志又有个人心情舒畅的生动活泼的政治局面。公报指出，党的组织生活是党内政治生活的重要内容和载体，是党组织对党员进行教育管理监督的重要形式。为此，必须要坚持党的组织生活各项制度，创新方式方法，增强党的组织生活活力。增强党内生活的原则性、战斗性，是贯彻落实党的十八届六中全会精神，以改革创新精神加强各级党组织建设的重要途径和保证。

一、研究意义

严肃认真的党内政治生活是我们党坚持党的性质和宗旨、保持党的先进

性和纯洁性的重要法宝,是解决党内矛盾和问题的"金钥匙",是广大党员、干部锻炼党性的"大熔炉",是纯洁党风的"净化器"。严肃认真的党内政治生活既是加强党的建设的重要内容,又是全面从严治党的基础。习近平在庆祝中国共产党成立95周年大会上的讲话指出,"严肃党内政治生活是全面从严治党的基础。党要管党,首先要从党内政治生活管起,从严治党,首先要从党内政治生活严起。"这是我们党对管党治党规律的科学总结,从中足以看出严肃认真的党内政治生活在从严管党治党中的重要地位,而严肃认真的党内政治生活又可以增强党内政治生活的政治性、时代性、原则性、战斗性。只有增强"四性",才能发挥教育管理党员、提高党员党性修养的作用,才能使我们党不断实现自我净化、自我完善、自我革新、自我提高的能力,才能不断增强党组织的创造力、凝聚力和战斗力。

二、组织生活的内容

党章规定:"每个党员,不论职务高低,都必须编入党的一个支部、小组或其他特定组织,参加党的组织生活,接受党内外群众的监督。""不允许有任何不参加党的组织生活、不接受党内外群众监督的特殊党员。"严格遵守这一规定,使每一个党员都参加党的一个组织的生活,是加强对党员的教育、管理、监督和服务,促进党员发挥先锋模范作用的一项组织保证,也是加强党的建设的一项重要内容。

《关于新形势下党内政治生活的若干准则》指出,党的组织生活是党内政治生活的重要内容和载体,是党组织对党员进行教育管理监督的重要形式。组织生活是党的生活的一部分,任何党员都不能游离于党的组织之外,更不能凌驾于党的组织之上。每个党员无论职务高低,都要参加党的组织生活。党组织要严格执行组织生活制度,确保党的组织生活经常、认真、严肃。

党支部的组织生活大概包含以下几个方面:进行党员教育,学习党的基本理论,发扬党内民主,开展批评和自我批评,发展党员,处理违纪党员和不合格党员,学习业务知识,开展公益活动。从党的组织生活内容来看,必须要讲政治性、思想性、原则性和针对性。

三、组织生活制度

党的组织生活制度主要包括"三会一课"制度、民主生活会和组织生活会制度、谈心谈话制度、民主评议党员制度和请示报告制度等。

四、组织生活形式

组织生活的形式应力求灵活多样、生动活泼、富有实效。一次成功的组织生活必须是内容和形式的统一。由于组织生活内容随着时代不断变化,其形式也应该不断地改变和创新,使党的组织生活从传统形式逐渐向多样化、现代化发展。党支部必须适应这个变化趋势,在继承发扬优良传统的同时,不断开拓组织生活的新形式。特别是要注意各种形式的交叉使用和组合使用,使形式更富有时代气息,更好地为内容服务。

(1) 理论灌输式:主要开展学习、传达、党课、讲座、讨论等。

(2) 思想汇报式:主要是了解党员思想和工作的一种形式。

(3) 民主生活会:是组织生活的一项制度,也是组织生活的一种形式,通过民主生活,党员相互之间开诚布公地开展批评和自我批评,坚持真理,修正错误,达到团结一致的目的。

(4) 交流讨论式:通过交流、讨论的方式,增强集体凝聚力,形成思想共识,形成统一思想。

(5) 社会实践式:通过实习实践等方式,切身感受和体会,进而提高思想认识。

坚持党的组织生活的政治性、原则性,是工人阶级政党的特有风格,是提高和保证组织生活质量、切实解决党内问题的关键。只有坚持组织生活的政治性、原则性,才能使党组织保持正确的政治方向、统一的意志、一致的行动,才能使党组织真正具有凝聚力和战斗力。因此,每个共产党员必须认真对待。

党的组织生活必须讲政治。所谓讲政治,就是要求每个共产党员必须用政治头脑看待党的组织生活,以高度的政治责任感参加党的组织生活。党的组织是有着鲜明党性和阶级性的政治组织,它的存在和活动是始终围绕一定的政治目的进行的。所以,党的组织生活要紧紧围绕党的基本路线和中心工作，围绕党的自身建设，围绕基层党组织的作用来进行。

党的组织生活必须讲原则。所谓讲原则，就是要求党组织和党员在处理党内外各种关系、解决党内的各种矛盾、讨论与党的建设和工作有关的重要问题时，坚持党性立场，坚持真理，坚持实事求是。具体来说，就是要从党和人民的根本利益出发想问题，办事情；在原则问题和大是大非面前，不含糊，不苟同，立场坚定，旗帜鲜明。

严肃党内政治生活，必须按照党章要求和习近平总书记系列重要讲话精神，下大气力解决好影响严格党内政治生活的各种问题，不断提高党内政治生活的政治性、时代性、原则性、战斗性。第一，着力强化党的意识，增强党内政治生活的政治性。严肃党内政治生活是我们党坚持党的性质和宗旨的重要法宝，是坚持党的政治路线、思想路线、组织路线、群众路线教育的有力抓手，是我们党实现自我净化、自我完善、自我革新、自我提高的重要途径。抓住了严格党内政治生活，我们党就能更好地凝心聚魂、强身健体。从严治党，最根本的就是要使全党各级组织和全体党员、干部都按照党内政治生活准则和党的各项规定办事。党员、干部要通过参加党内政治生活不断增强党的意识、党员意识，认真贯彻执行党章，主动自觉地接受教育，在党的生活中加强党性锻炼，提高政治觉悟。第二，始终坚持与时俱进增强党内政治生活的时代性。中国特色社会主义事业就是创新的事业，领导创新事业的党一定要坚持与时俱进，这样才能永葆先进性、纯洁性，始终成为中国特色社会主义事业的领导核心，始终走在时代的前列，带领人民群众朝着中华民族伟大复兴的中国梦奋勇前进。因此，党内政治生活既要继承又要创新。要继承和坚持党内政治生活的优良传统和成功做法，同时要立足新的实际，不断进行改进创新，善于以新的经验指导新的实践，更好地发挥党内政治生活的功能作用。第三，认真执行民主集中制，增强党内政治生活的原则性。民主集中制是我们党的根本组织制度和领导制度，也是党内政治生活的重要制度保证。严肃党内政治生活，最根本的是认真执行党的民主集中制。要学习民主集中制的原则，熟悉民主集中制的方法，遵守民主集中制的规则，严格按民主集中制办事。要加强以民主集中制为核心的制度建设。党的代表大会制度、党的委员会制度、党的组织生活制度、党内选举制度、党的集体领导制度、党内监督制度、选拔和任用干部制度等，要认真执行并结合实际不断发展完善。要坚持集体领导和个人分工负责相结合的党委领导制度，按照集体领导、民主集中、个别酝酿、会议决定的原则，健全党委议事规则和决策机制，提高领导班子的科学决策、民主决策、依法决策水平。个人服从组织、少数服从多数、下级服从上级、全党服从中央，这"四个服从"是我们党最重要、最基本的纪律，必须严格遵守、自觉执行，特别是自觉维护党中央权威，同以习近平同志为核心的党中央在思想上、政治上、行动上保持高度一致。第四，要用好批评和自我批评武器，增强党内政治生活的战斗性。批评和自我批评是我们党区别于其他政党的显著标志之一，是开展积极的思想斗争的有效方法，是解决党内矛盾和保持党的肌体健康的有力武器。党内政治生活质量在相当程度上取决于批评和自我批评这个武器用得怎么样。因此，要提高党员干部对开展批评和自我批评的认识，在思想上增强进行自我批评、开展相互批评的自觉性、主动性，在党内政治生活中大胆使用、经常使用、用够用好这一武器，使之成为一种习惯、一种自觉、一种责任。批评和自我批评要敢于揭短亮丑、真刀真枪、见筋见骨。建立党内谈话提醒制度，扯袖子、咬耳朵、红红脸、出出汗要成为常态。努力创造同志间开展批评和自我批评的良好氛围，做到严格要求、经常反省自己、从善如流开展批评，对同志坦诚相待，把关心关爱融于批评之中。这样就不会出现今天还是"好党员""好干部"明天就是阶下囚的"突变"。主要领导要敢抓敢管，出于公心，勇于揭露和纠正缺点错误，带头反对和克服好人主义。

五、案例分析

案例1：

要进一步丰富党课内容和形式，使党课更加贴近党员的理论学习需求。朝阳区常营地区丽景园社区党支部开展了"我是党课小教员"活动，切实解决讲座式大型党课形式单一、内容脱离实际、针对性不强、冗长、枯燥乏味等问题，扭转自上而下单项灌输、党员被动接受、参与热情减弱的局面。丽景园社区党支部自2016年3月开始，开展"我是党课小教员"微型党课活动，旨在让更多普通党员从"听众"到"主讲"，通过他们长话短说、小中见大、情理交融的讲述，寓党的路线方针政策、时代主旋律于身边人和身边事之中，使社区党员听得懂、喜欢听、坐得住、记得牢，真正从中受到教育。经过两年的实践，收效良好。从听到讲，提高了党员的素质，坚定了党员的理想信念。党员们畅谈学习体会、表达心中观点，成了党课的"主角"，还在策划准备党课过程中有效激发了他们的学习动力，促进了党员素质的提高，坚定了党员的理想信念。另外，与传统党课相比较，微型党课从讲课内容、主讲人到讲课方式等都有了较大改变，与党员拉近了距离。党员从自我学习、自我教育入手，不论职务高低、不限资历深浅，只要有思想、有见解、有体会，甚至有建议，就可以担任主讲，普通党员从"听众"到"主讲"，角色发生了根本性变化，激发了参与热情。他们积极宣讲身边人、身边事，以小见大，以真实、真情打动人。虽然叫微党课，效果并不"微"，党员在讲党课过程中，运用小的事例和实践来阐述、宣讲大的道理，给人以启迪、启发，在党员中产生了强烈的思想共鸣，使更多的党员走出家门，参与到社区党建等各项活动中去。

案例2：

①做好纪念日等关键日期的活动。清华大学机关党委开展了"牢记入党那一天"活动，通过感染力触动灵魂的教育形式，提升党员意识，争做合格党员。作为一名党员，入党那一天和面向党旗庄严宣誓的那一刻是永生难忘的。把"那一刻"和"那一天"作为学习教育的切入点和载体凸现出来，通过集体过政治生日活动，教育引导党员回顾入党初心、重温入党誓词，进一步增强党员身份意识、宗旨意识，激励广大机关党员积极发挥作用，促进学校改革发展。②形成了发放"政治生日"贺卡、开展主题党日等活动，坚定了不忘初心的信念，让广大老党员重拾了入党初心，并为年轻的同志们树立了标杆。老党员纷纷表示，政治生日贺卡这份礼物弥足珍贵，一定要一言一行都对得起"共产党员"这个光荣的称号。他们用自己的亲身经历说明，这个世界上真有一种信仰，可以跨越时代的变迁却历久弥坚。③充实了勇于担当的精神。党的宗旨是全心全意为人民服务，而服务的关键在于责任的落实，各支部的党员体会到，机关各部门的岗位尽管不尽相同，但担当精神却是一致的，只有肯于担当，才能服务好广大师生。④凝聚了干事创业的合力。自觉提升党员意识，立足本职岗位、服务中心工作，为推动学校各项事业的发

展凝聚起强大力量。

案例3：

北京理工大学生命学院党委组织全体师生党员开展"点赞十九大，我来读报告"活动，广大师生党员踊跃参与诵读、提交作品。学院党委将师生优秀作品进行剪辑并在学院新媒体平台进行广泛转发，通过用饱含深情、铿锵有力的声音诵读十九大报告的形式，来学习和宣传十九大内容与精神。

优秀党员文化传承专题

高校发挥老党员思想引领示范作用的研究

课题负责人：蔡婷婷

为落实全国高校思想政治工作会议精神，深刻挖掘高等学校红色教育资源，组织引导广大高校老党员积极发挥思想引领示范作用，在高校的人才培养和立德树人中做到"四个坚持不懈"，为党的事业和国家高等教育事业的发展增添正能量，课题组对高校发挥老党员思想引领示范作用展开了系统深入研究。离退休老干部及其作用的发挥是我党的一大特色，课题组整理梳理了我党关于老干部发挥作用的经典论述，以及作为发挥老党员思想引领示范作用的组织平台——关心下一代工作委员会（以下简称"关工委"）的成立情况和工作开展情况。查阅相关文献资料，研究老党员发挥思想引领示范作用的运作模式和方式方法，并通过考察座谈、电话和邮件联系沟通等多种形式对部分高校（北京科技大学、北京邮电大学、北京林业大学、哈尔滨工业大学、南京理工大学、南京航空航天大学）关工委发挥老党员作用情况进行了调研，总结归纳高校关工委发挥老党员思想引领示范作用的特色经验做法。课题组还以北京理工大学例，基于老党员全体信息库和"发挥老党员作用为党的事业增添正能量"的调查问卷，对老党员的自身情况、队伍规模、结构状况、发挥作用的意愿情况、发挥作用的现状、发挥作用的平台等方面进行了分析。基于调查研究，结合学校具体实际，深刻挖掘北理工红色资源，以"延安根、军工魂"为精神内核，设计特色项目，加强关工委组织建设，就如何发挥老党员思想引领示范作用提供北理工方案，贡献北理工做法。

一、课题研究的目的及意义

1. 高校发挥老党员思想引领示范作用是落实全国高校思想政治会议精神的重要举措和有效途径

全国高校思想政治工作会议上习近平总书记提出的一系列新思想、新论断、新要求是今后一个时期高校开展思想政治工作的思想基础、理论依据和基本遵循。高校思想政治工作关系高校培养什么样的人、如何培养人以及为谁培养人这个根本问题。高校是党领导下的高校，是中国特色社会主义高校，必须遵循为人民服务，为中国共产党治国理政服务，为巩固和发展中国特色社会主义制度服务，为改革开放和社会主义现代化建设服务。要把思想政治工作贯穿教育教学全过程，实现全过程育人、全方位育人，培养德智体美劳全面发展的社会主义事业合格建设者和可靠接班人。高校要坚持不懈传播马克思主义，坚持不懈培育和弘扬社会主义核心价值观，坚持不懈促进高校和谐稳定，坚持不懈培育优良校风和学风。在全国高校思想政治工作会议精神指导下，应充分调动学校一切积极力量和因素，实现思想政治工作全员育人。从这一意义上来看，应重视高校老党员、老干部这一重要的政治资源。通过尊重高校老党员、老干部，尊重党的光荣历史；通过爱护高校老党员、老干部，爱护党的宝贵财富；通过学习高校老党员、老干部，学习党的优良传统和作风。注重发挥离退休老党员、老干部的思想引领示范作用，组织引导他们争做"思想先锋""模范长辈"和"时代老人"，向全校师生讲好中国故事和学校历史，弘扬中国精神和学校文化，向世界传播中国和学校好声音，切实发挥好老党员、老干部在高校人才培养和立德树人中的积极作用。

2. 高校老党员具有思想引领示范作用发挥的独特优势

在中国特色社会主义高校思想政治育人过程中，高校老党员受党和国家教育培养多年，对党和国家怀有深厚感情，爱国护党，忧国思党，在思想引领方面具有独特的政治优势、经验优势和威望优势，是高校大学生思想政治教育的宝贵财富。第一，他们具有政治优势。他们亲历和见证了党和国家的发展历程，承袭了中华优秀传统文化和党的优良传统，红色基因烙印在他们的灵魂深处，在长期革命生涯和教育工作中铸就了坚定的理想信念和正派的工作作风。他们长期受党的教育，经历过各种风险考验，党性原则强，政治立场坚定，政策理论高深。第二，他们具有经验优势。他们人生阅历和工作经验丰富，群众基础深厚，社会影响广泛。这一群体人才荟萃，在他们当中，有的曾经担任过学校各级党委和行政领导职务，有的曾是某个领域或某个学科具有渊博专业知识和高深学术水平的大师学者。第三，他们具有威望优势。他们有的在学校领导岗位工作多年，是学校的历史功臣，在广大师生中有着较高的威望。他们德高望重，受人尊敬，辨别是非能力强，具有很强的说服力和感召力，在关键时候能够稳定人心、保持定力。高校应充分利用这一宝贵资源，充分发挥高校老党员独特优势的思想引领价值，引导示范广大青年师生更好地培育和践行社会主义核心价值观。

3. 发挥老党员思想引领示范作用是高校关工委的职责所在

高校关工委的主要任务就是团结、组织、引导广大离退休老同志，全面贯彻党的教育方针，围绕立德树人的根本任务，全面关心青年师生的健康发展，助力青年师生成长成才，为培养德智体美劳全面发展的中国特色社会主义事业合格建设者和可靠接班人服务。关工委在学校党委领导下，以特色项目或主题活动为依托，发挥老同志的政治优势，当好"播种机"；发挥老同志的经验优势，当好"二传手"；发挥老同志的威望优势，当好"压舱石"。配合学校和有关部门，向广大青年师生进行红色教育，传承红色基因，培育红色精神，引导青年师生树立和践行社会主义核心价值观，坚定建设中国特色社会主义的信心，切实增强中国特色社会主义理论自信、道路自信、制度自信、文化自信。高校利用关工委的组织优势，把离退休老党员组织起来引导青年师生，是高校思想政治教育工作的一个创新。高校要深刻领悟关工委在做好青年师生思想政治教育工作中的重要意义，准确把握思想政治教育的主要内容，调动关工委组织积极性，切实履行关工委工作职责，在高校思想政治教育的各个方面充分发挥高校老党员的思想引领示范作用。

二、发挥老党员思想引领示范作用的时代背景

1. 中国特色离退休工作的发展历程

讨论如何发挥老党员、老干部的作用，离不开中国特色离退休工作的时代背景。妥善解决好老干部工作的思想最早是毛泽东主席在20世纪五六十年代提出的。1978年12月29日，《中共中央组织部关于加强老干部工作的几点

意见》组通字［1978］40号文件，重点提出了：老干部是宝贵财富、骨干力量，老干部工作是党的干部工作的重要组成部分。1982年2月20日，《中共中央关于建立老干部退休制度的决定》指出：老干部离退休制度是保障党和国家政治生活正常进行和健全发展的极其重要的制度，是关系我党兴旺发达、国家长治久安的重大决策。这标志着国家的离退休工作政策完全确立。1990年9月30日，《中共中央关于进一步加强老干部工作的通知》出台，文件重点指出：要有组织、有领导地发挥老干部作用，加强老干部的思想政治工作，建立党支部，健全组织生活制度。之后，中组发［2006］10号文《关于进一步加强和改进离退休干部党支部建设的工作意见》、中组发［2008］10号文《关于进一步加强新形势下离退休干部工作的意见》同时提到：加强思想建设，发挥作用。2014年11月，中组部召开全国离退休干部"双先"表彰会，习近平总书记亲切接见与会代表，并发表了饱含深情的讲话。2016年，中办、国办联合印发《关于进一步加强和改进离退休干部的意见》（以下简称《意见》），《意见》以中央精神特别是习近平总书记系列重要指示为指引，充分体现全国离退休干部"双先"表彰会议精神，对离退休干部工作做出全面部署，强调要遵循"四个更加注重"的原则，即更加注重加强教育引导，更加注重发挥离退休干部的独特优势，更加注重做好服务保障，更加注重加强对离退休干部工作的领导；指出离退休干部工作最大的特色是把为党和人民的事业增添正能量作为价值取向，要发挥离退休干部的政治优势、经验优势、威望优势，充分凝聚和释放正能量，在协调推进"四个全面"战略布局中做出新贡献。

2. 关工委组织建设历史沿革

中国关工委的酝酿工作始于20世纪70年代末，1990年5月，中国关工委成立，习仲勋、王任重同志任名誉主任，康世恩同志任主任，王照华同志任常务副主任。这标志着一个群众性、自发、分散的关心下一代活动，进入到有领导、有组织、有系统发展的新阶段。随后教育部（当时国家教委）关工委成立，教育系统和全国各部门关工委如雨后春笋般陆续成立。随之，关于关心下一代工作的地位、作用、性质、宗旨、主要任务、重要意义等的文件先后出台，并在工作中被广泛接受、认可、执行。2009年7月，《中共教育部党组关于加强全国教育系统关心下一代工作委员会建设的意见》出台；2009年9月，北京市下发《关于贯彻落实〈中共教育部党组关于加强全国教育系统关心下一代工作委员会建设的意见〉的通知》。2015年8月，习近平总书记就做好关心下一代工作做出重要指示，强调坚持服务青少年的正确方向，推动关心下一代事业更好发展。2016年12月，《北京教育系统关心下一代工作委员会工作规程》出台。这样逐步形成了党委重视，党政齐抓共管，有关部门大力支持，关工委主动协调、主动作为的领导体制和工作机制。关工委在发展过程中不断拓展工作内涵，工作内容主要包括以下方面：①把立德树人作为根本任务，把培育和践行社会主义核心价值观教育贯穿于关心下一代育人工作的全过程，发挥"五老"独特优势，开展了成效显著的工作，主要有：举办"五老"报告，以坚定理想信念为核心，开展党史、国史和国情教育；持续开展主题教育活动，培育和践行社会主义核心价值观；加强理论研究，开展深层次大学生思想教育；深入调查研究，积极建言献策。②面向主渠道围绕学校思想政治工作的重点需求和工作部署，发挥独特优势和作用，主要有：开展思想政治理论课教学信息员工作；推进特邀党建组织员队伍建设；着力指导学生理论社团等工作；积极参加校园文化建设和育人工作。③立足自身工作特点，向社会延伸工作领域，积极开展社会主义核心价值观教育的社会实践活动，主要有：捐赠军训服装帮困助学活动；持续推进支教工作，助力教育均衡发展；积极参与家庭教育和社会教育工作；服务国家战略和青少年需求，开展"老校长下乡""院士回母校""大国工匠进校园"工作；开展关心帮助大学生"村官"的工作等。

三、高校发挥老党员思想引领示范作用的情况

在高校这一社会场域中，老党员依托关工委组织平台，围绕学校的人才培养、科学研究、社会服务和文化传承创新等方面积极发挥作用，退休不褪色，离岗有作为。在思想政治文化引领方面，他们发挥思想政治优势，开展了面向青年教师、青年管理干部和青年大学生的思想政治教育，包括德育教育、革命传统教育、爱国主义教育、校情校史教育。在业务指导和学业辅导方面，他们发挥专业经验优势，很多优秀老党员教师在师德师风建设和业务能力方面成为青年教师的引路人，成为青年学子的辅导师，为青年师生点亮了理想的灯，照亮了前行的路，帮助他们不断成长。在校园和谐和社会稳定方面，他们发挥威望优势，德高望重、历经沧桑、阅历深厚的老党员成为家

庭的模范长辈，他们从小事做起，从自身做起，弘扬传统美德，传递向上向善的精神力量，用长者智慧启迪后人，促进了家庭、校园和社会的和谐稳定。通过调研，发现各高校老党员思想引领示范作用的特色经验及做法主要有：

1. 加强关工委骨干队伍建设，创建"五老"先锋队

组织离退休教职工中有威望、有影响力、有号召力的骨干和精英，组建离退休正能量宣讲团、老科技工作者科技创新支教服务团、关心下一代"五老"代表团等，面向青年学生、青年教师以及社会上的中小学生、机关政府工作人员，通过报告会、座谈会、访谈会等形式，讲革命传统、讲理想信念、讲学校历史和学科专业发展史；开展一流大学建设和大学精神的课题研究，引导老同志老有所为，为学校发展建言献策；组织老科技工作者为地方经济发展建言献策，帮助老同志增强责任意识，做心态阳光的长辈。

2. 坚持立德树人根本任务，抓住思想教育关键

哈尔滨工业大学关工委向离休干部发出了"四点倡议"：将自己的思想和行为做一次党性对照，对身边的消极思想做一次正面引导，为师生做一次优良传统教育，给病困的老友打一次鼓励的电话。开展了"讲好哈工大故事"的"五个一"倡议活动，即面向青年师生写一篇正能量文章，做一次正能量报告，发表一条正能量的微信微博，做一次正能量的谈话，组织向青年学生赠送一本好书活动。南京理工大学关工委以传统节日为载体进行民族精神教育和传统文化教育。每年推出"悠悠古风，中华佳节"传统文化体验系列活动，弘扬民族精神，传播历史文化。活动由"清明·细雨""五五·夏风""中秋·圆月""九九·艳阳"四部分组成，邀请关工委老同志骨干，向青年学生全面系统介绍中华传统文化的精髓。

3. 基层关工委以活动为载体，特色品牌建设异彩纷呈

有的学校的专业学院关工委组织老党员以"助青双三一"（联系一个年级、联系一个学生党支部、联系一组学生；与青年教师一帮一结对子、每学期听一次课、参加一次座谈会）活动品牌建设为抓手，在党、团、学生的核心价值观和学风建设方面发挥了积极作用。活动中，关工委老党员与入党积极分子谈心谈话、与优秀学生和困难学生谈心，参与所联系年级的有关教育活动、参与党支部党日活动、给入党积极分子讲党课等。由老党员与近两年入校的青年教师结成一帮一对子，老党员每学期听一次青年教师的课，参加

一次座谈会，指导青年教师过教学关。

有的专业学院关工委结合人才培养的博雅理念、学生成长需求的多样性与"五老"育人的独特优势，重点打造"博雅营"品牌，形成了"大手小手齐共建，六团一体育英才"的特色。"博雅营"的六个社团为：政治与理论社团、摄影与摄像社团、文学与写作社团、信息与技术社团、演讲与辩论社团、舞蹈与合唱社团。老同志参与"博雅营"社团指导工作，主要体现在：围绕繁荣校园文化、促进学生全面成长的目标，参与协调、指导有关社团，积极参与校园文化建设，开展丰富多彩、积极向上的文化、体育和教育活动，促进和提高学生的综合素质与能力。深入学生社团，加强与社团骨干的沟通交流，了解社团活动中存在的问题，及时提出改进工作的建议。

四、高校发挥老党员思想引领示范作用存在的问题及原因分析

1. 问题分析

现实中，高校发挥老党员思想引领示范作用的意愿和老党员现实参与程度不高、参与形式单一是目前的主要矛盾。一项对上海 6 所高校退休教师"老有所为"的意愿调查显示，愿意"老有所为"的人数占样本总人数的 8.51%。另据一项对某高校退休教师的调查结果显示，60~69 岁退休教师继续工作的比例为 2.4%，参与公益活动的比例为 14.7%，参加文体、娱乐活动的比例也仅为 31.5%，现实参与程度还有待进一步提高。另外，高校退休教师的文体、娱乐活动通常局限在自身的自娱自乐，且一些活动比如玩麻将、看电视等长时间还会对个人身体造成一定的影响。

课题组设计了"老党员发挥作用为党的事业增添正能量"的调查问卷，就老党员自身情况、发挥作用的意愿情况、发挥作用的现状、发挥作用的平台等方面展开调查，问卷发放对象为北京理工大学离退休教职工党支部书记共 38 名，要求各支部书记对本支部所有党员情况进行一对一访谈，摸排支部所有党员发挥作用的情况，并在开放问卷中进行一一记录。课题组将原始资料收集上来之后，借用扎根理论的思想，对这些原始访谈记录进行逐级登录。在谈到"发挥作用过程中存在的问题"时，在开放式登录中，受访者提到的较多的概念有：领导思想、领导意识、领导重视、工作机制、组织、平台、沟通桥梁、关工委、老干部处、老教授协会、身体状况、分类指导、广泛参

与、工作计划、培训、活动载体、信息获取、座谈交流，等等。

2. 原因分析

出现这种问题和矛盾的深层次原因可从老党员自身和高校组织建设两个方面进行分析。

（1）老党员自身的问题。

一是老党员的数量问题。在各高校关工委创立之初便参与其中的老党员，目前大多年事已高，数量也在逐年减少，工作队伍需要亟待补充。由于老党员参与关工委工作是一种自觉自愿的行为，不宜采取组织安排。新退休的老党员很多散居在北京城区各个角落，且很多在社会上发挥着作用，加上一些人需要照顾家中的老人或下一代，受到来自家庭的诸多牵绊，使工作队伍出现退得多、补得慢，队伍人数整体下降的趋势。二是关工委老党员的适应能力问题。从事关工委工作的老党员大多退休多年，与现职岗位的干部相比，他们当初工作的环境、接受到的信息与现在差异较大。老同志们要做好学校的关工委工作，参与人才培养和青年教师培养，也需要不断学习，从思想观念、工作的方式方法上都要不断更新、与时俱进，这样与青年人沟通交流起来才会更为顺畅。三是老党员的健康安全问题。在老党员发挥作用的自身队伍方面，处于"双高期"的老党员年龄较大、身体机能减退、活动能力减弱，许多甚至出现"看不见、听不清、记不住、走不出"的情况，继续发挥作用的热情受到影响。调研的几所高校，从事关工委工作的骨干及委员的平均年龄几乎都在70岁以上，组织活动必须首先考虑到他们的身体承受能力，酷暑严寒、气候剧变、连续活动等都可能给老党员的身体健康带来风险或潜在的风险。

（2）高校组织建设存在的问题。

老党员发挥思想引领示范作用的关键是组织引导和平台建设。首先，老党员的革命精神、政治自觉、精神境界和文化修养都是内化于心、外化于行的，需要通过适合的方式方法将这些内涵资料挖掘引导出来、展示出来，让青年人继承学习，这就需要组织引导。其次，很多老党员有发挥作用的意愿，但是苦于没有发挥的平台，这就需要高校进行平台建设。最后，老党员退休多年，知识储备、思想观念、工作方式方法等方面需要不断更新、与时俱进，这也需要组织集中开展对他们的教育培训。总而言之，高校发挥老党员思想引领示范作用的平台载体还不够丰富，工作机制还不够健全，组织机构、工作队伍和激励措施等还有待进一步完善。

3. 几点建议

在组织引导高校老党员发挥思想引领示范作用的实践过程中，就高校而言，一是党委要重视，全校上下应统一思想，形成合力；二是高校体制机制建设，打造学校党委主导、党政齐抓共管的领导体系和工作格局；三是加强关工委组织建设，为老党员发挥思想引领示范作用提供组织平台；四是学校各职能部门、各学院要创造条件，吸引和鼓励老党员发挥作用。对老党员自身而言，一是加强政治意识，坚定不移地在思想上、政治上、行动上与党中央保持高度一致；二是加强自身的教育和学习，打铁还需自身硬；三是加强老党员的教育管理，让他们真正做到在党爱党、在党言党、在党为党。

五、发挥老党员思想引领示范作用的实践探索——以北京理工大学为例

1. 老党员基本情况

截至 2017 年 12 月，学校共有 1 416 名离退休老党员，女性老党员 629 人（占比 44%）。基于 38 个离退休党支部书记对本支部老党员的摸排调查，经过离退休分党委的统计汇总，学校现有 300 多名老党员仍然活跃在教学、科研和社会服务的各条战线，具体情况如图 1 所示。

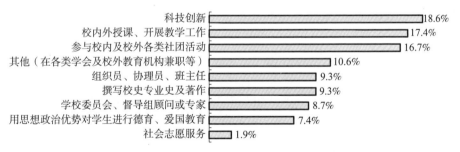

图 1　北京理工大学老党员发挥作用的具体情况

老党员以高级知识分子为主体，文化水平及学历层次高是其明显的优势。样本群体的学历情况为：大专及以上学历人员占比 86%，大学及以上学历人员占比 74%，硕士及以上学历人员占比 6%。高级职称结构中，副高职称占比

71%，正高职称占比32%，其中教授（含研究员）占比31%。

离退休老党员的身体健康状况总体良好，平均年龄75岁。中国退休年龄为60岁左右，社会学者一般将70岁及以上的定义为高龄老年人，60~69岁的定义为低龄老年人。一项关于低龄老年人的调查研究显示，低龄老年人身体健康状况尚好，仍然有较高的劳动参与率且以劳动收入作为其最主要的收入来源，是有着巨大潜力的人力资源。基于此，课题组将高校发挥老党员思想引领示范作用的主力人群定位在61~70岁，这部分人群约占学校全体老党员的1/4，占比为29%。具体年龄分布情况如表1所示。

表1 北京理工大学老党员年龄结构情况表

年龄段	≥71岁	61~70岁	51~60岁	总数
人数/人	893	414	109	1 416
占比/%	63	29	8	100

离退休老党员党龄时间长，入党几十年，长期接受党的教育和考验。学校在中华人民共和国成立前入党的老党员就有50人，党龄半百也就是超过50年的老党员约占1/3，占比34%。老党员党龄情况详见表2。

表2 北京理工大学老党员党龄情况表

入党时间	1937.7~1945.8	1945.9~1949.9	1949.10~1966.4	1966.5~1976.10	1976.11~1978.12	1979.1~2002.10	2002.11~2012.10	2012.11及以后	总数
党龄/年	73~80	69~72	52~68	42~51	39~41	16~38	6~15	≤5	—
人数/人	11	39	431	244	35	611	43	2	1 416
占比/%	0.8	2.8	30.4	17.2	2.5	43.1	3.1	0.1	100

2. 学校为发挥老党员思想引领示范作用创造了良好的环境条件

学校注重发挥离退休老党员思想引领示范作用，牢牢把握为党和人民的教育事业增添正能量的价值取向，秉持"延安根、军工魂"的精神动力和文化内核，不断加强新形势下离退休党建工作，建立了相应的体制机制和文化氛围，为老党员发挥作用创设了良好的环境条件。

（1）学校党委高度重视。

以习近平新时代中国特色社会主义思想为指导，深入学习宣传贯彻党的十九大精神，把组织引导老党员发挥思想引领示范作用，为党的教育事业增添正能量作为落实全国高校思想政治工作会议精神的实践抓手和学校着力构建的"大思政"格局的重要组成部分。围绕学校中心工作，采取坚持"因地制宜、量力而行、与时俱进、注重实效"的工作方针，以德育教育为主线，以理想信念教育为核心，以社会主义核心价值观为基础，以促进广大青年师生的健康成长和全面发展为目的，调动和发挥离退休老党员的政治优势、经验优势和威望优势为党的教育事业增添正能量。

（2）健全老党员发挥作用的体制机制。

建立健全老党员发挥作用的体制机制，助力老党员矢志军工。近年来，学校制定多项制度，鼓励和支持离退休老党员参与学校各项工作。出台《离退休工作责任制》，促进离退休教职工服务与管理工作规范化、制度化；制定相关人事政策，保障退休人员的延聘、返聘；制定《班主任条例》和《组织员、协理员工作管理规范》，为离退休老党员促进学校人才培养，从事学生思想政治工作和管理工作提供制度保障；设立离退休教师发展奖励基金、奖教金和出版基金等各类基金，支持和鼓励老党员在学校教学科研工作中再做贡献。

（3）积极搭建有利于老党员发挥作用的平台载体。

学校积极探索搭建平台载体，引导老党员育人不辍。学校成立了关工委，专门负责组织引导广大离退休老党员积极发挥作用。为进一步规范关工委工作，学校出台了《北京理工大学关心下一代工作委员会工作规程》，为关工委开展工作提供了科学化、制度化、规范化的保证。学校关工委初步建立了由学校100多名老党员组成的"关工委志愿服务者专家库"，按照服务功能不同又细分为学生德育、法制教育、青年党建、督导督学、社团延展、文化传承、科技创新等十多个项目组。为调动学院在发挥老党员思想引领示范作用方面的积极性，学校还在全部的专业学院成立了学院一级的关工委，在学院党委领导下独立开展工作，学校关工委对其负有组织、协调和服务的职能。

（4）注重加强对老党员的思想政治引导和教育。

学校注重加强对老党员的思想政治引导和教育，以习近平新时代中国特色社会主义思想为指导，引导老党员紧跟新时代。探索建立了以校园电视《乐学桑榆》、视频工作通报、《离退休教职工学习参考》、离退休工作网站和离退休工作微信订阅号"五个一"平台为基础，"党日活动+《秋韵》杂志"

为载体，校内活动为主体，校外活动为补充，自学与集中学习相结合的思想引领教育体系。通过"家内家外、校内校外、线上线下"综合立体的宣教体系，拓宽学习途径，促进思想政治工作的开展，引导老党员积极参与和服务社会。

3. 依托关工委开展特色项目和主题教育活动，充分发挥老党员思想引领示范作用

（1）依托离退休老党员支部，开展了"忆光辉岁月　讲北理故事　畅谈发展变化　展望十九大召开"的主题系列活动。

活动旨在进一步挖掘学校"延安根、军工魂"的红色教育资源，引导老党员讲好北理工故事，激发全校师生爱校、荣校情怀，助力学校校园文化建设。系列活动包括三大部分：一是主题征文活动，征文内容包括"我的入党故事"、传承北理工"延安根、军工魂"红色基因和办学特色的故事以及对十八大以来国家和学校发展变化、取得成就的感受、感悟等。二是老照片征集活动，征集的照片主要反映个人的成长以及学校的发展变迁。三是主题党日活动，在集体诵读党章、重温入党誓词、按月交纳党费等规定动作的基础上，结合实际开展专题研讨话精髓、创新方式讲党课、集中学习知党情、参观考察看变化、组织生活会和民主评议党员、"主题党日+"等活动。

（2）依托老干部"阳光报告团"，锤炼打造"离退休党建课堂"成为离退休党建特色品牌。

"离退休党建课堂"于2016年年初创办，通过分享互助式学习，创新方式讲党课。鼓励老党员结合自身实际，用自己的语言讲自己的心得，聊自己的感受，谈自己的体会，增强党课的吸引力和感染力，增强思想政治工作的针对性和时效性。2017年成功举办了四期分享互助式学习。通过这种方式，引导广大老党员以积极的心态、历史的眼光辩证客观分析社会风气，提升党性修养，正确理解周围的人和事，做心态阳光的健康老人、和亲睦邻的模范长辈和快乐有为的可敬长者，影响教育下一代。

（3）依托老党员读书会和各类社团，举办了以"诵读经典　感悟生命　青老共话北理情"为主题的系列青老互动活动。

活动旨在引导广大离退休教职工积极践行社会主义核心价值观，传播中华民族优秀传统文化，领航健康新生活，传递校园正能量。2017年5月31

日,老党员读书会联合生命学院学生支部,携手共话"生命与健康"。青老之间就珍视生命、珍爱健康等话题展开了深入交流和现场互动。2017年6月6日,老党员读书会再次联合青年在职管理干部,举行了一场以"诵读经典——品鉴毛泽东诗词"为主题的诗词鉴赏活动。通过这样的活动,让更多的青年教职工得到中华优秀传统文化的浸润和洗礼,进一步增强"文化自信"。2017年10月13日,校关工委和法学院关工委共同主办了"颂歌献给党 喜迎十九大"诗歌朗诵会,老党员、法学院本科生党支部学生党员共50余人参加。青老共牵手,用诗词、歌曲和琴声表达对党、对祖国、对学校、对美好生活的无限热爱。老党员老有所为、健康向上的精神风貌也激励着新一代大学生,以更加积极的心态投入学习实践和社会服务当中,让老党员的正能量在校园中传承不息。

(4) 联合北京外国语大学关工委创办家长学堂。

为贯彻落实习近平总书记关于注重家庭、注重家教、注重家风的重要讲话精神,落实《教育部关于加强家庭教育工作的指导意见》,2017年面向我校及周边高校广大青年教职工开设了三期讲座。讲座时间、主讲人和讲座主题分别是:11月9日,北京外国语大学国际教育学院院长曹文主讲《孩子英语成长路线图》;11月16日,首都师范大学副教授梁九清主讲《建立和谐亲子关系 助力孩子成长》;12月6日,中央美术学院美术教育学博士郑勤砚主讲《儿童艺术教育》。广大青年教职工踊跃报名参加,反响良好。

除此之外,鼓励和支持老党员干部围绕学生思想道德和成长成才,组织开展理想信念教育、教学督导、大学生创新和实践能力培养、校园文化等工作,为学校中心工作服务。一批老同志被聘请为党建专家,参与学校党建工作;担任学生党建组织员、班主任和协理员,协助各专业学院和教育管理部门共同做好青年学生的教育、管理和党员发展等工作。一批老党员活跃在人才培养一线,为学校人才培养贡献着自己的才智。部分老党员被聘为本科教学督导组和研究生教育督导组成员,协助教务处和研究生院共同做好教学督导工作。受聘专家深入学生教学课堂,听课做记录,结合自己多年的教学经验开展了深入细致的检查督导活动,从而促进了我校教学质量的不断提高。一批老党员积极参与学校校史馆建设、学科专业史编撰、徐特立教育研究等文化建设中。一批老党员还积极参加北京市老科协的活动,为科普工作贡献力量。

高校教师党支部书记"双带头人"培育工作机制研究

课题负责人：王福亮

为贯彻落实党的十九大精神，培养造就一支高素质的高校教师党支部书记队伍，根据《中国共产党普通高等学校基层组织工作条例》等文件精神，课题组认真筹划，科学调研，结合北理工党建工作实际情况，提出在我校开展教师党支部书记"双带头人"培育工作机制的研究报告。

一、指导思想

以邓小平理论、"三个代表"重要思想、科学发展观、习近平新时代中国特色社会主义思想为指导，以加强党的执政能力建设、先进性和纯洁性建设为主线，围绕中心、服务大局、立足实际、改革创新，建立健全高校教师党支部书记选拔任用、教育培训、管理监督、激励保障机制，突出抓好选拔培育工作，提高教师党支部书记队伍能力素质，推动立德育人和教学科研"双促进"，为服务高校改革发展稳定提供坚强的组织保证。

二、高校教师党支部书记"双带头人"培育模式在全国推行状况研究

高校教师"双带头人"培育模式在部分省份已经推行实施多年。例如湖北省在2013年就下发了《关于实施"双带头人"培育工程，进一步加强高校教师党支部书记队伍建设的意见（试行）》（鄂组通〔2013〕34号）文件，要求在全省高校推行"双带头人"教师党支部书记培育选拔工作。武汉大学于2015年下发了《关于实施"双带头人"培育工程进一步加强教师党支部书记队伍建设的通知》（武大党字〔2014〕18号）文件予以贯彻施行。

福州大学制订了《中共福州大学委员会关于加强高层次人才双培工程建

设的意见》，推动将科研骨干、学术带头人、留学归国人员中的优秀分子培养成党员；对政治素质好、道德品行好、教书育人、为人师表的青年教师，指派专人培养，及时把他们中的优秀分子吸收入党。火车跑得快，全靠车头带。福州大学党委高度重视党支部书记的选拔任用和培养工作，选拔政治素质好和群众威信高、工作能力强、热心党务工作的教师党员和优秀学生党员担任教师党支部书记和学生党支部书记。尤其是在教师党支部书记的培养中大力推行"双带头人"培育工程，把教师党支部书记培养成"党建带头人"和"学术带头人"，目前全校教师党支部书记中，"双带头人"比例达71.2%。

福州大学党委选优配强教师党支部书记。以思想政治素质好、党务工作能力强、学术科研能力强的"一好双强"标准，重点从党员学术骨干、学科带头人中选拔任用教师党支部书记。提倡将符合条件的系（所、中心、教研室）负责人选配为党支部书记。结合实际遴选一批教师党支部书记后备人选，加强重点培养，实行动态管理。注重配备熟悉和热爱党务工作的青年党员、学术骨干担任副书记或支部委员，协助支部书记开展工作，并作为书记后备人选进行培养锻炼。

建立管理监督制度。各分党委根据工作要求和教师党支部书记工作职责，在征求党员群众意见基础上，提出任期目标和年度工作目标，并作出公开承诺。把教学、科研、人才培养等业务工作融入党支部书记目标管理，建立工作目标完成情况年度述职制度，逐步建立教师党支部书记任期履职情况档案。以支部工作成效和党员群众评议为重点，加强教师党支部书记考核监督，并把考核结果作为评优评先、奖励表彰、提拔任用的重要依据。并按规定及时调整不称职的教师党支部书记。

健全激励保障机制。思想上关心，上级党组织负责人结对"双带头人"书记，参与组织生活会；工作上支持，教师党支部书记列席本单位党政联席会，参与讨论决定本单位的重要事项，并将党建经费列入专项经费；生活上关怀，建立党支部书记津贴制度，帮助其解决实际困难，创造良好工作环境；发展上铺路，对优秀党支部书记在职称评聘、干部任用时给予优先考虑，或纳入后备干部人选。

通过实施"双带头人"培养工程，支部工作与教学科研工作联系变得更加紧密，"双带头人"的先锋模范作用得到了极大发挥，在他们的带动引领下，基层党支部的战斗力得到了较大的提升。

三、"双带头人"培育模式在我校推行可行性研究

高校教师党支部是党联系广大教师的桥梁和纽带，是全面贯彻党的教育方针、培养社会主义建设者和合格接班人的战斗堡垒。高校教师党支部书记是支部各项工作的组织者、推动者、实践者，主要职责是团结带领支部委员会和党员教师，认真贯彻落实党在高校的各项方针政策，在推动高校改革发展、加强学科建设、服务师生员工、建设和谐校园中发挥骨干作用。

2017年的巡视工作，对我校教师党支部建设提出了明确的更高要求。学校党委在巡视整改工作报告中明确提出"实施教师党支部书记'双带头人'培育工程，选好配强党支部书记"，并提出"突出党支部书记地位和作用，实施教师党支部书记'双带头人'培育工程，有计划地把符合条件的年轻后备干部安排到党支部书记岗位上锻炼"。

我们在长期的调研实践中认识到，高校教师党支部是党在高校执政的组织基础，教师党支部书记更是教育和团结广大师生的骨干力量，加强教师党支部书记队伍建设，可以更好地促进党的基层组织工作与高校其他方面工作的有机融合、协调推进，增强党的影响力和感召力，提升基层党组织的形象和威望，实现党对高等学校的有效领导。当前，理工大学正处于由规模扩张的外延式发展向特色兴校、质量立校、人才强校的内涵式发展转变的关键时期，迫切需要发挥教师党支部书记个人威望和人格魅力，把一大批科研能力强的学术骨干和拔尖创新人才组织起来，承担起人才培养、科学研究、社会服务、文化传承创新等方面的重要任务，深入推进我校综合改革，加强我校内涵式发展。

但是，经对我校目前基层教师党支部书记队伍情况进行调研了解到，有的教师党支部书记投入教学科研精力多，投入党建工作精力少，不想抓、不愿抓、不会抓基层党建工作；有的教师党支部书记学术造诣不高，科研能力不强，在教师中缺乏威望，说话没人听，工作难推进，极大地影响了教师党支部的凝聚力、战斗力和创造力。在这一背景下，在我校正式推行教师党支部书记"双带头人"模式，大力选配学术骨干、学科带头人担任教师党支部书记，可以有效推动立德育人和教学科研"双促进"。

四、"双带头人"培育模式建设要素研究

1. 任职条件研究

教师党支部书记应当具备思想政治素质好、党务工作能力强、学术科研能力强的"一好双强"标准,重点从党员学术骨干、学科带头人中产生。考察合格人选的基本条件包括思想政治素质、党务工作能力、学术科研能力、示范引领作用等几个方面。

课题组调研得出,选配教师党支部书记,既要看政治素质,又要看教学科研成果,高校教师党支部书记应当具备党性观念强、学术能力强的"双强"标准,既是党建带头人,又是学术带头人。在政治素质上,各二级党委(党总支)要从政治立场坚定、品德修养好、群众威信高、善于做思想政治工作和群众工作等方面,制定具体选任标准。

针对理工大学实际情况,我们认为,符合"双带头人"标准的教师党支部书记应该符合以下标准:各级各类专家学者(国家、省部级的突出贡献专家、跨世纪的学科带头人);各级各类教学名师(全国、北京市的优秀、模范教师,本校的教学名师);校级学术骨干、学科带头人,等等。

2. 选配方式研究

选拔任用教师党支部书记由高校院(系)党委(党总支)具体负责,按照有关规定和程序进行,一般由支部委员会或党员大会选举产生,鼓励通过公推直选的方式选配教师党支部书记。

第一,认真调查摸底,深入进行思想动员。我校目前对各院、系、教研室现有党员建立了信息库,但还需将更多信息予以补充完善,特别是要将学历学位、职务职称、性别、年龄、党龄、年终考核、教学科研成绩和社会服务等信息详细登记在册。采取召开座谈会、问卷调查、综合分析等方法,对教师党支部进行调查摸底,全面掌握现任教师党支部书记构成及履职情况和党员意愿。

第二,完善选任方式,规范操作程序。针对各教师党支部具体情况,建议各二级党委(党总支)采取组织选派和民主选举两种形式产生支部书记。其中,针对党员教师流动性较大或新成立的教师党支部,一般采取征求意见、组织考察、研究任命的选任方式;针对党员教师相对稳定、候选人群众基础

好、党员人数较多的党支部，通过公推直选的方式产生。但在采取公推直选时，应重点抓好民主推荐和投票选举两个关键环节，进一步规范产生程序和操作方式。

3. 后备人才培育研究

课题组认为，高校院（系）党委（党总支）应结合实际，遴选一批教师党支部书记后备人选，加强重点培养，实行动态管理。如果现有教师党支部不具备马上更换现有党支部书记的情况，二级党委应该着力培育有潜力的党员人才充实到"双带头人"教师党支部书记后备人才中。

五、"双带头人"党支部书记培训机制建设方案

1. 培训计划

各高校应把教师党支部书记培训纳入干部培训整体规划，制订年度培训计划，对新担任党支部书记的要优先安排培训。课题组认为高校党委应重点组织开展轮训和专题培训，院（系）党委（党总支）负责日常培训。培训计划的设置应契合基层教师党支部书记实际情况，并便于开展相关培训。

2. 培训内容研究

课题组认为，对教师党支部书记的教育培训，既要突出用中国特色社会主义理论体系武装头脑，提高思想政治素质，又要针对党员学术骨干、学科带头人特点，加强教学科研、做好群众工作及党务工作等方面知识能力的学习培训，切实提高教师党支部书记贯彻执行党的政策、融入中心工作、联系服务群众和加强支部自身建设的能力。课题组认为，我校在抓好选配的同时，还应着力加强对党支部书记的能力培养和日常管理，探索建立激励保障机制。

一是加强培训，提升能力。针对党员学术骨干、学科带头人特点，精心设计培训内容，适当提高授课人层次，采取集中培训、案例教学、专题研讨、考察体验、经验交流等方式对党支部书记进行培训，让党支部书记知道干什么，明白怎么干。

二是明确职责，强化管理。我校可以通过"定岗位、定职责、定目标"，完善支部书记岗位管理办法。应注重把支部工作成效和党员群众评价作为重

点,并把教学科研、人才培养等业务工作融入党支部书记目标管理体系,加强对党支部书记的管理考核。

三是激励保障,增强动力。根据我校实际,课题组研究认为,应将党支部书记履职情况与工资待遇、奖励表彰、提拔任用相挂钩,推行党支部书记工作津贴、履职比照课时核算工作量等激励措施。

3. 培训方式研究

课题组认为,应把教学、科研、人才培养等业务工作融入教师党支部书记目标管理。我们将依托课题探索如何建立工作目标完成情况年度述职制度,并在其基础上逐步建立教师党支部书记任期履职情况档案。

六、工作建议

1. 进一步扩大基层教师党支部书记队伍来源

选任党员学术骨干、学科带头人担任教师党支部书记,应符合党务强、业务强的"双强"标准。课题组调研期间,各高校反映现在党员学术骨干、学科带头人年轻人居多,其党务工作知识和经验不同程度的有所欠缺。同时,学术骨干、学科带头人在各学院、各学科专业间分布不均衡,如何扩大教师党支部书记队伍来源,是当前我校在开展"双带头人"教师党支部书记选配工作时面临的一项瓶颈性问题。

2. 进一步提高教师党支部书记岗位的吸引力

在与教师党支部书记座谈时,尽管学校层面和各二级党委(党总支)出台了相应的激励措施,但标准不一,大部分学院仍然存在与教学科研工作相比,党支部书记岗位补贴水平还不高的问题。一些党员学术骨干、学科带头人愿意搞科研,而不愿做支部工作。强化服务保障,增强岗位吸引力,是影响我校"双带头人"培育工程深入开展的关键因素。

3. 建立"双带头人"培育工程长效机制

从实践和各高校的反响来看,大力选配学术骨干、学科带头人担任教师党支部书记效果很好。"双带头人"培育工程是高校党的建设中一项系统性、基础性的工作。要发挥教师党支部对学生支部及学校群团组织党的建设的示范带动作用,发挥教师党支部书记在凝聚各方人才、促进学科建设中的骨干带头作用,形成党建带群建、党群共建的长效机制。

综上所述，我们认为，选配党员学术骨干、学科带头人担任高校教师党支部书记，抓住了基层组织建设的"牛鼻子"，较好地解决了支部凝聚力、战斗力不足，支部工作与教学科研"两张皮"等问题，推动了高校基层党建工作与教学科研工作的有机融合，对于推动双一流高校建设、提升我校整体党建水平，一定会起到明显推动作用。

2018年党建课题汇编

强化基层组织力党建专题

教学改革党建专题

学生管理党建专题

强化基层组织力党建专题

以提升组织力为重点加强理工科高校学生党支部建设创新研究

课题负责人：左正兴

一、研究背景

（一）研究缘起

党的十九大报告指出，党的基层组织是确保党的路线方针政策和决策部署贯彻落实的基础。要以提升组织力为重点，突出政治功能，把企业、农村、机关、学校、科研院所、街道社区、社会组织等基层党组织建设成为宣传党的主张、贯彻党的决定、领导基层治理、团结动员群众、推动改革发展的坚强战斗堡垒。

高校学生党支部是党在高校基层党组织中的战斗堡垒，是高校基层党组织工作和战斗力的基础，是教育、管理、监督和服务广大学生党员的基本单位，是团结和联系广大学生群众的桥梁纽带，是实现党的"全心全意为人民服务"宗旨的重要支撑。因此，立足于高校学生党支部，围绕组织力的建设与提升开展相关研究，既具有理论意义，又有现实意义。本课题立足于高校学生党支部的组织力建设现状，结合理工科高校的实际，通过分析与研究，提出了"高校学生党支部组织力"这一概念，探索出以提升组织力为重点的加强理工科高校学生党支部建设的创新策略，并将策略投入学生党支部的建设实践中,以期进一步提升理工科高校学生党支部组织力。

(二) 研究目标

通过调研走访、问卷调查等方式,探究理工科高校学生党支部的组织力建设现状,并分析其成因,从而提出科学的、有利于提升理工科高校学生党支部组织力的创新策略,进而为加强理工科高校基层党组织的建设与发展提供科学性、有效性的指导。

(三) 研究意义

1. 理论意义

就目前的研究来看,聚焦理工科高校背景,以提升组织力为重点展开的学生党支部组织力建设研究几乎没有。本课题将对高校学生党支部组织力建设的相关内容进行梳理、整合,构建"高校学生党支部组织力"这一概念。关注到我校独特的理工科专业背景,对学生党支部组织力建设现状进行调研与分析,并提出有利于提升理工科高校学生党支部组织力建设的创新理论,进而完成相对完善的理论体系。此外,本课题所进行的实地调研数据,也能为相关领域内的研究提供有价值的信息,促进理工科高校学生党支部组织力建设的理论研究。

2. 现实意义

加强理工科高校学生党支部组织力建设的创新研究,有利于推动理工科高校学生党建和思想政治工作的有效开展。本课题在构建"高校学生党支部组织力"这一概念的基础上,以理工科高校学生党支部为研究对象,对组织执行力、组织凝聚力、组织文化力、组织创新力进行调研与分析,提出相应的提升对策,并将对策付诸理工科高校学生党支部组织力建设实践,这将促进高校学生党建和思想政治教育工作的健康有序开展。

(四) 理工科高校学生党支部的特殊性及存在问题

理工科学生自中学起,主要接受理科学习的思维训练,"重发展轻教育"。进入大学以后,由于专业和学科特点,以及高强度的学习压力,使得理工科学生不得不面对课程数量多、学习任务重、专业性强、考核要求高等现实情况，在学好专业课程的同时，人文及思政类课程的学习就摆在了次要位置。

学生党支部作为高校基层党组织的重要组成部分，理应是高校开展思想政治工作的战斗堡垒，然而，目前理工科高校学生党支部建设却面临着一些突出问题。从个人的角度来讲，理工科学生对政治生活的参与度较低，一定程度上导致了入党积极性不足。此外，还有部分学生党员党性意识不够，对党组织的认同感淡化、归属感不强，参与党支部活动的积极性不高等。入党积极分子和学生党员在学生群体中的标杆作用被弱化。除此之外，理工科学生课余时间还需要花大量精力在实验室做实验、去企业实习或跟随老师进行野外调研实践，思政教育工作缺乏稳定载体。在校内，校园文化活动主要由学校各职能部门或学院学生组织承办，这类活动形式多样、内容新颖，但相对缺乏思想引领作用。学生党支部除了对党校培训、上级党组织活动进行上传下达外，自发进行的学习教育和实践活动不足，对学生党员的继续教育跟进乏力。还有就是党支部建设活力不足。这一点突出体现在活动内容固化和活动形式固化两个方面。当前学生党支部的活动开展主要围绕"三会一课"进行，内容较枯燥，形式较单一。由于校园安全和思政教育的敏感性，学生主体性发挥的空间较小，实践类、外出交流类主题教育难度较大。这些问题表明，理工科高校学生党支部的战斗堡垒作用并未得到充分的发挥，学生党支部组织力建设仍是目前思想政治工作的短板。

（五）关于理工科高校学生党支部建设的研究

国内针对理工科高校学生党支部建设的研究并不多见，在中国知网（CNKI）全文期刊数据库中，以"理工科高校学生党支部"为主题名，检索到 2013 至 2019 年间，仅有 5 篇期刊文章。这些研究有重点探讨现状及成因的，如兰州理工大学杨雅琼、杨新华、班振海的《新形势下理工科院校基层党建工作的思考》；有探讨科学化建设的路径与方法的，如南京航空航天大学张瀚文的《高校理工科学生党支部科学化建设的路径研究》；有阐释"群众路线"教育路径的，如西南石油大学政治学院张威、申丹的《理工科高校学生党支部"群众路线"教育研究》。结合组织力建设，以提升组织力为重点加强理工科高校学生党支部建设的创新研究目前还没有。

图 1 为高校学生党支部组织力建设框架。

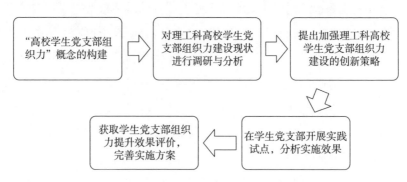

图 1 高校学生党支部组织力建设框架

二、主要研究观点

（一）高校学生党支部组织力的概念

高校学生党支部组织力，根据其在支部建设中的角色和作用，可以将其定义为：高校学生党支部为完成其承担的职责任务，实现自身的工作目标与长远发展，凭借自身的组织体系和资源，把学生群体动员、组织、凝聚、整合起来的能力，一般包括执行力、凝聚力、文化力和创新力。执行力，体现在党支部组织建设、日常运行的各个方面，是党支部维持稳定、延续和发展的能力。它是构成党支部竞争力的重要组成部分，也是影响党支部活力的一个重要因素。凝聚力，是衡量党支部成员为实现党支部的长远发展而相互影响的程度的一个指标。凝聚力越强，党支部成员之间的相互作用力越大，关系越融洽，党支部的整体目标和成员的个体目标也越容易实现。凝聚力还能够使党支部成员之间形成一种心理契约，不断提高党支部的活力。文化力，是党支部精神文化、制度文化和行为文化的总和，三者相互作用，构成党支部文化的核心力量。创新力，是党支部快速发展的核心价值，是党支部制度创新、管理创新、文化创新和科技创新的能力。创新力是党支部保持先进性和成长活力所必需的，也是党支部长远发展的根本所在。

（二）理工科高校学生党支部组织力建设存在的问题

2018 年 6—9 月，课题组对所在学院的 30 个学生党支部，780 名党员及其他学院学生党支部进行了学生党支部组织力建设现状调查研究，本次调查共发放问卷900份，回收有效问卷725份，经问卷调查及交流访谈，得出以下观点：

1. 执行力受制

在理工科高校学生党支部的建设过程中，大部分高校遵循专业、班级建制，这也是多数高校学生党支部所遵循的，但也衍生出许多问题。比如：按专业建制会出现各党支部党员人数不均衡的情况，人数较少的专业，党支部人数一般也较少，容易造成支部间建设、发展力量不均衡的问题。按班级建制，学生党支部对指导、帮助团支部、班委会、学生社团的职能发挥得不明显、不突出，执行力受到制约，在党建带团建、组织群众、凝聚群众、依靠群众、发展群众力量方面行动不到位，在组织建设的过程中缺乏思想自觉和行动自觉。有些学生党支部甚至用团学活动替代党支部活动，限制了党组织应有的政治执行力。

2. 凝聚力不强

目前多数理工科高校学生党支部采用横向班级建制，没有考虑到当下高校书院制建设及大类招生的发展现状，班级的概念日益淡化；加上研究生班级的学生都是同一年级不同实验室的同学，由于理工科高校独特的学科专业背景和科研的需要，教学单位已经不仅仅局限于教室，实验室往往成了学生知识与情感倾注得最多的场所。所以，以班级建制建设党支部，出现了党支部成员凝聚力和情感合力不强的情况。另外，近几年来，学生党员出国交换学习的情况日益增多，有些学生党支部忽略了这部分学生党员也要求进步、也需要参与组织生活的情况，没有把这部分学生团结围绕在党组织周围，造成党支部情感合力涣散、凝聚力不强。

3. 先进文化力不成系统

据调查得知，当前理工科高校学生党支部普遍缺乏支部文化建设意识，多数学生党支部的文化建设活动仅仅局限于上级党组织布置的"三会一课"，大学生党员、入党积极分子只有在集中化的党课培训和平时的"思政课程"中才能了解到党的文化知识和重要的政治理论知识。除此之外，学生党支部少有形成品牌化、传承性的文化实践活动，党支部也没有认识到应该针对理工科独特的专业背景开展有助于专业知识和专业技能提升的科学文化创新活动。因此,学生党支部难以充分发挥党支部的先进文化力,难以促进党支部的文化积淀与传承,文化力不成系统。

4. 创新力弱化

作为我国文化创新和科技创新的主力军和生力军,近年来,理工科高校基础研究和重大原始性创新研究在我国科技创新格局中的位置越来越凸显。作为理工科高校先进的学生基层组织,学生党支部更应该走在前列,为国家和学校的党建创新做出应有的贡献。然而在具体的实践中,学生党支部的创新意识不够,导致党支部的日常建设尤其是学习教育方面只是被动地局限于传达上级会议、文件精神,局限于读书看报、观看影片、撰写心得体会等方式,在组织实践教育活动方面也是多以自上而下的通知形式体现,没有充分调动党支部党员的积极性和参与度,也没有根据理工科独特的专业背景开展科技创新研讨和技术革新活动,长此以往,导致党支部的创新力日益弱化。

(三) 理工科高校学生党支部组织力建设产生问题的原因分析

1. 学校层面:为学生党支部组织力建设提供的方案相对泛化,适用性不强

当前,大多数理工科高校重视学生党支部的政治建设,针对学生党员的发展、教育培养、监督考核、"三会一课"等具体工作制定形成了许多行之有效的方案及措施,然而,对于学生党支部如何开展系统的,贯穿全员、全过程、全方位的政治理论学习和文化实践活动所做的探索较有限,提供的有效方案也相对泛化,适用性不强。对于学生党支部组织力建设过程中出现的问题,多数高校能及时予以关注,然而,能及时提供的有效解决方案却很少,这就导致高校学生党支部的组织力建设出现没有规律可循、没有样本可借鉴、没有方法论指导的局面。

2. 学生党支部层面:组织力建设的意识不强,动力不足

当前,在理工科高校的学生党支部组织力建设过程中,党支部的存在感普遍较弱,学生党建带不动团建,党支部很难体现出自身的政治地位。经调查得知,学生党支部的日常工作往往局限于上级布置的政治理论学习、"三会一课"及组织生活会,没有将广大团员青年和群众学生纳入进来,也没有针对大学生平时关注的人际交往、职业生涯规划、社会实践、学习方法、创新

创业、考研升学等实际具体问题开展相应的文化建设活动。学生党支部的工作计划完全根据上级组织的安排和指挥,组织内部的内生动力不足,组织力建设意识不强,这就导致学生党支部在实际工作中照搬照抄,只追求单纯机械性地完成上级组织安排的任务。

3. 学生党员层面：先进性和模范带头作用的意识不够,个人的责任感和使命感不强

高校学生党员中存在入党后自我松懈的现象,有的学生在入党前积极参与党组织活动,在团支部、班集体、社团组织中发挥模范带头作用方面表现突出,但在入党后放松了对自己的要求,认为只要按时参加党支部会议,完成思想政治理论学习心得写作就可以了,没有意识到自己应该不忘初心,始终保持党员的先进性,在学生群体中起到行为示范和思想示范的模范带头作用；也没有意识到自己作为党支部的一员,应该提升自己的责任感与使命感,关注所在党支部的组织力建设并贡献自己的力量。

(四) 提升理工科高校学生党支部组织力建设的有效途径

1. 优化党支部建制,提升组织执行力

党支部的建制合理,党支部的各项工作运行起来也会比较顺畅,组织执行力也会得到很好地提升。在学生党支部组织执行力建设的实践与探索中,机械与车辆学院力推的"党建带动科研,师生联合促党建——纵向建立党支部"取得了良好的效果。首先,这一党支部建制,是基于理工科高校、理工科院系独特的科研专业背景而进行的有益探索和创新实践,能充分发挥党支部的辐射带动作用,解决横向党支部建制的支部成员内部沟通不畅、活动时间难以协调、各项工作开展困难等问题。纵向建立党支部,同一学业研究方向的学生党员都隶属于一个党支部,甚至多名学生党员同为一名科研导师学生,也能带动所在党支部内部的科研工作交流与合作。其次,学院落实党团班"三位一体"的协同工作机制,由学生党员担任团支部、班级的主要职务,党建带团建,党建带班建,提升组织执行力。与此同时,学院将进一步探索提升组织执行力建设的新模式——在人数较多的党支部设立党小组,切实提高党组织的工作实效,确保学生党支部的各项工作稳健开展。

2. 重视党支部文化实践与创新，提升组织文化力

党支部的文化实践与创新能为党支部的建设和发展提供源源不断的动力，能让一个党组织永葆生命活力。首先，在学生党支部组织文化力的实践与探索中，机械与车辆学院高度重视思想政治教育引领，认真做到"三会一课"制度化，"两学一做"常态化，引导学生牢固树立"四个意识"，坚定"四个自信"，做到"两个维护"，鼓励党支部自发建立年度学习计划，努力创建学生党支部的思政文化常态体系。其次，在学生党支部设立理论导师，理论导师通常由多数学生党员的科研导师担任，要求理论导师结合所在党支部的科研内容、定期组会等，将理论与实践相结合，开展各式各样的文化创新活动。例如，有的党支部就在理论导师及党支书的带领下，结合每周组会，开展红色教育为主题的学习沙龙。党员们也表示，有理论导师参与下的学习活动，效果和质量明显提高。除此之外，鼓励学生党支部创建支部品牌活动，建立文化传承档案。结合"红色1+1"支部共建等活动，对学生党支部创建支部品牌活动给予针对性的指导，在这一过程中，对结合传统文化节日，开展"唱京剧·画脸谱、包饺子、包粽子等民俗文化活动"给予肯定及赞扬；对结合专业发展特色，与对口企业开展的文化交流活动给予支持与鼓励。

3. 以文化传承为纽带，增进支部成员的情感合力，提升组织凝聚力

凝聚力的有无和大小决定了一个组织生命力的有无和大小，甚至决定一个组织的生死存亡。毫无疑问，凝聚力是一个组织生存与发展的内在动力。在学生党支部组织凝聚力的实践与探索中，机械与车辆学院始终坚持以党支部的文化传承为纽带，增进党支部成员的情感合力，提升组织凝聚力。正如中华民族强大的凝聚力背后，是以五千年的历史文化积淀作为情感纽带。所以，学院鼓励党支部成员共同投入党支部文化建设中，增强"心往一处想，劲儿往一处使"的积极情感体验，增进党支部成员情感合力。同时，全面落实"从群众中来，到群众中去，密切联系群众"的理念，要求党支部的各项活动要以学生的成长成才需要为第一优先，切实解决党支部在组织力建设过程中遇到的困难，切实解决学生党员在学习、生活中遇到的困难，重视党支部成员的情感建设。除此之外，关注到出国交换的学生党员也要求进步的情况，通过线上实时学习、线上活动交流、线上支部建设共议等形式，把这部分党员紧紧地围绕在党组织周围。

4. 提高创新意识，重视文化创新与科技创新，提升组织创新力

创新是党组织保持先进性的重要途径。在学生党支部组织创新力的实践与探索中，机械与车辆学院着重于创新意识培养，重视文化创新与科技创新。例如：鼓励各个学生党支部突破"三会一课"的固有形式，走出实验室，走出教室，利用时事论坛、素质拓展、深入红色教育基地、走进革命老区等学生们喜闻乐见的形式，创造性举办符合自身特点的活动。同时，在学生车队设立临时党支部，将党支部建在科技创新团队上，将党支部建设与科技创新活动相结合，激发学生党员的科技创新动力，促进理工科院校的科技成果产出，提升组织创新力。

三、取得成效

（一）加强了教工党支部对学生党支部的指导与支持力度，规范党团班基层学生组织建设，提升了组织执行力

纵向建立党支部，同一党支部内部的多名党员可能来自一个课题组，而教工党支部的成员都为课题组的导师，无形中加强了教工党支部对学生党支部的指导与支持力度。由于要求学生党员担任团支部、班级的主要职务，严格规范党员干部的职责和工作内容，使得学院全体学生党支部进一步明确了自身的工作职能，进一步明确了党建带团建、党建带班建的重要意义。加上在人数较多的研究生党支部设立党小组，明确职能划分，进一步提高了党支部的工作效率，对于提升学生党支部的组织执行力建设起到了推动作用。

（二）加强了学生党支部内部的沟通与交流，增进了情感合力，提升了组织凝聚力

纵向建立党支部，促进了教工党支部与学生党支部的互助联动，促进了不同年级学生党员在学习、科研等方面的沟通与交流，增进了情感合力，使得党支部各项工作得以顺利开展。比如学院3151本科生党支部，尽管作为毕业班党支部，部分学生党员远赴国外交换深造，但依然积极参与到党支部的各项活动中。在近期开展的"学习强国"学习活动中，因为"学习强国"App没有在国外App Store上架，所以使用国外Apple ID的用户不能下载，只

能通过更换国内ID才能下载，在老师和同学的帮助下，他们依然克服客观阻力，全员完成"学习强国"App的注册及学习，体现出党支部内部成员的同心同行及凝聚力。

（三）重视思想政治教育引领，促进学生党支部文化传承，提升了组织文化力

机械与车辆学院高度重视思想政治教育引领，努力创建学生党支部的思想政治文化常态体系。首先，依托学院分党校继续举办学生入党积极分子培训班，深入开展党团教育，学院领导担任授课教师，完善了学院领导主讲党课的工作机制，为加强学生党员理论武装保驾护航。依托学生党支部，继续深入贯彻党的十九大精神、落实"两学一做"主题教育活动，切实推进"一党委一品牌，一支部一活动"建设，全年共有2个党支部荣获校级创新型党支部案例称号，4个党支部荣获校级最佳党日活动称号。在学院的鼓励和倡议下，先进加工党支部、特车所第一党支部、动力二党支部、微纳制造党支部等多个学生党支部自发建立年度学习计划。同时，结合"学习强国"线上学习热潮，学院多个学生党支部自发组织完成理论学习任务。其次，在学院党委若干政策的支持下，理论导师积极参与学生党支部文化建设，通过结合时事热点、所在党支部的科研内容、定期组会等，将理论与实践相结合，开展各式各样的文化创新活动。例如：能源与动力工程第五党支部组织全体师生党员参观国家博物馆"伟大的变革——庆祝改革开放40周年大型展览"，全体党员感受良多，纷纷发表了参观感悟。除此之外，在"红色1+1"支部共建等活动中，学生党支部积极结合传统文化节日及专业发展特色，开展文化实践活动，例如：微纳制造党支部联合中科院老年文联开展"唱京剧·画脸谱"活动、汽车所第二党支部与北汽新能源整车性能党支部开展专业技能及文体活动交流等，提高了理工科高校学生党支部文化力建设的积极性，提升了组织文化力。

（四）立足学生党支部文化创新及科技创新，提升了组织创新力

立足创新意识培养，开创了学生党支部文化创新及科技创新新局面。抛开固有的党支部文化活动形式，特车研究所研究生第二党支部联合特车所教

工党支部走出实验室，赴河北省平山县西柏坡、正定县党校等地开展了为期两天的以"习近平新时代中国特色社会主义思想探源"为主题的党日活动，活动效果良好。与此同时，学院始终坚持在学生党支部开展科技创新培育工作，2018年，学院共征集到255个"世纪杯"创新创业创意项目，成绩突出，最终捧得校级"世纪杯"。其中，特车所第二党支部党员倪俊带领团队获得了第四届中国"互联网+"大学生创新创业大赛总决赛的冠军；微小型党支部党员苏江舟带领团队获得了"创青春"首都大学生创业大赛金奖；学生车队获得2018爱驰杯中国大学生无人驾驶方程式大赛、Honda中国节能竞技大赛冠军。

四、存在问题及下一步计划

（一）部分学生党员缺乏参与党支部组织力建设的主动性与积极性

在提升学生党支部组织力的建设实践中，我们发现，由于先锋意识薄弱、课业压力较大等原因，部分学生党员缺乏参与党支部组织力建设的主动性与积极性。针对这一情况，学院拟制定《学生党支部党员管理与监督条例》，全面加强学生党支部的党员管理，全面从严治党，强化党内监督，提升学生党支部的组织力。

（二）学生党支部理论学习、文化创新实践依然存在短板

在学生党支部组织文化力的建设实践中，我们发现，学生党支部理论学习虽然有计划可循，但是仍难以做到定期开展；文化活动虽然较以往有了一定形式上的创新，但是提升的空间依然很大。针对这一情况，学院拟制定《学生党支部组织力提升实施方案》，进一步明确定期开展理论学习、提供文化实践活动的创新路径，打造文化创新实践活动样板。

以提升组织力为重点加强基层
党组织建设研究

课题负责人：邹　锐

习近平总书记在党的十九大报告中指出："要以提升组织力为重点，突出政治功能，把基层党组织建设成为宣传党的主张、贯彻党的决定、领导基层治理、团结动员群众、推动改革发展的坚强战斗堡垒。"这是党中央对党的基层组织建设的新部署、新目标、新定位、新举措，为全面加强基层党组织建设指明了方向，增添了动力。这也赋予高校党建工作新使命、新任务，特别是"提升组织力"成为摆在高校基层党组织面前的一个重大时代课题。

本课题研究将以组织理论、组织力的相关理论和党建理论作为理论支撑，深刻认识党的十九大报告中关于组织力的重要论述，从理论层面剖析组织力的内涵、构成要素和表现形式，提出基层党组织组织力含义等基本概念，在阐述提升高校基层党组织组织力的内涵与重要性上，结合高校基层党建工作实际，查找分析制约组织力发挥的突出问题和薄弱环节，深入挖掘其根源，以解决问题为导向，有针对性地提出提升基层党组织组织力的对策措施和工作途径。

一、基层党组织组织力的内涵

（一）组织力的含义

组织力是一个管理学概念。关于组织力的科学含义，经典理论和文献中没有统一的定义，相关的论述和研究甚至比较缺乏，管理学学者詹姆斯·穆尼曾这样定义：组织是特定人群为了共同目标而联合起来、一起努力实现目标的形式；而组织力，就是实现共同目标的能力。综合学者们的研究观点，组织力的定义可以初步表述为：组织力是指组织内的各个要素有机融合而形成的整体合力。通俗地说,就是能把大家号召起来、动员起来、整合起来的力量。

(二) 高校基层党组织组织力的含义

党的力量来自组织,组织能使力量倍增。正如美国学者福格森在《组织与国民权力》一书中所定义的那样:"一切政治力量,皆依赖与出自组织"。作为政党执政最前端,基层党组织组织力的强弱,是决定政党组织力强弱最重要的参数。

基层党组织组织力的强弱,直接关系到党的创造力、凝聚力、战斗力、领导力和号召力,对党执政兴国具有重要影响。早在1906年12月,列宁明确指出:"工人阶级的力量在于组织。不组织群众,无产阶级就一事无成。组织起来的无产阶级就无所不能"。1929年4月,毛泽东在《红军第四军前委给中央的信》中首次提出"党的组织力"的概念;1938年,在《论持久战》的报告中明确提出"政治组织力",把政治组织力的强弱作为抗日战争取得胜利的重要因素;1943年11月,在《组织起来》的讲话中强调要"把群众力量组织起来,这是一种方针"。在随后的中国革命、建设、改革的各个历史时期,党始终高度重视并着力加强组织力建设,使我国形成了集中力量办大事的特有政治优势。

2016年2月,习近平总书记指出:要以"两学一做"学习教育为契机,使各级党组织书记抓党员队伍建设的意识树起来、把责任扛起来,激活基层党组织,增强基层组织力。这些深刻阐明了马克思主义政党提升基层党组织组织力的极端重要性。2017年10月,习近平在党的十九大报告中明确提出:要以提升组织力为重点,突出政治功能,把企业、农村、机关、学校、科研院所、街道社区、社会组织等基层党组织建设成为宣传党的主张、贯彻党的决定、领导基层治理、团结动员群众、推动改革发展的坚强战斗堡垒。这是习近平对基层党组织组织力的深邃把握,是对基层党组织存在问题的深刻洞悉,更是对基层党组织功能作用的深切期待。2018年7月,全国组织工作会议创造性地提出新时代党的组织路线,进一步就从严抓好落实做出部署。高校肩负着培养德智体美劳全面发展的社会主义事业建设者和接班人的重任,高校基层党组织是坚持社会主义办学方向,落实立德树人根本任务,确保党的路线方针政策和决策部署贯彻落实的基础和阵地,必须贯彻新时代党的建设总要求和新时代党的组织路线,牢牢牵住提升组织力这个"牛鼻子"。

根据组织力的基本概念,本研究尝试把基层党组织组织力的含义描述为:基层党组织的组织力是指党的基层组织为实现其基本任务,将组织内部的各种要素进行调配、统合,从而展现出的整体合力。这种整体合力基本可以概括为基层党组织应具有的领导力、引领力、知识力、学习力、执行力、创新力、影响力等的总和。高校基层党组织组织力,是指高校基层党组织坚持和加强党的全面领导,教育引导党员、组织凝聚师生,推进人才培养、科学研究、社会服务、文化传承创新、国际交流与合作的能力,是高校党组织凝聚力、创造力、战斗力的重要源泉。

高校基层党组织组织力具体体现为以下几个方面:

1. 政治领导力

政治领导力在党的执政能力中居于首要位置,是检验党的建设质量的重要试金石。党的十九大明确提出:"坚持和加强党的全面领导""坚持党对一切工作的领导"。要把政治领导力摆在首位、落到基层,充分发挥党的政治优势,把党的全面领导落实到各类社会基层组织。对于办学治校中坚力量的高校而言,基层党支部在高校处于政治核心地位,承担着教育、管理、监督党员的作用,肩负党的大政方针及时、正确解读、宣传的作用,其组织力的提升可以进一步保证高校基层党支部功能的发挥,保持并提升基层党员的政治性,营造风清气正的良好政治生态。政治领导力主要体现为:落实党委主体责任,党委书记要担起第一责任人责任,班子其他成员要认真履行"一岗双责",建立学校党委班子成员联系院(系)党组织和师生党支部制度,具体指导推动;以强大的政治导向、政治定力引领正确的办学方向,发挥政治核心和监督保障作用,推动学校各项事业科学发展,把握教育教学、队伍建设等重大事项的政治原则、政治立场、政治方向,确保党的政治纲领、政治路线和方针政策在高校落地落实。

2. 思想引领力

思想建设是党的基础性建设,统一思想才能统一行动,形成推动发展的巨大合力。对于承担"教育党员、管理党员、监督党员"职责的高校基层党组织而言,思想引领力主要体现为:突出政治建设,认真落实党委中心组学习等制度，用习近平新时代中国特色社会主义思想武装头脑、指导实践、推动工作。把马克思主义作为看家本领，牢牢把握意识形态领域的领导权，抵御各种错误思潮干扰，扎实做好师生思想政治工作，培育和弘扬社会主义核心价值观，加强师德师风、学术道德和教风学风建设，以统一的思想、坚定的意志、强大的战斗力落实立德树人根本任务。要扎实推进"两学一做"学习教育常态化、制度化，认真开展"不忘初心、牢记使命"主题教育，让师生党员的先锋模范作用在教学科研、学习生活中显现出来。

3. 组织执行力

作为党的路线、方针、政策转化为群众自觉行动的终端，党的基层组织执行力，直接关系到自身的战斗力和我们党的执政基础。高校基层党组织要以提升组织执行力为前提，认真贯彻落实中央八项规定及其实施细则精神，锲而不舍反"四风"，对公款吃喝、违规出国、滥发津补贴、学术造假等问题露头就打，坚决克服形式主义、官僚主义。通过扩大有效覆盖、健全集体领导、党政分工合作、协调运行的工作机制，规范院（系）党组织会议和党政联席会议制度，完善议事决策规则；创新党支部设置方式、激发支部活力，推动党组织有效嵌入学院基层系（所、中心）、机关和各学生班级，党的工作有效覆盖全体师生，为坚持和落实党的领导、发挥基层党组织战斗堡垒作用和党员先锋模范作用奠定坚实基础。

4. 群众组织力

群众组织力是党的执政能力和国家治理能力的具体体现，是党永葆旺盛生命力和强大战斗力的重要原因。习近平总书记曾告诫全党，"我们党来自人民、植根人民、服务人民，一旦脱离群众，就会失去生命力。"对于承担"组织群众、宣传群众、凝聚群众、服务群众"职责的高校基层党组织而言，群众组织力主要体现为：坚持党的群众路线，践行以人民为中心的理念，始终保持党同人民群众的血肉联系，自觉接受人民群众的评判和监督，要把解决人民群众的问题作为根本任务，想群众之所想、急群众之所急、服务群众之所需，进而得到群众的认可、让群众满意；增强群众工作本领，引导广大师生坚定不移听党话、跟党走，发动组织师生、团结带领师生更加自觉地为新时代党的教育事业不懈奋斗。

5. 理论学习力

坚持理论武装是马克思主义政党鲜明的政治特征，重视从思想上建党是我们党加强自身建设的重要法宝。高校基层党组织要提高党员理论学习能力，增强党员学习动力，创建学习平台，在日常生活中要着眼于加强思想教育，通过建立激励机制、约束机制和培训机制，拓宽教育渠道，形成常态化，逐渐构建长期教育机制，提升个人修为；可以通过大规模开展经常性和集中性教育培训、充分利用"三会一课"、党员学习日、主题党日活动、民主生活会和组织生活会等，对党员进行全覆盖教育培训。

6. 社会号召力

社会号召力是一个政党的领导魅力、信念吸引力和对社会的影响力、凝聚力、动员力、引导力和感召力。高校基层党组织承载着"为人民服务、为中国共产党治国理政服务、为巩固和发展中国特色社会主义制度服务、为改革开放和社会主义现代化建设服务"的社会责任和历史使命，社会号召力主要体现为：坚持全心全意为人民服务的宗旨，充分利用学科专业优势，发挥社会服务、文化传承与创新和国际交流与合作功能，用共同价值追求和奋斗目标感召人、鼓舞人，在全社会汇聚形成夺取新时代中国特色社会主义伟大胜利的磅礴力量。

7. 组织创新力

进入历史发展的新时期，创新是提升基层党组织组织力的关键。要把握新时代基层党建工作的规律和高校师生的特点，善于运用互联网技术和信息化手段开展工作。高校基层党组织要强化创新意识，改善创新环境和氛围，从创新组织设置方式、创新活动开展方式、创新党员管理方式、创新联系服务群众方式上着手，积极探索、不断丰富，努力开创新路径，激发教师工作热情、学生学习热情，充分发挥和调动广大党员积极性，使党组织影响力和威信大大提高，激发基层党组织的活力。要自觉地以开放性、包容性和创造性的态度学习贯彻党的先进理论，落实到实际工作中。要允许创新纠错，即高校基层党组织工作的创新过程中允许试错，但要及时纠错，从政治方向、规矩意识、纪律要求等方面进行严格要求，积极营造促进创新的良好工作氛围和环境。

二、提升高校基层党组织组织力的重要性

（一）是高校坚持和加强党的全面领导、落实立德树人根本任务的根本要求

习近平总书记在全国高校思想政治工作会议上强调，我们的高校是中国共产党领导下的高校，是中国特色社会主义高校。办好我们的高校，必须坚持以马克思主义为指导，全面贯彻党的教育方针。在全国教育大会上，习近平总书记又从党和国家事业发展全局出发，进一步突出强调了加强党的领导对于做好教育工作的极端重要性，对加强党对教育工作的全面领导提出了明确要求。高校基层党组织是学校全部工作和战斗力的基础，只有认真学习贯彻习近平新时代中国特色社会主义思想和党中央关于高等教育改革发展的决策部署，把立德树人的成效作为检验学校一切工作的根本标准，在坚守理想信念中筑牢思想"主心骨"，在推进实践创新中把准时代"方向盘"，在强化理论武装中凝聚价值"公约数"，提升组织力，凝聚正能量，才能坚定社会主义办学方向，在落实立德树人根本任务中有为有位。

（二）是高校推进"双一流"建设、努力办好人民满意高等教育的必然选择

高校改革发展的基础工作在基层，习近平总书记强调，基层党组织组织能力强不强，抓重大任务落实是试金石，也是磨刀石。党的十九大报告指出，要"加快一流大学和一流学科建设，实现高等教育内涵式发展"。高校基层党组织只有做到哪里有改革发展任务、哪里有师生员工，哪里就有党的组织和党的工作，充分发挥基层党组织的政治优势、组织优势、组织力量和组织功能，引导广大党员发挥先锋模范作用，才能把学校党政各项决策变成师生员工的自觉行动，更大限度地凝聚人心、汇聚力量，以党的建设引领"双一流"建设，努力实现高等教育内涵式发展。

（三）是高校解决基层党建存在的突出问题、推进党组织全面进步的核心要义

组织力是组织生命力和自我革新力的具体体现，是基层党组织永葆生机

活力、发挥战斗堡垒作用的动力来源。当前,高校基层党建工作不同程度存在的弱化、虚化、边缘化问题,究其本质是组织生命力和自我革新力不强,严重影响和制约了党组织作用的发挥。因此,高校基层党组织只有坚持问题导向,以正视问题的自觉、刀刃向内的勇气、改革创新的精神,以党的政治建设为统领,构建严密完善、坚强有力的组织体系,从严从实教育管理监督党员,提升党建工作质量,推动基层党组织和党员干部自我净化、自我完善、自我革新、自我提高,才能把每一个基层党组织都建设成为永葆生机活力的坚强战斗堡垒。

(四)是高校基层党组织调动党员积极性、谋求发展的重要途径

组织力是一种具有引擎作用的战斗力。科学技术是生产力,党建抓实了,也是生产力。如果说科学技术释放的是物质力量,那么党建释放的则是人的力量——人的智慧、人的积极性、人的创造力等力量。在我们高校,一些基层党组织软弱涣散,一些党员发挥先锋模范作用不充分,形式主义、官僚主义等现象、不愿做不会做群众工作、不善于教育引导师生等问题仍然不同程度存在,严重制约党组织组织力的发挥。高校基层党组织要以人为本,调动广大师生的积极性、主动性、创造性,积极谋求发展;增强问题意识,抓住关键环节,更加注重全面提升基层党组织组织力,把高校基层党组织建设好建设强;要以组织体系建设为重点,着力培养忠诚、干净、有担当的高素质教师队伍,着力培养各方面优秀人才,坚持德才兼备、以德为先、任人唯贤,不断增强党的组织优势、组织功能、组织力量。

三、影响高校基层党组织组织力提升的问题及原因

(一)存在问题

1. 党组织整体功能不够强

党组织整体功能不够强主要表现为:宣传党的主张、贯彻党的决定、领导基层治理、团结动员群众、推动改革发展的力度不够大,成效不够明显。

(1)政治功能偏弱,以习近平新时代中国特色社会主义思想武装头脑、指导实践、推动工作不够,"四个意识"不够强。

（2）贯彻党的教育方针和上级党组织决策部署不够到位，还没有完全把党的领导贯穿办学治校、立德树人全过程。

（3）对意识形态工作重视不够、分析研判不够，做好新形势下师生思想政治工作措施不够有力。

（4）对教育教学工作政治把关和政治引领作用不突出，在人才培养、科学研究、服务社会、文化传承与创新和国际交流与合作等方面发挥政治核心和监督保障作用不够。

（5）群众工作能力和本领不够强，对师生政治追求、发展成长、情感交流、生活帮助等方面关注得不够多，党员、师生缺乏足够的获得感、幸福感和安全感，对党组织的认可度和满意度不够高。

（6）对社会的影响能力、引导能力、号召能力不够强。

2. 党员教育管理监督不严不实

党员教育管理监督不严不实主要表现为：师生党员党的意识和党员意识不够强，还没有完全自觉做到思想上认同组织、政治上依靠组织、工作上服从组织、感情上信赖组织，先锋模范作用不够突出。

（1）党员教育载体不够丰富，吸引力、感召力、影响力不强，实效性有待提升，有的党员参加政治理论学习的主动性、自觉性和学习的深度、广度还不够，学以致用、用以促学还有差距。

（2）发展教职工特别是较高职称的教师入党需加大力度，有的学生入党动机存在功利化色彩，发展的党员对照"四讲四有"合格党员的标准还有一定差距。

（3）党性锤炼不够，党员自我要求不严，关键时刻发挥作用不够，有的党员领导干部示范带动作用不强，没有形成"头雁"效应，有的教师党员组织观念和纪律意识不够强，师德师风和学术道德存在问题。

（4）党员教育管理监督机制不够完善、解决理想信念不够坚定、宗旨不够强等问题缺乏务实管用的思路和手段，利用民主评议党员等工作制度表扬先进、鞭策后进不够，管理监督失之于宽、失之于软的问题尚未从根本上解决，敢抓敢管、正风肃纪力度不够。

3. 党支部建设不够均衡

党支部建设不够均衡主要表现为：组织体系不够坚强有力，党建质量不够高,在落实中心任务、攻坚克难、推动发展中向心力、凝聚力、战斗力不够强。

（1）标准化、规范化建设不够,有的党支部设置不够科学,支委会班子成员发挥作用不充分,班子整体合力不足。

（2）落实"三会一课"等组织生活制度不够严格,党内政治生活的政治性、时代性、原则性、战斗性不够强。

（3）高校党建工作重点任务落实得不实不细,结合党组织工作实际和党员思想实际主动思考和谋划党建工作不够,党建工作与中心工作融合得不够紧密。

4. 基层党组织和党支部创新性不足

基层党组织和党支部创新性不足主要表现为：基层党组织和党支部没有充分意识到创新思想政治工作的重要性,习惯于用固有思维对待和处理实际工作中出现的新情况、新问题。

（1）工作中的创新机制不全,缺乏相关政策引领,激励评价创新机制和纠错保障机制也不健全。

（2）基层党组织思想政治工作人员除少数的专职人员以外,大部分是由具有教学科研任务的老师兼任,对飞速发展的信息化载体不熟悉,对党建工作创新缺少研究。

（3）党建工作方式方法较为单一,工作载体不够创新,培育和打造品牌不够,党建创新项目质量不够高,对党员吸引力、影响力不够。

（二）原因分析

1. 思想认识不到位

对全面从严治党要求和新时代党的建设总要求、新时代党的组织路线理解把握不够深透,不能正确认识和妥善处理抓党建与抓中心工作的关系,没有真正树牢"围绕中心抓党建、抓好党建促发展"的理念；有的干部、教师一定程度上存在重业务工作,轻党建的情况,与新时代全面从严治党的要求有差距,影响了组织力提升。

2. 理论指导不够

目前组织力及基层党建组织力尚无明确定义,十九大报告提出的"提升基层党组织的组织力"是一个新的论述，实际工作中，相关的思想认识和理论指导还明显不够，需要深入研究和实践探索。

3. 责任落实不到位

履行全面从严治党主体责任层层传导压力不够，一定程度上存在"上紧下松""上热下冷"现象；有的基层党组织书记抓党建的主业意识、主责意识不够强，支委会班子其他成员对抓党建责任理解模糊，"一岗双责"落实不够；有的党组织负责人民主意识不强，不能严格执行民主集中制，要么独断专行、搞"一言堂"，要么议而不决，决而不行；部分基层党组织"三会一课"执行不到位，特别是党小组会议不能按时召开。

4. 缺乏科学的工作评价和机制

组织力建设应遵循科学的分析和实践要求，形成具体的规范，有章可循，建立比较全面和可操作的工作指标和建设规范。有的党组织存在党建责任机制不完善、指导和监督检查不够、问责机制也不健全的问题；部分党组织抓党建缺乏工作主动性、积极性，工作中责任不明确、制度不健全、投入不到位、人员不保证，思想政治工作"不想做、不愿做、不会做"的问题在一定范围内依然存在；党建考核和民主评议的结果运用和问责力度不够，对基层党组织不作为、慢作为的问责机制不健全。

5. 党务工作队伍建设不到位

有的党组织班子和行政班子团结不够，协调不足；有的党务队伍配备还不充足，有的高校党委工作部门人员过少，有的院系专兼职组织员尚未配齐，缺乏高素质专职党务工作力量；队伍教育管理不严，有的教师党支部书记工作经验或精力投入不够，教育培训的力度、广度和深度不够，队伍学习能力、政策把握能力、创新能力和党建理论研究能力亟待提升；激励约束机制仍有待进一步完善，职务职级"双线晋升"政策落实得不够，专业化、职业化水平不高，队伍荣誉感和使命感不强。

6. 党建创新浮于表面

党建工作创新浮在表面，零碎而不系统。有的只注重形式、不注重效果，只讲理念创新而实践载体没有配套，口号喊得响而工作无实效，影响党组织主力的提升；有的片面追求标新立异，提法过时、不准确，甚至还有明显错误；有的只搞体内循环、自娱自乐，工作覆盖面和影响力不大。

四、高校基层党组织提升组织力主要途径

提升组织力是系统工程,应在理论剖析的基础上,准确把握新时代基层党组织建设的新目标、新定位、新要求,立足高校基层党组织工作实际,以突出政治功能为重点,以建设坚强的战斗堡垒为根本目标,聚焦问题,创新方式方法,全面准确发力,形成合力。

(一)以突出政治功能提升组织力

基层党组织是政治组织,具有鲜明的政治属性。没有政治力就没有组织力。政治功能是基层党组织最核心、最本质的功能,政治建设是党的根本性建设。学习贯彻党的十九大精神,加强新时代基层党组织建设,必须加强政治建设,这是提升基层组织力的前提要求和根本保障。高校基层党组织要坚持社会主义办学方向,应把政治建设摆在首要位置,保证党中央决策部署贯彻落实,坚持立德树人根本任务,推进成为"双一流"建设中的坚强堡垒。

高校基层党组织要在强化政治引领上下功夫。把学习宣传贯彻习近平新时代中国特色社会主义思想和党的十九大精神作为首要政治任务,抓实党内集中教育,抓住"关键少数"、带动"绝大多数",紧盯基层各党支部,推进"两学一做"学习教育常态化、制度化,突出理想信念和党章党规党纪教育,使党员牢固树立"四个意识"、坚定"四个自信"、践行"两个坚决维护",不断提高基层党组织和党员运用马克思主义分析和解决实际问题的能力。

(二)以推进中心工作提升组织力

高校基层党组织的战斗力和发挥战斗堡垒作用,归根结底反映在促进中心工作和推进改革发展上,围绕中心、服务大局是提高基层党组织组织力的出发点和落脚点。因此,提升基层组织力,必须紧密围绕中心工作,不断提高党建工作在学校各项事业中的领导力度和参与深度,推动党建工作在学科建设、人才培养、科学研究、大学治理、民主管理、服务社会和文化传承与创新等方面有效结合、深度融合,充分发挥政治核心和战斗堡垒作用,引领和保障中国特色世界一流大学建设。服从服务于中心工作和改革发展重点任务,让党旗在一线飘扬、党徽在一线闪耀,在改进工作、提高质量、推动发

展上打头阵、当先锋。

（三）以推进全面从严治党提升组织力

打铁还需自身硬。坚持全面从严治党永远在路上，以规范化、科学化建设为目标，加强基层党组织自身建设，加强党员教育、管理和纪律约束，规范组织生活，不断提高党组织和党员的先进性。

要在严格党内政治生活上下功夫。把严格党的组织生活制度作为基层党建工作的"命门"，把"三会一课"、民主生活会、领导干部双重组织生活、批评和自我批评等优良传统、基本制度传承好、落实好，努力在全面推行、规范完善、提升质量上下功夫；贯彻执行二级院系党组织会议制度和党政联席会议制度，规范组织实施学院内设系（所、中心）议事决策会议，将党对一切工作的领导贯彻到教学科研、管理服务的各个环节。

（四）以加强党支部建设提升组织力

根据高校基层实际，牢固树立大抓基层的鲜明导向和一切工作到支部的理念，贯彻落实中共教育部党组《关于加强新形势下高校教师党支部建设的意见》《普通高等学校学生党建工作标准》，科学设置基层党组织，立足年级、班级、学术组织、教学单位、研究团队等设立基层党组织，保证高校基层师生工作到哪里，党组织就延伸到哪里，保证组织设置合理、规模合理、工作到位。

要抓实党支部建设，聚焦基本组织、基本队伍、基本活动、基本制度、基本保障，创建党建标杆院系和样板支部，建立"晋位升级"机制，开展党支部工作考核评价，推动党组织建设全面进步、全面过硬。要抓实队伍建设。把加强党员管理作为内在要求，坚持把政治标准放在发展党员工作的首位，完善党员教育管理和关怀激励帮扶机制，让党员有归属感、荣誉感、责任感；完善党员发挥作用机制，开展"亮身份、树形象、做贡献"活动，在严格管理中凝聚正能量。

（五）以加强班子建设提升组织力

一个坚强有力的基层党组织必然有一个坚强有力的领导班子，选优配强基层党组织书记是关键。因此，应根据高校基层工作特点和需要，加强党组织书记"双带头人"培育，带动建设坚强的领导班子，强化"头雁效应"，将党建工作与业务工作有机融合，杜绝"两张皮"。

要在领导班子履行政治责任上下功夫。从严履行管党治党主体责任和书记抓党建第一责任，领导班子成员自觉认责、履责、担责、尽责，落实两级领导班子成员联系指导教学单位党支部制度，构建承诺、述职、评议、考核、问责"五位一体"工作体系，推动党的建设各项任务落实到师生中；建立常态化调研督查机制，以不定期检查、专项督查等方式，推动责任落实。

（六）以加强基层党务工作队伍能力提升组织力

党务工作者是党的工作的规划者、组织者和实施者，是党的工作和战斗力的基础。大力加强党务干部队伍建设，提高党务干部队伍整体素质，是加强党的先进性建设和执政能力建设，做好党建工作的重要基础和关键。

基层党建工作千头万绪，必须着力在打牢基础、补齐短板上下功夫，不断加强基层党务工作队伍能力，夯实提升组织力的基础。要把加强党务工作队伍建设作为关键之举，配强工作力量，实施"双带头人"培育工程，着力把教师党支部书记队伍建设成为新时代高校党建和业务双融合、双促进的中间骨干力量，把学生党支部书记队伍建设成为引领优良班风、校风、学风，引导学生践行社会主义核心价值观的中坚力量。着力建设一支专职为主、专兼结合、数量充足、素质优良的组织员队伍，落实高校"双重身份"、职务职级"双线晋升"政策，确保党务工作队伍职业有发展、干事有动力、待遇有保障。

（七）以加强制度机制建设提升组织力

科学、合理、有效的制度是协调人与人关系的最有效手段，也是管理的最有效手段。不断创新和完善基层党组织工作机制，及时总结凝练，固化成科学有效的工作制度，将制度建设贯穿于基层党组织建设、提升组织力的各项工作活动中，为提升基层组织力提供有力的保障。

要立足基层党组织工作实际，通过建立和健全责任落实机制、宣传引领机制、联系帮扶机制、监督考核机制、激励表彰机制以及创新机制等主要工作机制，形成工作的制度规范和量化方案，从政治方向、规矩意识、纪律要求等方面进行严格要求，积极营造提升基层党组织组织力的良好工作氛围和环境。

（八）以服务师生提升组织力

全心全意为人民服务是党的宗旨，是基层党组织的主要功能之一。贯彻落实宗旨要求和以人民为中心的发展思想，高校基层党组织一切工作的出发点和落脚点都应体现在服务师生上。因此，应立足服务型党组织建设要求，把服务师生作为党建工作的重要支点，办实事、做好事、解难事，不断增强师生的获得感、幸福感、安全感，使基层党支部在服务中唱主角，与时俱进，聚焦服务内容、明确服务要求、强化服务落实、深化服务效果，在服务中夯实党组织基础。

要积极搭建党员发挥作用的平台，把党组织的要求转化为党员可实践的具体行动，提升执行能力和服务能力，充分发挥党的群众工作优势和党员先锋模范作用，将汇聚的组织资源、凝聚的组织活力、集聚的组织优势，转化为推动发展的资源、活力与优势。

（九）以创新方式方法提升组织力

加强学习型、创新型党组织建设，紧跟环境、任务、问题、对象、手段等要素的变化，适应信息化发展要求，抓实党建创新。要结合师生党支部和党员实际，及时创新和改进基层党组织工作方式方法，找准切入点和着力点，推动工作机制、组织体系、队伍建设、活动载体、方式方法、场所阵地建设等方面创新，推进党建工作项目化管理、长效化运行，精心培育党建工作品牌，不断激发基层党建的内生活力和创新动力，不断增强基层组织活力和工作吸引力。

要创新组织设置方式。按照传统系（所、中心）和学生班级等方式设立党组织已经无法满足新时代党建工作的要求。随着新生事物的出现，牢牢把握全面从严治党向基层延伸这条主线创新组织设置，可以按照专业设置和实验室分布建立党支部，使党的组织向纵深发展；要创新活动开展方式，充分利用新媒介、新技术、新传播手段和新沟通手段，用现代科技元素组织开展活动,增强组织生活的政治性、时代性、原则性、战斗性。探索新时代组织活动的新特点,从活动策划、主题选定、方案制订到形式确定,都尽可能让师生党员"按需点菜",确保"对口味",提高党员的参与率和积极性;要创新联系服务群众方式,基层党支部是联系服务群众最直接和最密切的党组织,通过建立党组织联系服务困难师生、党员一对一或一对多结对帮扶学生、开展党员服务群众活动等,发挥党组织优势,全方位联系和服务群众,更好地提升党组织的组织力。

五、制定《学院党组织提升组织力建设指标体系》

理论研究的主要目的和价值在于发现问题,认识规律,找到解决问题的办法,指导和改进实际工作。因此,立足于学院党组织建设的实际,为全面学习、宣传和贯彻党的十九大精神,深入学习、领会和贯彻习近平新时代中国特色社会主义思想,落实中共中央组织部、中共教育部党组印发的《高校党建工作重点任务》,结合《北京高校党建和思想政治工作基本标准》,运用本研究的主要观点和结论,制定了《学院党组织提升组织力建设指标体系》(以下简称《指标体系》),主要内容包括:加强领导班子和干部队伍建设、加强学院党建工作、加强学院师生党支部和党员队伍建设、落实党建工作责任等的主要任务、具体举措对应的组织力提升指标点。

该《指标体系》是学院提升组织力的制度规范和量化方案,促进和保障了学院党委组织建设工作的创新、完善和有效开展。

教学改革党建专题

书院制模式下大学生党员先锋模范作用发挥研究

课题负责人：李　冰

一、研究背景

2018年，学校实施了大类招生、大类培养的人才培养改革，构建了书院制管理模式。在新的管理模式下，大学生党建工作呈现出新形势，面临新挑战。特别是在书院制实行之初，合理建设党组织、健全各项制度、推进党建工作特别是发挥学生党员先锋模范作用等都对学生党建工作提出新要求。

高校学生党员的基本现状和特殊地位决定了其必须更好地发挥先锋模范作用。学生党员是学生中的先进分子，是学生中的骨干，是学生队伍中的重中之重。他们作为学生中一个特殊的群体，不仅具有当代学生的普遍特点，同时也履行着作为共产党员所承担的职责，其自身所具有的典型性、特殊性等特征使得他们在学习、工作、生活等各个方面能够对其他同学起到引导、示范和表率作用。因此，在书院制管理模式下，探索学生党员发挥自身的先锋模范作用，并将此作为自己的庄严使命和应尽义务，更好地发挥以典型激励书院学生、以先进带动后进、以党风促校风的积极作用具有重要意义。

本课题一年来的研究，均以北理工书院制为依托开展。

1. 目前我校书院制推行现状

本科大类培养是根据我国教育发展的实际情况做出的教学改革，是涉及人才培养模式、课程体系、教学方式方法、管理机制和模式的一次深刻改革，是学校教学改革的深化和发展，也是学校进行内涵建设、提高人才培养质量的重要举措。

2018年是我校大类培养改革非常重要的一年。学校正式成立了精工书院、睿信书院、求是书院、明德书院、经管书院、知艺书院、特立书院、北京书院和令闻书院九大书院，全面覆盖了2018级全体本科新生。从2018级本科生开始，全面启动由各书院分别负责相应大类专业的培养方案制订、教学管理和学生教育管理的工作模式。其中，精工书院、睿信书院、求是书院和明德书院四个书院作为单独成立的试点书院。四个书院实行单独管理，学生的教育管理从学院中剥离。教师队伍由院长、责任教授、教学副院长、学生副院长以及学生工作办公室主任、教学干事、学生干事、辅导员等组成。此外配备了"三全导师"对学生全面成长成才予以指导。

2. 独立书院运行面临的问题

（1）新书院建立导致"传帮带"断层。

四个独立书院所辖学生全部为2018级学生。在入学初期，周围环境一切都是新的，容易产生迷茫。在原有的学院制管理模式下，从大一到大四、研究生等有完整的学生组成，同一学院学生容易形成"传帮带"，高年级学生以自己的大学成长经历引导新生尽快适应大学学习生活。而由于书院建立第一年的特殊性，新生难以在日常学习活动中得到高年级学生对于学校学习生活的介绍与引导，生活以及心理上会产生更多的困惑。"传帮带"体系的缺失，使书院的学生与高年级学生之间难以建立良好的交流通道，难以形成相互交流、相互学习的良好氛围，对学生的自身发展有一定的限制作用。

（2）专业不确定性的焦虑情绪。

在大类培养背景下，书院学生全部通过大类招生进入大学，同一书院的大部分学生属于一个专业大类，实行大类培养和大类管理，学生进入书院后专业未定，对于专业的了解也不够清楚明白，在对于专业的认知以及即将到来的专业确认上存在着诸多迷茫，容易产生焦虑情绪。

（3）学生党员极度匮乏。

由于书院中全部为一年级学生，学生党员人数为零，所以无法建立学生党支部，但他们已成年，对于党组织有着较高的热情，渴望与党组织靠近。

在大一尤其是新生入学期间提交入党申请书的人数较多，而书院的教工党支部党员数量仅为3~5个，对于积极向党组织靠拢学生群众的关怀以及培养工作力量明显不足，在党的知识传播中有着各种的不足与不便之处。

二、研究思路

本课题研究通过资料收集、书院制高校调研，基于我校具体情况进行了分析和预判；在我校四个试点书院之一明德书院的党建实践中进行了较为深入的梳理和研究，进行实证分析；通过进行研究探讨，针对书院制模式下大学生党员先锋模范作用发挥提出方案；将这些方案应用于明德书院党建工作中，并不断完善；将成效显著的工作方案固化，形成可延续的党建工作做法，指导书院党建工作。

三、主要研究观点

大学生党员是学生群体中的佼佼者，是带领广大学生群众投身祖国建设浪潮的领头羊，是建设中国特色社会主义事业的中坚力量。大学生党员作为党组织中的特殊群体，是优化党员队伍结构的新生力量，也是加强党的先进性建设的重要力量。党章明确规定共产党员要充分发挥先锋模范作用，作为新时代的大学生党员，其先锋模范作用的发挥不仅是高校基层党建工作的重要标尺，更是增强党组织凝聚力和战斗力的重要保证。尤其是在党中央大力加强党的先进性和纯洁性建设、大刀阔斧地进行反腐倡廉以及"三严三实""两学一做"等有关党员教育活动开展的今天，大学生党员先锋模范作用的发挥有着更为重要的实践意义。

1. 学生党员先锋模范作用有其重要性和必要性

大学生是一个流动的知识群体，其流动性决定了发挥学生党员先锋模范作用的重要性。发挥学生党员的先锋作用，不仅是学校良好校风学风的根本体现，也是一种不可或缺的重要力量。切实发挥高校学生党员的先锋模范作用，不仅是加强其自身队伍建设的必然要求，更是对高效、优质地培养德智体美劳全面发展的中国特色社会主义事业合格建设者和可靠接班人的现实需要。

学生党员的先锋模范作用是工人阶级先锋战士的先进性、积极性和主动精神的具体体现,是指广大大学生党员必须按照党章的要求,在为实现社会主义现代化建设的奋斗中,在工作、学习和生活等方面,通过自己的带头、骨干和桥梁作用影响和带动周围的同学积极进取、勇于奉献。

学生党员的先锋模范作用是加强学生思想政治工作的重要内容和基本途径。因为充分发挥学生党员的先锋模范作用,可以影响并带动一批青年学生向上向善、积极主动、追求进步;同时,对于高校内部崇尚先进、学习先进、争当先进的良好氛围的形成具有极大的推动作用。

2. 高年级党员成为书院学生党建工作助力军

学生党员又扮演着党组织、辅导员与同学之间桥梁的角色,学生党员与学生群众在一起生活和学习,身份的特殊性使其能够更好地接触其他同学,能够为广大同学树立学习、工作和生活中的先进共产党员形象。此外,学生党员真实地了解非党员的思想学习状况,可以及时与党组织汇报,便于能够更好地指导和开展工作。

由于书院学生党员的匮乏,迫切地需要高年级学生党员的参与。在学生党员先锋工程、打铁立德党支部规范化建设等工作的基础上,加强统筹谋划及顶层设计,实现学院与书院协作联动,发挥各学院学生党支部、大学生党员的作用,使他们的影响力及作用发挥延伸到书院,使书院的学生感受到党员先锋模范作用的发挥、感受到党组织的温暖。

因此,应选派优秀的高年级党员为书院学生党建注入新的活力和力量。高年级学生党员通过开展课程、谈话走访等方式,深入书院学生群众,协助开展基础组织建设、入党教育,理论学习等工作。帮助学生群众坚定党领导的政治地位,树立党的光辉形象,传播党的光荣历程,宣传党的领导方向,使更多的学生提高自身思想高度,更加积极地向党组织靠拢。高年级的优秀党员通过自己扎实的理论知识、丰富的工作经验为书院党建工作的正常有序开展奠定了基础。

3. 学生党员成为朋辈教育关键力量

为了更好地助力大类培养改革工作,在书院制管理模式下促进学生更好地成长成才,学生党员是"三全导师"中"朋辈导师"的最佳人选。党员是学生中的佼佼者,有着先进的思想、扎实的理论功底,可以借鉴的成长经历等。高年级学生党员担任书院"朋辈导师",为低年级学生树立正确良好的优秀形象。结合自身大学学习生活，从思想引领、学习实践、专业引导等多方面开展朋辈教育工作，引导学生树立正确思想，扩宽学生思想宽度，助力书院学生党性意识的培养，成为引领书院学生成长成才的先锋和表率。同时，根据所学专业辅助进行专业介绍，结合专业内容以及社会需要，助力低年级学生的专业确认工作，合理开展学业生涯规划。

4. 在学生服务中发挥党员先锋模范作用

学生党员先锋模范作用的发挥应该走好群众路线，利用书院制管理平台，践行为学生服务。从学生中来，到学生中去，实现学生党员真正的价值。应更好地发挥其服务精神，作为"传帮带"的补充力量，对于学习生活有困难的低年级学生，可进行一对一或一对多服务活动，如课后作业辅导、生活指导以及心理疏导等相关内容。通过精准到位的服务，可使低年级学生更好地感受书院的温暖，更好地融入适应学习生活。

四、取得成效

1. 高年级党员成为书院党建工作者

明德书院选拔了20名高年级党员参与到书院党建工作，研究生比例超过50%，其中1人担任党建组织员，14人担任理论学习小组组长，5人参与党支部基础服务工作。

2. 建立了理论小组学习制度

明德书院在入党教育、积极分子培养环节中增设了理论学习小组。以团支部为单位成立理论学习小组，选派了高年级学生党员担任组长，定期开展学习工作。小组长利用自身的先进思想、良好的党性修养，带领学生群众在书院党支部统一制订学习计划和内容开展学习。学习内容包括但不限于时政热点、党中央文件、重要讲话等。上学期各学习小组各自开展4次学习活动，通过学习和讨论，坚定党领导的政治地位，树立党的光辉形象，传播党的光荣历程，宣传党的领导方向，吸引更多更优秀的学生向党组织靠拢，为党储备更多新鲜血液。

3. 学生党员开展学习生活帮扶

在学生党员参与服务方面，优秀的高年级党员通过参与自治委员会的组织管理服务书院学生，带动并促进学生自治委员会的自我管理、自我教育和自我服务，例如"生活解惑""定制党建工作档案"等工作，第一时间解决同学日常生活中遇到的学习工作问题。学生党员参与到学校大类培养改革进程中，做到了与时俱进，达到思想领先、行动领先、本领领先，确实履行好党员的基本权利和义务。同时，通过交流学习，党员自身优秀的事迹可以成为引领书院中学生成长成才的先锋和表率。

五、存在问题及下一步计划

1. 存在问题

（1）学生党员的政治理论学习深度以及个人思想水平高度仍需进一步提高，对于时政热点、言论舆情的把握欠缺。

（2）学生党员的积极性与主观能动性仍需要进一步调动，让更多的学生党员参与到书院服务工作中，发挥其模范带头作用，更好地组织书院党建工作。

（3）现有书院学生党建工作模式仍显单薄，需设立更多内容形式，吸引更多的学生党员、积极分子参与，提升书院党建效果。

2. 下一步计划

（1）继续推进理论学习小组工作，紧跟时代热点，加强理论结合实际，增强工作的实效性，提升学生思想高度。

（2）构建学生党员参与书院党建工作的考核和反馈机制，与学院开展更好的联动措施，调动学生党员积极性。

（3）进行改革创新，发展更多的党建活动形式，吸引更多高年级学生党员参与书院党建工作，服务学生，发挥模范带头作用。

（4）通过强化党员责任区，深化助学零距离，推进学生党员服务新生、做好"朋辈引导"等工作，指导学生党员在书院制学生思想引领、服务成长成才中发挥应有作用，统筹布局、统筹服务书院内学生的模式。

大类培养背景下高校社区学生服务型党组织建设研究

课题负责人：王一飞

在党的十九大报告中，习近平总书记提出新时代下党的建设工作总要求，要坚持和加强党的领导，要全面推进党的政治建设、思想建设、组织建设。随着高校政治使命和社会责任不断强化，加强学生党员服务意识，增强服务型党组织建设是高校党建工作的重要课题和人才培养的现实需求。在大类培养背景下，高校学生社区作为校园文化和生活的重要载体，承载了服务育人的使命。因此，在学生社区建立和健全学生服务型党组织和行之有效的服务体系是迫切需求的。

一、研究背景

高校学生党组织，是党联系广大青年学生的重要桥梁，与大学生联系最为密切、影响最为直接。如何将学生基层党组织建设提高到一个新水平，更好地发挥基层党组织战斗堡垒作用和党员的先锋模范作用，在大学生的思想、学习、工作和生活中的引领作用，是高校学生党建工作的重中之重。

1. 学生服务型党组织建设的理论基础

党的十八大报告首次提出加强服务型党组织建设，这是对执政党建设规律更自觉、更全面、更深刻的把握，也是新形势下加强党的基层组织建设的重要部署。服务型基层党组织建设，旨在不断增强各级党组织联系群众、服务群众、凝聚群众的功能，切实提高党的执政能力，与党的群众路线教育实践活动解决提升服务群众效能问题的目标一致。

随着高校政治使命和社会责任不断强化，加强高校学生服务型党组织建设，不仅是当前高校党建工作的重要课题，也是高校人才培养的现实需求。

从现实看，高校学生党组织的工作职责是为学生和学生党员服务，为人才培养工作服务，有其自身特殊性。高校学生党组织的服务对象直接面对学生，他们是国家现代化建设的后备军，承载着国家富强、民族复兴的光荣使命，这一特殊性要求是推进学生服务型党组织建设的内在强大动力。因此，加强学生服务型党组织建设，是实现党提出"创新基层党建工作，夯实党执政的组织基础""全面提高党的建设科学化水平"的重要组成部分，是新形势下加强和改进高校党的建设与提升党建工作科学化水平的重要途径，是提升人才培养质量和推动学校教育事业迅速发展的根本保障。

2. 高校大类培养的推行现状

当前，我国多数高校的学生管理基本体制是校、院两级管理的组织结构模式。学院对于学生有着教育和管理的双重责任，学生的管理属性与所学专业所在的学院挂钩。随着我国社会经济体制变革和高等教育改革的不断深入，为了更好地适应大学生思想政治教育工作，拓宽大学生思想政治教育工作的阵地，我国一些高校正在逐步打破这种传统学生管理体制的僵局，加大教学改革和创新型人才的培养力度，开始积极探索学生管理工作的新思路、新体制，构建大思政的工作新格局。"书院制"是大类培养的产物，是对学生管理体制创新的一种大胆尝试。在书院制管理体制下，学院的主要功能在于专攻专业教学和科研，书院的主要任务则是负责学生的管理和全面发展。近年来，国内部分高校实行书院制改革，促进了学生社区的快速发展，学生社区的教育功能得到充分的发挥。

以我校为例，2018年上半年，我校首先启动并顺利完成了大类招生改革，将招生专业（类）由19个缩减到10个，实现了跨学院、跨学科大类招生，紧随其后的书院制管理则是与大类招生相配套的学生大类培养与管理的重要改革举措。在首个夏季学期中，学校正式成立了精工书院、睿信书院、求是书院、明德书院、经管书院、知艺书院、特立书院、北京书院和令闻书院。这九个书院作为本科生大类培养、大类管理的校设工作组织，从2018级本科生开始，全面启动由各书院分别负责相应大类专业的培养方案制订、教学管理和学生教育管理的工作模式。这九个书院，全面覆盖了2018级全体本科新生，新生根据所报考的不同大类专业，入读相应书院。

实施书院制是北理工聚焦人才培养中心工作，推动人才培养模式改革的重要举措。在书院制模式下,学校深化推进通识教育、提高学生综合素质,并积极关注学生的自主性学习,激发和引导专业兴趣,实施高质量的个性化培养,最终实现对学生的价值塑造、知识养成和实践能力提升。同时,书院制的运行,对我校的学生教育管理工作也是一种强化,依托书院和宿舍,做好大学生社区教育,强化学生在自主精神、独立能力和时代担当方面的历练,并对教育内容进行强化。

3. 大类培养模式下我校学生党建面临的问题

为培养社会主义合格建设者和可靠接班人,培养改革势在必行。新时代的大类培养改革,推动了大类管理的进程,学生管理逐步从院系化向社区化推进。同时,"00 后"学生站上了高校的舞台,也带来了新一代青年的新思想,这对高校党建思想政治工作提出了新挑战和新任务。

(1) 学生教育管理社区化。

随着大类培养模式的推行,同班级学生相同属性将随着专业的确认逐渐消亡,会引发二次甚至多次的新班级组建,班级概念逐渐淡泊,不利于凝聚学生的归属感。而以宿舍属地为相同属性,以学生社区为基本组成单位的社区更容易形成集体的凝聚力。因此,原有以班级、院系为架构的学生党组织在贴近学生、了解学生、联系学生和服务学生上都遇到了现实困难,不利于学生基层党组织建设的开展和战斗堡垒作用的发挥。

(2) 书院学生低龄、年级单一。

我校的大类培养改革,书院制管理模式的运行是从 2018 级本科生开始的,因此目前书院学生全部为一年级新生,年龄主要集中在 17~19 岁。低龄和年级单一造成了仅有极少数已满 18 周岁学生在高中阶段提交了入党申请书,积极分子人数几乎为 0,学生中没有党员,无法建立学生党支部。而大一新生提交入党申请书比例约为 30%,需要党组织培养考察的人数较多,完全依靠教师党支部开展工作面临较大困难。

(3) 学生体验式教育的需求。

2018 级已经全面进入"00 后"时代,新世纪一代已经正式踏入大学校门。这一代学生拥有更好的成长环境和教育氛围,视野开阔,信息资源丰富,主人翁意识较强,这些鲜明特点导致了固有过多共性约束、传统灌输式学习方式难以满足他们的需要,学生更倾向、更乐于在实践体验过程中感悟、反思,将体验内化形成个人的道德意识和思想品质,在反复的体验中积淀成自己的思想道德行为。而现有的入党教育,积极分子培养的体系和方式在体验式教育方面的内容尚有不足。

二、研究思路

本课题研究思路:第一,以文献查阅、资料收集为基础,部分高校调研为实践经验,对于目前我国大类培养改革的现状进行较为深入的了解;第二,针对我校大类培养改革下书院制管理模式的党建工作进行实证分析,梳理改革后面临的实际问题;第三,通过进行研究探讨,结合党建工作的案例,针对学生社区服务型党组织建设的实际工作提出方法和对策;第四,将这些方法和对策应用于实际党组织建设工作中,并不断完善;第五,将可行的学生社区服务型党组织建设工作固化,凝练升华成经典理论,指导今后工作。

三、主要研究观点

《中共中央关于加强和改进新形势下党的建设若干重大问题的决定》中提到要以创新的理念推动党建工作,进一步提升党建工作水平。在大类培养改革的热潮中,传统以院系为单位进行党建工作的模式逐渐趋于瓶颈。基于学生社区的党组织建设既是对传统党建工作的延伸和发展,又是新时代高校党建工作的创新和提升,具有重要性和必要性。

1. 让高校社区成为学生服务型党组织建设的阵地

习近平总书记在全国高校思想政治教育工作会议上强调要把思想政治工作贯穿教育教学全过程,开创我国高等教育事业发展新局面。推动高校的思想政治工作和党的建设工作,必须促进党建工作与中心工作深度融合,主动出击引导校园整体的思想文化意识形态。高校的学生党员和积极分子将会是组成新时代党员的后辈力量和主力军。

大类培养背景下,学生社区已逐渐成为学生集体生活的主要场所,也将是思想政治教育工作的新兴阵地,受到越来越多的关注。学生社区汇聚着大学生的思想、认知、意志、行为、情感等,体现着大学生的精神风貌、生活习惯、思维方式、教风学风,是校园生活的重要组成部分。高校学生社区学生服务型党组织建设,摆脱过去一些呆板、单一、枯燥的工作方式,保持与时俱进的工作理念，在巩固原本的组织和阵地优势基础上，创新工作方式，扩大和提升自身的影响力和辐射面。这是实现党提出的"创新基层党建工作，夯实党执政的组织基础""全面提高党的建设科学化水平"的重要组成部分，是新形势下加强和改进高校党的建设与提升党建工作科学化水平的重要途径，是提升人才培养质量的推动力。

我校大类培养书院制管理模式中，学生社区逐渐成为凝聚学生归属感的重要空间。作为校园生活的重要组成部分，社区不光是学生学习、生活、休息的场所，更是开展思想政治培育工作的重要空间。因此，学生思想政治工作也逐渐在学生社区推动发展。在学生社区推动服务型党组织建设不仅是深入落实"加强服务型党组织建设"的要求，更是贯彻落实全过程开展思想政治工作的实际举措、服务育人的重要手段。走进学生、了解学生，使有针对性地服务学生，并在服务过程中，引导学生树立正确的世界观、人生观、价值观，培养良好的道德品质，促进全面成长成才。

2. 以高年级学生党员为主建设社区服务型党组织

学生社区范围较广，拥有大量素质高、能力强的党员和入党积极分子。高校社区学生服务型党组织可以充分发挥党员的榜样力量带动社区正向发展。学生党员是高校中以共产主义为信仰、有坚定的中国特色社会主义理想信念的进步群体，肩负着先锋模范带头作用和表率责任。学生党员先锋模范作用，能够在学生社区产生正向影响，通过党员的骨干、带头和桥梁作用，影响和带动周围的同学共同实现党的纲领和路线的行动。

在我校大类培养书院制管理模式下，充分利用专业学院高年级的优秀党员、学生社区的党员骨干力量，可以弥补目前我校书院制管理中学生党员空缺问题。以学生社区为阵地，将学生党员的优秀理想信念融入服务工作中，通过帮助低年级学生排忧解困，树立党员的先锋模范榜样，带领广大学生端正人生态度，坚定理想信念，积极向党组织靠拢，感受到新时期党组织的魅力，为党储备坚实的后备力量，起到引领和榜样作用。同时，在书院党组织的指引下，学生社区服务型党组织能够通过传播党的纲领、协助书院党支部做好入党积极分子培养工作。学生社区服务型党组织可作为书院党建工作的延伸和补充，与书院教工党支部建立起互动沟通平台，及时、客观、全面地掌握入党积极分子的思想动态，健全考察和监督机制，更为行之有效地做好组织发展和育人工作，最终成为高校党建工作的延伸阵地、干部培养的重要基地，具有较强的可行性和实效性。

3. 学生党员服务学生

"学生党员服务学生"不仅是贯彻落实党为人民服务的根本宗旨，也是对新时代学生党员特性的要求与需要。《中共中央国务院关于进一步加强和改进大学生思想政治教育的意见》曾指出："坚持服务与自我服务相结合是新时期高校开展学生组织活动、引导大学生思想政治教育的基本原则之一"。大类培养的书院制管理模式体现了"以学生为主体、尊重个体差异、注重个性发展"的现代管理制度。管理服务制度也需要从之前惯有的体制切换到以学生成才为中心的个性化培养服务上。

首先，学生社区服务型党组织建设，为学生党员、积极分子提供了实现自身价值创造的必要条件，为奉献服务提供了好的平台和载体以及在理想信念层面崇高追求的一个落脚点。为同学服务能够推进学生的自我认识、自我成长、自我发展和自我完善进程，使自身特点得到积极向上的发展，自我潜能不断地被发掘，进一步推动学生党员自我价值的实现。

此外，对于被服务对象的学生而言，教职员工、后勤物业管理人员的服务等已经难以满足新时代学生的诉求。学生服务学生可以充分发挥朋辈力量，让最了解学生的人去服务学生。当其他服务人员无法深入了解某些问题情况时，学生党员更容易站在学生问题提出的层面，理解并解决问题，从而提高服务的准确性和时效性，满足学生服务个性化的需要。例如，学生社区的优秀党员可以通过提供文化服务工作——"社区课堂"，构建学风的助推平台，给大学生提供更切己、更个性化的服务，可以积极助推优良的学风建设，进一步助力高校人才培养的体系建设。

4. 在学生社区服务工作中培养党的后备力量

高校学生作为国家现代化建设的后备军，是推动学生服务型基层党组织建设的强大动力。担负国家富强、民族复兴的一代学生，更需要党组织的联系和关心，使其紧密地凝聚在党组织周围，永葆党的先进性，提高党的执政能力。

因此，社区的学生服务型党组织应积极号召学生群众加入服务工作中来。通过参与党组织的服务工作，进一步感受党员优秀理想信念，感受党的光辉形象，促使更多的学生群众主动靠近党组织。在积极分子培养方面，通过实践服务工作，让积极分子进一步了解党的宗旨，端正入党动机，切实提高入党积极分子的综合素质并作为党组织的培养教育和考察的组成部分，为党储备坚实的后备力量。

四、取得成效

1. 在社区建立了学生党员服务小组

在我校明德书院和良乡校区学生社区——BIT良舍分别建立学生党员服务小组，延伸党建工作的阵地。在教工党支部的带领和指导下，开展了"党员进社区，服务在社区"的工作。为学生服务是学生社区党员服务小组的主旨，党员小组在社区对学生开展了"微信答疑""有求必应""寒假送温暖""学业帮扶""搬家助力"等服务工作，服务学生5 000余次，解决同学日常生活中遇到的各类问题。同时，党员服务小组成员在社区加强了党员为人民服务意识的培养，深层次地了解学生诉求，提供切己和个性化服务，成为真正的服务于学生的学生党员，营造和谐、健康的校园氛围。

2. 学生社区服务工作设置党员服务先锋岗

在社区的活动和服务中设立党员服务先锋岗，切实增强学生党员的宗旨意识、服务意识、责任意识和效率意识，展示党员先进性和先锋模范带头作用。在社区工作中创造一流工作成绩，体现党员先进性的岗位称号；促进学生党员做到"五个带头"，即带头学习强素质、带头干事谋发展、带头创新争一流、带头服务比贡献、带头自律树形象，激励学生党员争先创优，奋发向上，树立良好的学生党员形象，成为展现党光辉形象的名片。

3. 高年级党员参与社区党员服务小组

来自化学与化工学院、人文与社会科学学院、法学院、外国语学院和设计学院等5个学院的80余名学生党员加入了社区党员服务小组，并开展服务工作。学生党员率先垂范，积极投身于学生社区的优良学风创建、文明寝室建设、社区文化建设等方面，履行党员职责和义务。以自身朋辈优势，服务学生思想引领、学习实践和专业引导，展现了"爱国奋斗、时代担当"的学生党员的光辉形象。

4. 学生群众积极参与党员服务小组工作

明德书院将参与学生社区服务工作作为积极分子考察的组成部分，让积极分子深度参与党组织的工作和活动。在实际服务过程中，进一步了解党组织生活，接受党员服务小组的指导与监督，以合格共产党员的标准进行培养。同时，将思想政治教育贯穿于服务工作过程中，实现服务育人目标。自 2018 年 8 月以来，学生群众参与"微信答疑""有求必应"等服务工作 300 余次。

五、存在问题及下一步计划

1. 组织建设不完备

党员服务小组尚未成为正式在册的基层党组织，对于监督和反馈机制存在漏洞，人员流动性较大，应考虑成立学生社区临时党支部，完善组织建设。

2. 学生理论水平不高

服务过程中发现，学生党员仍然普遍存在党的基本理论知识欠缺，党性修养有待提升，党言党语使用不够规范等问题，应考虑在开展服务之前进行系统性学习，并定期开展小组学习交流会，开展批评与自我批评。

3. 学生党员积极性有待提高

学生党员服务小组需要更多的党员参与其中，开展更多的服务项目，从而带动学生群众参与其中，让服务与被服务更好地循环起来，可以考虑制定量化考评制度。

学生管理党建专题

艺先锋

——艺术教育融入学生党员思想政治教育的实践研究

课题负责人 许 晶

一、研究背景

美育,又称审美教育,同时也是情操教育和心灵教育,能潜移默化地影响人的情感、趣味、气质、胸襟,激励人的精神,温润人的心灵。随着美育重要性认识的不断深化,党和国家近年来连续出台了多项美育政策用以引导和支持学校美育工作。习近平总书记在文艺工作座谈会上提出了艺术育人、艺术服务社会的新时代功能,在全国教育大会上提出的"德智体美劳"全面发展,给予了美育育人的新时代定位,这些对我校美育工作提出了新要求也打开了更大的发展空间。

回看我校艺术教育工作,艺术育人在凝聚人心、齐力共进、立德树人方面作用显著,相关成果为开展全体学生,尤其是学生党员的教育提供了新的思路,经验值得总结。结合新时代习近平总书记讲话精神,艺术育人在内容、形式和实践路径上值得深入思考,具体而言:进一步加强艺术教育在学生,尤其是学生党员的思想政治教育中的积极作用,用艺术讲好革命文化、传统文化和社会主义先进文化,不断提高学生,尤其是学生党员对国家的政治认同和文化自信,对学校的归属与热爱,通过红色艺术精品不断提升学生的政治素养、审美素养和人文素养。

二、研究思路

艺先锋实践研究立足艺术教育生动多样的育人特点，以传承红色基因和延安精神为目标，结合学生发展特点和教育需要，通过红色艺术"引"和"育"两个抓手，依托"讲台—舞台—平台"三条路径协同发展，开展传承红色精神、孵育校本红色原创、讲好红色故事活动，增强全体学生，尤其是学生党员思想政治教育的实效。

三、主要研究观点

（一）艺术教育是开展学生党员思想政治教育的重要连接点与抓手，具有马克思主义理论的学理支撑

1. 马克思主义美育观

马克思主义美育观是马克思主义经典作家关于美感教育的思想体系，是马克思主义美学思想和教育思想结合的一个组成部分。马克思主义美育观是一种大美育观，是无产阶级美育观，它所倡导的美育，不仅看到了美育与人的本性的关系，而且看到了美育同社会进步的关系。它重视历史和社会生活对人的美育作用，重视生产劳动在美感教育中的作用，重视美感教育的人民性问题，它既是美感的教育，也是综合性的教育。实践越来越证明，在全球化、信息化时代的今天，马克思主义美育观依然具有真理性、现实感和生命力，是因为它突破了以往狭隘美感教育理念的局限，它主张通过审美地认识、把握、改造主客观世界来实现人的自由而全面的发展，实现人的美感能力的提高。与此同时，马克思主义美育观也体现了哲学、美学、社会学、历史学和经济学思想的强力综合。

2. 历史观

抗敌剧社在 1937 年 12 月 11 日成立于河北阜平后改为华北军区政治部文艺工作团，创作出了一大批歌剧和话剧，培养出了群众化、战斗化的作风。抗日战争时期，剧社主要活动于冀西山区，多次深入游击区、敌占区开展对敌政治宣传，反映根据地军民的斗争生活，自编自演了不少剧目。比如曹禺执笔的抗战名剧《总动员》和《全民总动员》，歌颂浴血奋战的战士将领，

歌颂爱国青年积极投入救亡工作。

3. 中国传统礼乐思想

孔子礼乐精神要点：推崇和继承、弘扬三代"重乐"传统；抗争"礼坏乐崩"的"废乐"趋势；根据春秋时代特点与时俱进：礼乐分立并重（不再过分说乐）；礼乐分立并重，但孔子在感情上还是希望或者说仍推"以乐教化天下"为最高境界。德育必须旗帜鲜明有刚性要求，在一般情况下，"礼"也就是德育，就是要毫不含糊、简明扼要地提出对受教育者的要求。当然德育也不拒绝美育的手段。美育的优势在于：它会从看似柔性的角度去感染和浸润学生，让学生自觉自愿地接受教育，从而达到教育目的。

（二）艺术教育对开展学生党员思想政治教育具有显著有效性（以我校艺术教育中心艺术创作和清华大学艺术团建设成效为例）

1. 艺术教育中心艺术创作情况

艺术创作是我校育人路径中非常重要的方式，徐特立老校长非常重视和主张用美的艺术形式去再现历史素材和现实事件，用优秀的艺术作品对学生进行爱国主义教育和价值观教育。基于此艺术教育中心围绕学校中心工作创作了一系列经典艺术作品（表1），这些艺术作品在广大师生中引起强烈反响，起到了很好的美育育人效果。在创作过程中，中心秉承用"优秀的艺术作品"激励人、感染人、教育人，特聘贺敬之先生为艺术中心顾问，指导艺术创作。表1作品深的学生喜爱，并对学生产生重要的价值影响。

表1 艺术创作汇总

作品名称	创作素材来源	艺术类型
从延安走来	校史	话剧
风雨保尔·柯察金	历史	话剧
大学第一课	爱国教育军训	舞蹈剧
毛二可	人民教师，优秀共产党员事迹	音乐剧
无悔的蜡烛	普通人民教师	歌曲
足球季风	校大学生足球队	歌曲
我爱的路	师德建设	歌曲

续表

作品名称	创作素材来源	艺术类型
我们在一起	北理奥运志愿者	歌曲
生命的色彩	残奥会盲人门球赛	歌曲
加油，北理工	热爱关心校足球队发展的球迷	歌曲

2. 清华大学学生艺术团建设情况及成效

大学生艺术团是学校开展艺术教育的重要力量，是学校文艺工作的先锋队和代表队。基于此，课题组调研了具有北京市优秀学生艺术团和悠久建团历史的清华大学学生艺术团，从管理模式、人员构成、党建情况、艺术成果等四方面予以考察。

清华大学学生艺术团由学校团委直接领导，由艺术教育中心负责艺术指导和教学。清华大学学生艺术团始终以"弘扬民族文化，倡导高雅艺术"为宗旨，以"反映时代精神，表达校园生活"为己任，本着"从学生中来，到学生中去"的原则，活跃在校内外的文艺舞台上。目前有12支艺术队，1 329名成员，性别结构1∶1，党员比例10.8%，特长生比例8.7%，研究生比例25%，国际学生比例4%。此次调研从党的建设、业务培养、人才发展和文艺原创四个方面进行了调研。

（1）党的建设：加强思想政治引领，树立党建示范典型。

通过党员活动日、联合党组织活动、党支部书记讲党课开展党支部建设；通过师生共建、党团共建、军民共建和校地共建形成支部共建网络；树立典型支部：马兰花开党支部。艺术团马兰花开党支部是建立在大型校园原创话剧《马兰花开》剧组的基层党支部，是2016年9月在原艺术团第三党支部基础上调整改建而成的，目前共有17名学生党员和1名教师党员。马兰花开党支部在硬件上有日常活动和理论学习的思想园地，配备党建书记、多种刊物及"两弹一星"元勋相关书籍资料，拜访邓稼先先生、许鹿希女士。2016年与海军邓稼先船结对共建。2018年党支部再次到访邓稼先船，深化双方共建合作。马兰花开党支部建设成效与标志性荣誉：2016年，党支部工作案例获评全国高校"两学一做"学生党支部推荐展示十佳精品作品。2017年，党支部获评清华大学先进党支部。2018年，党支部申报全国高校党建"双创"工作样板支部。

（2）业务培养：服务校园文化建设，创新艺术育人实践

通过三大板块进行业务培养：第一，专业课程。指导教师每学期开设 1 学分的专业指导课程，聘请知名专家进行指导；第二，业务训练。常规训练、加排、寒暑假集训由专业老师或业务骨干指导训练，各队制订业务计划组织训练。第三，演出实践。通过各类演出实践机会，以演代练，提升业务水平。通过迎新晚会、新年音乐会、校庆系列演出、毕业晚会、专场演出等，每年参与校内外演出活动近 70 场，覆盖观众 50 000 人次。还参加过"共和国的脊梁"专题文艺演出，香港回归 20 年纪念晚会，教育部北京市各级展演赛事。"一二·九"大合唱活动中，共有 40 余人参与指挥、伴奏，7 000 余名同学接受声乐训练。军训慰问全体艺术团团员下连队实现新生全覆盖。舞蹈训练覆盖 30 余个院系近 3 000 名学生。指导学生节等学生业余文艺活动。面对特长生人数不断减少，新时代对学生艺术团的业务建设也提出了新要求，为此，艺术团将零基础艺术培养作为业务建设的重点。主要有三项举措：梯队建设、分级教学、"传帮带"人才培养模式。第四，业务交流。学生艺术团前往美国西雅图、英国爱尔兰、匈牙利佩奇大学、泰国朱拉隆功、我国香港地区、日本、澳大利亚等进行交流演出。

在一系列举措下，艺术团取得了不俗成绩。近年来，获得的国家级奖项有：键盘乐队获得第 13 届中国深圳双钢琴四手连弹邀请赛双钢琴组第一名；合唱队、交响乐队、舞蹈队获得 2018 年全国大学生艺术展演艺术表演类一等奖；交响乐队 2015 年获得全国大学生艺术展演器乐组第一名；京剧队：2015、2016 年"国戏杯"学生戏曲大赛一等奖；《马兰花开》2014 年中国戏剧奖校园戏剧奖"优秀剧目奖"。获得的北京市级奖项有：合唱队：2018 年北京大学生音乐节金奖；话剧队、京剧队：2017 年北京大学生戏剧节三个金奖，舞蹈队 2017 年北京大学生舞蹈节金奖；民乐队、交响乐队：北京市大学生艺术团民族管弦乐团、交响乐团。

（3）人才发展：重视学生全面发展，加强工作队伍建设。

形成一支特别能吃苦、特别能战斗、特别能创造、特别能奉献的艺术团队。

（4）文艺原创：坚持正确创作导向，繁荣校园文艺原创。

清华大学原创校园话剧《马兰花开》：12 幕场景、10 余次较大幅度剧本

修改。63 场正式公演，巡演历程超过 20 000 千米，覆盖观众超过 90 000 人次，累计排练、演出、采风时间近 2 000 小时，500 余名学生骨干先后加入剧组。

艺术团在文艺原创上进行了深入探索，创作出了舞蹈《马兰花魂》、舞蹈《北斗》、舞蹈《薪传》等。原创现代群舞《马兰花魂》，由清华大学艺术教育中心教师、舞蹈队指导教师张伟创作编导。该作品取材自清华大学邓稼先等老一辈科技工作者们扎根基地默默奉献的伟大事迹，讴歌和弘扬了他们"舍小家、顾大家"的爱国情怀和"自强不息、厚德载物"的清华精神。编导历经多次调研学习，依据感人的事迹与情节，运用"拉班"理论开发动作，借助舞蹈特有的艺术表现形式将传统的写实与现代的表象融会贯通，创造性地把科研人员艰苦科研的事迹、以身许国的深情以及坚守理想的精神，抽象成一个个极富象征性的动作符号和舞蹈语汇。同时编导自觉地将整个创作排练过程作为师生共同亲近伟人、向往崇高精神的洗礼，在对先辈感人事迹的深刻理解中，完成了从感动到感染再到致力于传承这一精神的二度创作，最终达到了所有舞者内在与外在的高度统一。

《马兰花魂》纪念和歌咏的是伟大先辈们不朽的精神丰碑。为了建设祖国，他们奔赴荒凉孤漠；为了科技进步、祖国强大，他们远离亲人、杳无音信……当原子弹终于成功发射的那一秒，当蘑菇云在天边远远升起的那一刻，默默盛开在戈壁的马兰花，恰似他们用最深的情为祖国和亲人唱出的无声的歌。而远方传来亲人的深情回应"我知道，你一定在祖国最需要的地方……"

四、取得成效

基于立项研究目标和研究内容，自课题立项以来项目负责人与课题组成员按照立项书具体安排积极开展了调研工作，通过参加教育部和北京市教委组织的美育研讨会议等活动，走访相关高校，咨询美育领域专家，访谈美育专业管理人员和专任教师，取得了良好成果。

（一）形成一门"艺术+"红色课程

课题负责人许晶策划获批了全校通识选修课《领航讲堂——人文艺术名家系列讲座》，收效良好。该课程是以艺术为连接点，以"艺术+"为特色，突出思政特点，注重学科交叉的人文艺术类通识选修课程。每期讲座都积极落实党的教育方针、习近平总书记重要讲话精神和学校各项文件要求，注重加强第一课堂思政元素建设，充分发挥课堂教学在育人中的主渠道作用，实现思想政治教育与知识体系教育的有机统一。作为艺先锋党建课题的重要成果，课题组有信心建设学校"艺术+"红色第一课堂品牌。

2019—2020学期的课程策划设计六期红色讲座，讲座主题涉及革命文化、优秀传统文化和社会主义先进文化。参与学生主体包括：第一课堂选课学生、书院第二课堂选听学生、学生党员、入党积极分子、学生党员干部，详情见表2。

表2 红色讲座一览表

讲座名称	主讲人	职称职务
我们的国歌	于海	全国政协委员、国家一级指挥，中国人民解放军军乐团原团长
月亮代表几代人的心（中国台湾）	吕建强	清华大学艺术教育中心教授
从延安走来	邵泽辉	著名话剧导演，第七代话剧领军人物，人文学院教师，校史话剧导演
追梦红楼，感悟经典——唱不完的红楼梦	李刚、张宇璇、吴段	首都师范大学音乐学院副院长，教授；门头沟少年宫
漫画红都	王九成	著名漫画家，中国戏曲学院教授
井冈井冈	屈红梅	北京舞蹈学院教授，《井冈井冈》舞剧导演组委托主讲专家

（二）认真听取专家中期反馈意见，针对专家建议推进工作

（1）针对专家组提出的"选题具有时代意义，实践上艺教中心应加强与校团委合作，在学校系列文化精品上探究，在学校文化上有所建树"，课题组成员邵泽辉受邀承担校庆80周年献礼话剧导演工作，课题负责人许晶担任助理，具体内容在与相关部门研讨中。

（2）针对专家组提出的"建议提一下强化艺术育人意识，梳理一下各方面教育的重要性"，课题负责人许晶策划了"红色系列"讲座，通过艺术形式讲好革命文化、传统文化和社会主义先进文化。目前已开讲座包括《我们的

国歌》《月亮代表几代人的心》《从延安走来》《追梦红楼，感悟经典——唱不完的红楼梦》《漫画红都》《井冈井冈》等，参与主体包括但不限于学生党员、入党积极分子、学生党员干部等，同学们深受红色教育感染，已开三期。

（3）针对"建议提一下如何表达中国精神、中国意识，如何文化开放及表达，避免文化说教"，策划了诸如《追梦红楼，感悟经典——唱不完的红楼梦》主题音乐会。通过三位嘉宾"讲红楼—唱红楼—演奏红楼"多方位立体式感受、了解红楼梦的文学价值和创作背景、红楼梦音乐创作的过程、红楼梦音乐中民族乐器的识别与特点，运用音乐理论帮助同学鉴赏曲目的艺术美感，从文化视角深谈红楼梦音乐中的中国元素、民族精神、情感韵味、文化内涵，力求使同学们从文化自信的高度去理解中华优秀传统文化，同学们深受震撼。

五、问题及下一步计划

课题立项以来，项目负责人与课题组成员认真按照立项书具体安排开展工作，基本完成课题立项书预设计划。从成果看，因建设时间短，存在课例建设有待加强，体系性有待完善，艺术教育的生动性、亲和性和有效性有待挖掘等问题。

基于此下一步：第一，以提升学生政治素养、审美素养和人文素养为目标，继续开展好红色课例建设，充分发挥美育育人功能，面向广大学生开设了系列高水平讲座，有机融入学校特色思政元素，在潜移默化中增强学生爱校荣校情怀，深化学生对北理工精神的领悟，坚定学生科技报国的理想信念，引导学生做服务国家重大战略需求的领军领导人才；第二，积极加强与组织部、校团委、各学院的联系与合作，开展学生第二课堂和学院党课联动，在普通学生和学生党员中开展思政教育，发挥美育协同联动模式最大效用；第三，进一步丰富讲座形式和内容，用好知名艺术学府资源，积极邀请中央美术学院、中央音乐学院、中央戏剧学院等校内外美育教师共同参与课堂建设。积极探索艺术教育载体与平台，继续坚持"三个原则和一个遵循"，即坚定正确政治立场，坚守学术品质，坚持艺术标准，遵循艺术规律，通过精心遴选课程主题，精心策划课程内容，不断完善课程环节和平台建设，帮助青年学生扣好人生"第一粒扣子"。

基于中外合作办学项目学生思想特征的国际教育学院党校建设模式创新和工作机制研究

课题负责人：罗　佳

一、研究背景

依托国内普通高等学校与境外高等院校合作举办中外合作办学项目是高等教育国际化一种具体形式。中外合作办学项目既要积极吸取国际优秀的高等教育资源为我所用，又要在开放环境中始终坚持社会主义办学方向不动摇、不跑偏；既要在学术上营造中外交融、百家争鸣的学术氛围，又要积极应对开放环境带来的意识形态挑战，在国际化进程中确保"高校始终是坚持党的领导的坚强阵地"。

党校工作是我们党对人的思想认知和意识形态进行培训与训练的重要手段之一，是我们党在各个领域占领并巩固意识形态阵地的有力工具之一。进行基于中外合作办学项目学生思想特征的党校建设模式与工作机制研究具有高度的典型性，对于兼顾好我国高等教育加大国际化开放力度与巩固意识形态主阵地这两方面具有重大的理论研究价值与现实借鉴意义。

二、研究思路

本研究以3所高校的中外合作办学项目为研究对象，通过问卷调查、个别访谈、集体座谈等形式，系统总结了中外合作办学项目学生的意识形态现状与思想特征，全面聚焦了基于中外合作办学项目党校工作面临的困境与难题，并针对党校建设模式创新与工作机制优化进行研究，进而提出依托高校思政教育资源、适应中外合作办学项目学生思想特征的党校建设模式创新路径和工作机制优化路径。

三、主要研究观点

1. 研究基于中外合作办学项目学生思想特征的党校建设模式和工作机制的重要意义

以中外合作办学项目学生为具体样本，基于其思想特征对党校建设模式与运行机制进行系统梳理与创新性研究具有重要理论价值与现实借鉴意义，主要体现在以下几个方面。

（1）以中外合作办学项目为试验田，探索高等教育深度国际化背景下的党校发展之路。

中外合作办学具有高度开放的特点，在课程体系建设、教材选取与使用、师资选聘、学生交换、学术交流等多个方面的国际化程度上走在了国内普通高等学校本科教育的前面。同时，由于中外合作办学项目在国内的总体办学规模较小，党校工作开展尝试性创新时可控性更强，试错成本更低，工作开展后学生群体及境外办学合作机构的反应更易捕捉。深入剖析中外合作办学项目党校工作所面临的挑战，在党校工作应对高等教育深度国际化挑战方面先行一步，形成了初步的理论体系与方法规范，为高等教育深度国际化背景下党校建设模式与工作机制创新研究提供了借鉴。

（2）在高度开放的办学环境中不断巩固意识形态阵地建设。

习近平总书记指出，办好我国高等教育，必须坚持党的领导，牢牢掌握党对高校工作的领导权，使高校成为坚持党的领导的坚强阵地。在我国经济社会发展的各个领域，特别是高等教育与科学研究领域，境外势力大力宣扬鼓吹所谓"普世价值观"来抢占高校意识形态阵地，甚至妄图将马克思主义等主流意识形态挤出校园，进而瓦解党对高校的领导，最终实现松动党的执政根基的战略目的。

中外合作办学项目具有高度开放的办学环境，境外教材、境外师资力量的引进同时也带来了意识形态的冲击，只有准确分析中外合作办学项目学生的思想特征，充分掌握境外意识形态宣传手段与特点，才能不断有针对性地优化、创新党校建设模式与工作机制，深植厚培党的理论思想在中外合作办学项目学生群体中的政治影响力，不断强化党的政治凝聚力，巩固党的执政根基，实现习近平总书记要求的"做好高校思想政治工作，要因事而化、因时而进、因势而新",持续巩固党在高校的意识形态阵地建设,有效应对意识形态阵地上的种种冲击与挑战,始终确立党在意识形态阵地的主导权。

(3)在人才流动加剧的大趋势下切实提高高层次人才学成报国的政治觉悟。

人才是国家发展的战略资源,开展中外合作办学项目的初衷也是引进境外优质教育资源,实现人才培养、科学研究等方面的跨越式发展。开放环境中的中外合作办学项目不仅会收获合作伙伴,更会遇到对手。在中外合作办学项目不断探索、加深国际化发展的过程中,境外势力一直伺机以多元化思潮开路,以境外优厚的生活待遇为诱惑手段,进而发动针对我国高层次人才的"攻心战",最终实现抢夺人才的战略目的。

党作为我国高校的绝对领导核心,一直将人才工作作为党在高校工作中的重中之重。准确分析中外合作办学过程中的思想政治工作所面临的诸多挑战,并找出行之有效的建设模式及工作机制,才能有效加强我们党在应对"攻心战"时的凝聚力,才能在人才争夺战中形成强大的向心力,始终把优秀人才团结在党中央周围,进而形成建设中国特色社会主义事业的强大合力。

2. 国际教育学院党校工作面临的挑战

在中外合作办学项目不断探索、实践与发展的过程中,学科、师资、课程体系乃至学生构成都在不断实现境内外的交汇与融合,这些必然形成党校工作外部环境与内部要素的明显变化与深度调整。

本研究针对2所理工科高校和1所师范类高校的中外合作办学项目进行了调研,调研以项目课程结构、师资情况、党校工作开展情况为主要内容。下发调查问卷400份,回收有效问卷351份,回收有效率为87.75%。问卷涵盖学生基本情况,信仰认同及原因,思想现状调查,对党校工作的态度、看法与建议等四个方面。

通过对调研结果的梳理,本研究认为党校工作外部环境变化形成的挑战主要有:国外课程体系中通识课程带来的意识形态冲击;多元发展环境下党在学生群体中的权威性受到挑战。党校工作内部要素调整带来的挑战主要有:在应对复杂开放办学环境时,党校工作人员队伍知识结构更新不足;党校工作的开展方法还不够丰富。

(1)国外课程体系中通识课程带来的意识形态冲击。

中外合作办学的一个重要特征，就是部分引进或全部引进境外合作高校的课程体系，人文类课程及通识教育课程是当代高等教育体系的重要组成部分，西方高等教育课程体系中的人文类课程及通识教育对境外政治体制多有颂扬，会对学生的政治认知及对中国特色社会主义的政治自信、理论自信、道路自信和文化自信产生冲击。

调研中我们发现，在中外合作办学的课程体系建设过程中，外方合作院校对于课程拥有较强的话语权，这些课程的存在一方面会增进学生对于西方政治体制的了解，同时也会对我们的党校思政工作产生消极的作用。

在境外人文类课程及通识教育课程必然被引进的背景下，中外合作办学项目党校工作必须及时更新建设模式与工作机制，有效应对境外课程体系中的人文类课程及通识教育课程的意识形态渗透，使学生们理性看待境外人文类课程及通识教育课程，确保他们对于中国特色社会主义制度优越性的高度自信。

（2）多元发展环境下党在学生群体中的权威性受到挑战。

从党校工作开展的外部环境来讲，高度开放的办学环境与全球化的教育成才理念使得中外合作办学项目学生的发展路径呈现出了多元化特征。在国际化发展与多元化思潮的影响下，中外合作办学项目党校工作的主要对象——学生，呈现出较为突出和明显的新特点，具体分析见图1和图2。

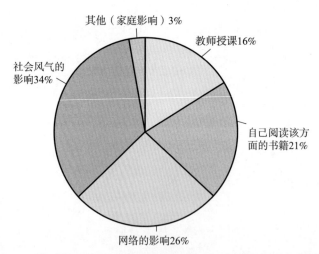

图1 影响中外合作办学项目学生信仰选择的最重要途径（单选）

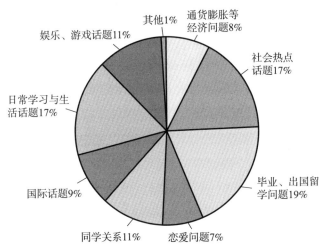

图 2 中外合作办学项目学生同周围的同学经常议论的中心话题（多选）

从图 1 数据中可以看到，学生们更容易选择相信网络传播的信息，更容易受到社会风气的影响。另一方面，从图 2 数据中可以看出，中外合作办学在提高学生培养质量的同时，也为学生的后续发展提供了多元化可能：越来越多的优秀中国学生选择到国外继续深造，甚至留在国外工作。学生思想成长的新需求与个人发展的多元化趋势，使得入党不再是评判一个学生先进与否的"硬尺子"，党校工作在学生们中间的权威受到了严重挑战。

中外合作办学项目党校工作需要及时总结高度开放环境中成长起来的新一代大学生所呈现的时代特点，创新建设模式与工作机制，宣传党的理论创新与国家建设成果，维护党在学生中的权威，持续发挥党在学生中的政治凝聚作用，为培养社会主义合格建设者与可靠接班人奠定坚实基础。

（3）在应对复杂开放办学环境时，党校工作人员队伍知识结构更新不足。

中外合作办学项目所实现的国际化融合已经对党校工作人才队伍的发展建设提出了更高的要求。当前中外合作办学项目的党校工作，主要依托于中外合作办学所在高校或学院的思想政治工作队伍开展。国内普通高等学校大学生与中外合作办学项目学生虽然年龄结构相同，但是所接受的课程教育、所感受的文化氛围、所建立的发展愿景却差别巨大。国内普通高等学校思想政治工作队伍所具备的知识结构与发展视野还不能很好适应中外合作办学项目大学生的成长特点。面对中外合作办学所形成的复杂开放环境，面对复杂开放环境所带来的种种新问题、新冲击、新挑战，没有国际化管理能力和全球发展视野的思想政治工作队伍是没有足够能力开展好中外合作办学项目党校建设工作的。队伍建设的滞后，既不利于中外合作办学项目国际化融合过程中涌现的新问题的解决，也不利于适应中外合作办学特点的党校工作新局面的开创。

要有针对性地优化和创新中外合作办学项目党校建设模式与工作机制，就要着力打造一支能够适应复杂开放环境、有能力适应思想政治工作新常态的工作队伍。一支人员构成多元化、年龄结构富于层次，知识结构勤于更新的思想政治工作队伍，才能够为中外合作办学的党校建设与发展提供源源不断的内生动力。

（4）在应对复杂开放办学环境时，党校工作的开展方法还不够丰富。

中外合作办学项目在具体的教学实施过程中，引进了大量先进的国外先进教学理念与教学方法。小组式、课题型的教学方法及精细的过程化管理手段均已非常成熟。

从图3及图4数据可以看出，中外合作办学项目学生不再满足于填鸭式的思想政治教育方式，更倾向于接受沉浸式的教学方法，对于相对传统的课堂教学兴趣不大，甚至认为传统的党课形式重于内容。

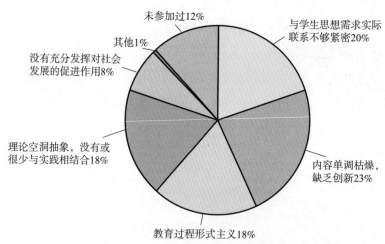

图3 中外合作办学项目学生认为党校工作存在哪些不足（多选）

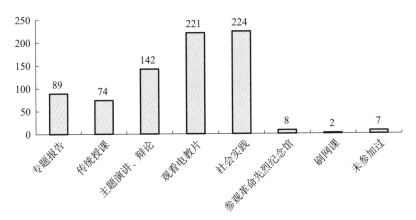

图 4 中外合作办学项目学生喜爱的党校工作开展方式（多选，人）

从图 3 及图 5 的数据中可以看出，在党校工作的培训需求方面，中外合作办学项目学生一方面希望通过党校培训明确自己的理想信仰，同时又不希望信仰仅停留在形而上的层面，而是能够对自我成长及个人价值实现提供进一步的指导，具有一定的现实意义。

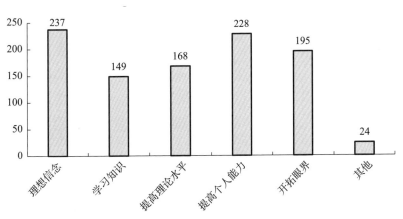

图 5 中外合作办学项目学生希望通过党校培训得到哪方面提升（人）

中外合作办学提供的国际化发展平台及先进的教育教学理念与方法，对于党校工作的开展方式及内容更新提出了更多新的要求。相比于以美国为代表的西方国家通过高娱乐化手段来实现他们的思想政治教育目的和价值理念同化，我们对于我们自己年轻人的成长特点和心理需求了解得还不够，工作方式方法过于成人化，培训内容过于沉重和严肃。

本研究认为党的严肃性应更充分地体现在党内，对外开展工作要严肃与平易近人相适宜，特别是要抓住年轻人猎奇、好胜的特点，采取学生们喜闻乐见的形式与题材，引导广大学生信党、爱党，团结广大学生跟党走。

3. 中外合作办学项目党校建设模式与工作机制的创新

针对中外合作办学项目党校工作面临的上述四项挑战，以全国高校思想政治工作会议精神、中组部有关党建工作座谈会精神、中央宣传思想工作会议精神和全国教育大会精神为指引，充分结合各高校中外合作办学项目应对国际化挑战的党校工作经验做法，对中外合作办学项目党校建设模式与工作机制的创新与优化提出以下几点建议。

（1）分析国外人文类课程及通识教育课程特点，有针对性地开展中外合作办学项目党校工作。

中外合作办学项目要紧紧依靠所在高校，集中学校思想政治教育学术力量，深入分析引进课程体系中的人文类课程及通识教育课程内容及特点，对学术内容与思想意识形态宣传内容进行有效剥离，针对宣扬西方政治体制、攻击社会主义制度的内容，结合办学项目学科特点，特别制定党校培训环节，与外方教学大纲进度同步，与思想政治理论课协同，通过党课教学、参观教育、调研实践等多种形式，从多个角度引导学生理性看待引进的人文类课程及通识教育课程内容，有选择性地进行吸收。

（2）选优配强党校工作队伍，掌握中外合作办学项目党校工作主动权。

要实实在在掌握高度开放办学环境中的党校工作主动权，关键在队伍。一支素质过硬、作风优良的思想政治工作队伍，不仅能够有效应对高度开放办学带来的种种挑战，更能够在复杂开放环境中创建党校工作的新常态，实现超过预期的工作效果。

一是要大力开展现有党校工作队伍的素质提升与知识体系更新，通过抓好教育培训、强化实践锻炼、健全激励机制等方法有效推进现有队伍的建设。二是要拓宽选拔视野，积极吸收立场坚定、能力突出、作风务实的优秀人才进入党校工作队伍中来，实现队伍更新与优化的同步进行。三是要始终以保证强化队伍能力建设从而不断适应中外合作办学项目党校发展需求为导向，建设一支人员动态发展、能力稳步提升、政治绝对可靠的党校工作队伍，确保中外合作办学项目党校建设及工作开展始终拥有坚强稳定的内生动力。

（3）尊重学生成长特点和心理需求，不断优化党校工作方式及教育题材。

开展更为详细、务实的调研，形式可不限于问卷调查、个别访谈和集体座谈，充分掌握中外合作办学项目学生的成长特点和心理需求，以此为基础开展党校工作方式的创新和教育题材的创新。对于内容陈旧、形式呆板的教学环节，要充分论证、勇于淘汰。

党校对于不同工作对象的培训方式要有明显不同。对于入党申请人、入党积极分子要严肃而不失轻松，要对党言党语和网络语境进行良好的结合。对于发展对象要让他们逐渐适应严肃的党内政治生活，在形式上要明显区别于入党申请人和入党积极分子。

党校培训在题材方面要敢于拿社会热点问题说事，敢于在学生面前亮明态度。在中外合作办学项目中，党校工作要特别对当前国际政治形势进行普及教育，充分阐述党的治国理政理念及处理国际事务的原则与理念，在客观呈现与充分说明的基础上，教会学生明辨是非，避免学生对于国际形势做出错误判断。

对于拿不准的培训方式创新和教育教学内容题材，要请思想政治教育专家把关，甚至上报上级部门请示。一切优化与创新工作都要始终抓住问题的关键，就是如何能够更好地吸引具有国际视野的青年学生，引导他们信党、爱党、跟党走。

四、取得成效

1. 重视党校工作，发挥党校阵地和熔炉作用

学院党总支定期召开工作会议，研究国际教育学院党校工作，包括党校年度工作计划、党校培训课程大纲及教学内容、党校师资队伍建设情况，着力把党校建设成为培养学生党员、预备党员、发展对象和入党积极分子党性修养的阵地，培育社会主义核心价值观的熔炉，将党校每学年第一学期开设的入党积极分子培训班、第二学期开设的党的理论知识研修班、暑期开展的红色实践活动总结凝练为"红色1+1+1"工作格局，形成党校育人的新模式，为国际教育学院党校工作提供保障。

2. 教学内容重点突出，体现时代特征

国际教育学院党校始终坚持把立德树人作为检验一切工作的根本标准，以解决好培养什么人、怎样培养人、为谁培养人这个根本问题为出发点，准

确把握党校工作规律，紧密结合学生思想特点和成长需求，使学生进一步坚定理想信念、进一步树立共产主义远大理想和中国特色社会主义共同理想、进一步增强"四个自信"、厚植爱国主义情怀、培养奋斗精神，不断增强学生综合素质，努力构建党建育人的培养体系。

党校工作体现出与时俱进的时代特征，重点突出与时代同步的教学内容，引导党校广大青年学员深入学习，深刻领会讲话精神的核心要义和丰富内涵，帮助学员校正方向、提高要求、深化认识，进一步树立远大理想，进一步强化责任担当，进一步激发学员弘扬爱国奋斗精神、建功立业新时代。

3. 增强师资力量，保证党校教育教学质量

为了保证党校教育教学质量，学院党总支积极与校内外专家、名师沟通联系，不断加强党校师资队伍建设力度，成员主要有学校党委主要部门负责同志、专业学院党委主要负责同志、马克思主义学院优秀教师以及"十九大宣讲团"成员等，教师队伍构成多元且拥有较高的政治理论素养，对党的理论发展的新情况、国家政治经济社会发展的新形势有很深的见解，并能够把握大学生的思想脉搏，增进了学员对党的认识，增强了党校教学的生命力。

4. 丰富党校培训形式，体现出创新性

（1）结合大一新生入学做好入党教育工作。

根据《党员发展细则》与学校党委组织部印发的《发展党员工作手册》要求，为新生详细解读入党流程，增强入党工作的严肃性，端正新生的入党动机。

（2）开展党课培训工作。

国际教育学院党课每学期向低年级学生开设了入党积极分子培训班和党的理论知识研修班，通过"线上线下、校内校外"各种途径，整合优质资源，逐步解决培训内容和形式单一的问题。

线上党课主要通过"学习强国"App、"Mook（慕课）"等优质学习平台开展，为培训学员提供了随时随地学习的便利；线下学习采取了集中授课、分组讨论学习、观看相关影片、召开专题座谈会、举办"微党课"竞赛等多种形式，以创造"沉浸式"教学极大激发学员的学习和参与热情。

校内学习围绕延安精神和军工传统为学院开设校史讲座，并分批次组织学员参观校史馆，使学员们了解学校的光荣历史，感悟军工文化，增强爱校

荣校的意识；校外学习通过参观访问、考察、社会调查、社会服务、公益劳动等活动，让学员在实践中理解党性，通过接触社会、了解国情，帮助他们提高认识、明辨是非，加深对党的方针政策的理解，在党校较短的教学时间内，引导学生把知识转化为觉悟、能力和实践，充分地发挥了党校的阵地和熔炉作用。

（3）开展党风廉政建设教育主题活动。

国际教育学院党校组织全体学员学习《中国共产党纪律处分条例》，为了使专题学习的形式更加多样性、让每一位学员有更多的参与感，专题学习采用学员制作PPT进行解读、其他学员会中交流研讨等形式，有力促进了"条例"在每一位学员心中"落地生根"；通过开展"铁的纪律记心中——写给十年后自己的一封信"的专题教育活动，使学员们能够端正入党动机，严格遵守党的纪律，把"条例"牢记于心，主动担当起民族复兴的历史使命。

（4）开展形势与政策教育。

不断加强形势与政策教育，运用网络、新媒体等手段，通过教师授课、座谈会、研讨会等形式开展形势与政策教育，引导学员正确认识世界和中国发展大势，正确认识中国特色和国际比较，培育理性思维和平和心态，理智看待时事热点问题，提高学员的思想水平。

五、不足与展望

1. 存在的问题

（1）样本不够丰富。

本研究仅针对2所理工科高校和1所师范类高校的中外合作办学项目进行了调研，对问卷的发放主要通过网络进行，虽然回收的有效问卷共351份，数量上已达到要求，但是还不能完全覆盖众多高校中外合作办学项目的实际情况。

（2）数据分析不够全面

虽然对数据进行了一定层面的统计分析，但是对于党校工作实施效果与学生思想成长的相关性还缺乏进一步的分析。

2. 下一步计划

（1）进一步扩大调研范围，深入更多类型高校的中外合作办学项目中调研，以获取更多的一手数据。

（2）进一步完成党校工作实施效果与学生思想成长的相关性分析，总结中外合作办学项目学生思想成长规律，不断提升党校工作的有效性。

2019 年党建课题汇编

基层党建协同创新专题研究

党员网络安全意识培养专题研究

新时代海归人才党建专题研究

基层党建协同创新专题研究

"三主体双带头一融合"基层党建协同创新研究

课题负责人：刘 艳

一、研究背景及意义

高校是国家培养人才的重要基地，高校思想政治教育在我国思想政治建设中占据着十分重要的地位，如何把握时代党建特点推动思想政治教育发展，培养出中国特色社会主义伟大事业的新一代合格建设者和可靠接班人，这是新时代赋予我国高校思想政治教育的重大且紧迫的任务。高校要牢固树立政治意识、大局意识、核心意识、看齐意识，把思想和行动统一到党中央要求上来，重点落实高校党建重点任务。

新形势下高校思想政治工作是贯彻执行习近平新时代中国特色社会主义思想的重要阵地，应加强和改进高校基层党建工作，发挥政治核心作用，坚持党的组织生活各项制度，充分发挥教师党支部、学生党支部的战斗堡垒作用。

2018年5月，中共教育部党组发布《关于高校教师党支部书记"双带头人"培育工程的实施意见》，部署高校党建工作，教师党支部书记党建带头人、学术带头人，着力把教师党支部书记队伍建设成为新时代高校党建和业务双融合、双促进的中坚骨干力量，着力把教师党支部建设成为新时代高校基层的坚强战斗堡垒。2018年9月，公布了首批100个全国高校"双带头人"教师党支部书记工作室建设名单，成为推进高校教师党支部书记"双带头人"

培育工程的示范性举措。

教师党支部建设和学生党支部建设，成为高校党建工作的重要主体。为了更好地发挥党支部在基础党建工作中的重要作用，统筹协调工作，结合教师党支部、学生党支部和校外社会党支部共同开展工作，融合资源，互相促进。

二、研究内容概述

本课题在充分调研和实践探索基础上，以习近平新时代中国特色社会主义思想为指导，贯彻落实党中央治国理政新理念新思想新战略，以基层党组织"学生党支部、教工党支部、校外党支部"共建为抓手，构建"三主体双带头一融合"的党建协同创新模式，增强党员意识、发挥党支部战斗堡垒作用，夯实基层党建工作。

教师党支部是团结师生员工，保证教学、科研任务完成的重要组织阵地，对党员具有教育、管理、监督和服务功能，其与学生党支部的密切联系，师生党支部在共建中具有良好的融合度和共创性，结合在实际科研、工作、日常联系紧密的社会党支部共同开展活动，建设服务型党支部，提高党的执政能力、夯实党的执政基础，用改革创新精神研究新情况、解决新问题，改进党支部的活动内容和工作方式。

三、构建"三主体双带头一融合"的党建协同创新模式

（一）构建"三主体"主线结构，充分发挥党支部的主体作用

教师党支部是教育、管理、监督和服务教师党员的主体，学生党支部是承担大学生自我教育任务最重、涉及面最广、体量最大的主体，社会企事业单位党支部是学生未来走向社会、教师进行科学研究开展科研任务的重要联系主体。将此三个主体进行结对子共建，突出政治建设、落脚培养教育，三类党支部一体式协同党建创新发展，成为思想文化传播、业务促进发展、学生健康成长的坚强战斗堡垒。

1. "三主体"党支部联合，有利于促进党的思想政治建设

党支部承担了政治任务、政治属性、政治特征、政治功能，三个党支部

联合开展支部共建，从政治上、思想上团结和凝聚各支部党员群众，承担贯彻党的路线方针政策的重要功能，融合开展工作有利于加强思想理论教育、党性教育、党的路线方针政策教育、科学技术文化教育，将学习中国特色社会主义理论体系与三个党支部联合开展各种活动结合起来，将习近平新时代中国特色社会主义思想学习好、贯彻好、落实好。

2. "三主体"党支部联合，是党员教育理论联系实际的新方法

三个党支部联合开展支部共建，是适应新形势下党建工作的大胆探索，增强了党支部的创造力、凝聚力和战斗力，以改革创新精神研究新情况、解决新问题，增强支部建设水平，党支部工作在校企联合互动中产生出更多的影响力，创造出更多新经验和新方法。

3. "三主体"党支部联合，能够将党员教育融入日常教育

三个党支部联合开展支部共建，将教育、管理、监督和服务有机结合起来，充分调动广大党员的主动性、积极性和创造性，发挥教师党支部、社会党支部的先锋模范示范作用，理论教育与业务技能学习相结合，拓展党员教育的渠道和空间，抓好阵地建设，提高素质、增强党性、发挥实际作用，和谐开展各种活动。

（二）构建"双带头"模式，发挥"双带头"作用

1. 教师党支部、社会党支部"双带头"学生党支部，成为思想引导、业务引领、行业引入的领路人

教师党支部在教育教学、科研管理等重大事项中加强政治把关作用，鼓励教师把思想引领和价值观塑造融入教育教学，建立健全预警机制，积极做好大学生教育引导工作。社会党支部结合企事业单位特色和文化，从政治、经济、社会发展等角度，结合大学生发展阶段中存在的困惑和问题，开展党建工作，发挥社会责任和对青年大学生的教育引领作用。

教师党支部的"双带头人"教师党支部书记，是指把党性强、业务精、有威信、肯奉献的教师党员选拔为教师党支部书记，突出政治建设，坚持双向提升，注重分类指导，强化基层导向。把政治素质好的骨干教师培养发展为党员，把专业基础好的党员教师培养发展为教学科研骨干，带动党支部良好发展，使教师党支部成为先进思想文化的传播阵地、党执政的坚定支持沃

土、学生健康成长的指导队伍。

发挥教师党支部的带动作用，同时结合社会中坚实力，将学生未来成长发展的职业阵地提前引入学生视野，带动大学生增长广阔的视野，在人才培养、师资队伍建设、科学研究、职业规划等方面，充分调动三方党支部的战斗堡垒作用，激发新型党建工作方式下的新活力。

2. 教师党支部、专业学院党支部"双带头"书院党支部

教师党支部、专业学院党支部"双带头"书院党支部参与到我校大类招生、大类培养的人才培养改革中，党支部主力参与到以书院、学院为基本组织单位的"四年一贯"协同育人模式，不断深化"价值塑造、知识养成、实践能力"三位一体人才培养模式，解决书院党支部"传帮带"断层、党员紧缺、党建文化弱等实际困难，帮助学生群众坚定党领导的政治地位，更加积极地向党组织靠拢，积极开展以党支部联合为主体的共建活动。

3. 发挥党员干部、党员骨干的"双带头"作用

结合高校教师党支部书记"双带头人"培育工程，进一步扩展到学生党支部、社会党支部中党员干部、骨干等中坚力量，发挥党建带头人和学术带头人的"头雁效应"，在政治上思想政治素质过硬，在业务上精通业绩突出，为普通党员和群众做好领导模范带头作用。

党员干部、党员骨干的先锋模范作用，体现在具有坚定的理想信念，坚守共产党人的精神追求，具有做好本职工作的知识和本领，具有无私奉献的高尚情操，具有扎实工作、密切联系群众和艰苦奋斗的优良作风，能够从加强党的建设需要出发，将实际教育工作渗透到党建日常工作中。

（三）党团群众紧密融合，深入推进党群建设

党支部是学习、传达、宣传、实践党中央治国理政新理念新思想新战略等的重要阵地，党员、团员、群众等紧密融合，坚定中国特色社会主义道路自信、理论自信、制度自信、文化自信，在开展党建工作中，要注意团结广大团员、群众等，吸收思想政治过硬、综合素质突出、群众基础良好、主观意愿强烈的团员、群众等加入中国共产党。

党建带团建，切实加强对共青团工作的领导，研究具体工作措施，及时帮助解决团支部建设中遇到的问题，支持鼓励党、团支部大胆实践探索，提

高工作水平。党和群众紧密联系，宣传教育群众，依靠群众，组织引导群众，提高群众的思想政治觉悟，采取各种有效形式，从群众中来，到群众中去，协调关系、化解矛盾，积极做好群众工作。

融合思想政治工作、党的建设、立德树人大学生教育工作、师生教学科研、学习就业等，尊重党员主体地位，践行党的宗旨和群众路线，合力铸造党支部成为团结凝聚师生群众的坚强阵地和政治核心。

四、"三主体双带头一融合"党建协同创新模式的实践应用

（一）基层党建协同模式，是推进党建工作的重要核心

本课题研究以北京理工大学材料学院为实践研究阵地，以"三主体双带头一融合"基层党建协同模式为理论基础，在历年工作开展的原有经验积累上，深入研究探索，理论联系实际，将该模式运用于党建实践工作。

我院守为党育才的初心、为国育才的使命，全面加强学生党建工作，针对学生党员党龄短、学生党支部成立时间短、支部工作缺乏经验的情况，学院积极探索工作创新，于2019年4月启动"学生党支部、教工党支部、校外党组织"共建的"红心结"活动，学院7个教工支部、10个学生支部、1个离退休党支部，与中共燕山石化档案管理中心党支部、中钞研究院防伪材料室党支部、北京化工大学党支部、北京林业大学党支部等7个校外支部党支部联合共建，构建"三主体双带头一融合"基层党建协同模式。该模式是党支部联系"1+1+N"的延伸和深入，"老教师引、中青年教师带、青年学生聚、校外支部兴"的共建模式，共建活动效果显著，充分发挥了教工党员在促进学生成长中的重要作用，密切了师生党员之间的联系，拓展了校外教育资源，以共建促党建，以共建促进步。

我院获得北京理工大学2019年"红色1+1"活动优秀组织奖，"党建传承延安军工魂，才子坚定科研报国梦"共建活动已被推荐参加北京市"红色1+1"示范活动评选。以基层党组织"学生党支部、教工党支部、校外党组织"共建为抓手，充分发挥教工党员在促进学生成长中的重要作用，密切师生党员之间的联系，拓展校外教育资源，以共建促党建，以共建促进步，在全院党支部范围内开展"红心结"党支部共建活动。

（二）基层党建协同模式，是培养卓越人才的重要阵地

材料学院高分子材料系党支部现有正式党员 34 人（占教师总人数的 76%），均为火炸药学科人才培养和科学研究的一线教师，该支部与 2018 级硕士第一学生党支部和中共燕山石化档案管理中心党支部共建，把立德树人作为工作的中心环节，在教书育人中培养人才，将军工精神潜移默化地融入教学中，在与社会党支部的共建联系中增强为祖国建设、为国防军工发展而奋斗的理念。教工党支部党员陈煜注重指导学生创新、创业实践能力培养，在党支部共建的依托下，长期与学生建立联系，指导科研，激发学生攻坚克难、科技报国的激情，促进本硕博一体化培养，指导学生全国级比赛中多次获奖，包括第十六届"挑战杯"全国大学生课外学术科技作品竞赛二等奖、第五届中国"互联网+"大学生创新创业大赛国家级银奖、全国大中专学生志愿者"三下乡"暑期社会实践活动优秀团队（国家级），党支部党员常怡雪获得材料学院创业实践榜样。教师党支部、学生党支部与 805 厂党支部建立共建关系，共同建立全国性工程硕士"应用型军工人才培养与创新实践基地"，每年为军工企业培养硕士生 20 余人，共培养了 100 余人，805 厂副总苏强等人已经成为军工企业骨干。

（三）基层党建协同模式，是加强思想政治教育的抓手

党支部共建可以充分发挥党员的先锋模范作用，积极创先争优，团结、组织党内外的干部和群众，加强党员教育、管理、监督和服务。材料学院金属与无机非金属材料系、材料加工系、离退休第二党支部、2017 级博士第二支部、2018 级博士第一支部、2017 级硕士第二支部及 2018 级硕士第四支部进行党支部共建，通过"聆听师道"老教授—青年教师—青年学生面对面主题活动，以学院教工党支部为依托，结合学生党支部，传授退休老干部对青年人热情和丰厚的人生经验，打造师生党建共同体，开展理论学习、创新实践等各项活动，建立师生"共学共进"的长效机制。

五、"三主体双带头一融合"党建协同创新模式的推广价值

党支部作为党最基本的组织，是党全部工作和战斗的基础。通过"学生

党支部+教工党支部+校外党支部"结对子共建的模式，充分发挥教师的传帮带作用，同时借力校外优秀党组织的力量，共同解决目前学生党支部战斗堡垒作用发挥不足、学生党员党员意识不强、师生党员联系不紧密、学校党建工作与校外结合较少的问题，提升基层党组织的思想政治建设、党员能力提升、新型党组织与时俱进发展建设。

"三主体双带头一融合"党建协同创新模式具有良好的推广性、复制性，其操作简单、效果优良，容易被各党支部接受和使用。通过党建工作联合开展，加强党员队伍的教育和管理，充分发挥党支部的战斗堡垒作用，全面贯彻落实习近平新时代中国特色社会主义思想，深入加强党支部建设。

高校党建工作面临新形势、新挑战，习近平总书记强调，我们党正带领人民进行具有许多新的历史特点的伟大斗争，必须不断深化党的自我革命，持续推动全党不忘初心、牢记使命。以"三主体双带头一融合"党建协同创新模式为研究基础，充分调动高等教育和社会关系资源，在实践过程中以现实需求为导向，审时度势，健全制度体系，优化组织方法，注重挖掘创新思路，促进政治建设、思想建设、组织建设、作风建设、制度建设等，促进人才培养、科学研究等工作与国家战略，促进新时期高校党建工作的创新。

新时期高校学生党课模式创新实践

——以"真辩明红趴馆"新型互动党课模式为例

课题负责人：陈 相

2016年3月，为深入贯彻落实"两学一做"工作要求，计算机学院启动"真辩明红趴馆"新型互动式党课模式，结合在青年学生中流行的"轰趴馆（Home Party，即家庭派对）"的概念，打造新的微党课交流形式。最初，计算机学院在3个学生支部中试点"真辩明红趴馆"，以"自媒体时代，我们离真相越来越远，还是越来越近"为题展开讨论，引起了学生党员的热烈反响。随后，学院迅速推出一系列思辩主题，将微党课推广覆盖到学院全体学生党支部。

发展至2019年，"真辩明红趴馆"作为计算机学院特色党建活动，每年于6月、12月在全体学生党支部中组织开展，并借由师生支部共建、"红色1+1"等形式扩大其影响力，取得了不错的成效。2019年，计算机学院开始探索如何更好地培育这一新时期高校学生党课模式，搭平台、细指导、促互动，致力于将"真辩明红趴馆"建设成为计算机学院党建的窗口品牌。

一、课题成果

经过一年的实践探索，"真辩明红趴馆"已由原本的特色主题党建活动慢慢演化为日常党建活动，覆盖全年的活动安排、精心挑选的切合当下热点的辩题交流使支部活力得到了很好的保鲜。

（一）"真辩明红趴馆"展示赛到全局规划

2019年10月27日，"真辩明红趴馆"展示赛于软件楼108报告厅成功举办。本次展示赛的辩论主题为"青年学生职业生涯规划应以追求个人发展为重/青年学生职业生涯规划应以面向国家需求为重"，邀请了新生党支部代表和高年级党员代表分别组成辩论双方开展交流。计算机学院全体学生党支部书记和党员代表们参与了本次活动。

本次"真辩明红趴馆"展示赛的召开，是计算机学院着力提升基层党支部活力的有力举措，通过这次比赛，各党支部对于"真辩明红趴馆"互动式党课的组织召开有了新的思考和理解，在场观众对于青年学生的责任担当有了新的认识。

在展示赛的良好基础上，计算机学院党委积极筹措，将"真辩明红趴馆"打造为日常党建活动，并对全年各月的工作进行了统一部署，分别为：

3月：遴选优秀辩题、优秀支部，准备开展"真辩明红趴馆"展示赛；

4月：组织开展"真辩明红趴馆"展示赛/6月辩题征集/院外、校外单位联系；

5月：辩题确定，共建单位确定；

6月：组织开展本年度第一次"真辩明红趴馆"活动；

7月：收集各支部活动开展材料，进行总结工作，听取各支部开展活动的情况反馈；

9月：遴选优秀辩题、优秀支部，准备开展"真辩明红趴馆"展示赛；

10月：组织开展"真辩明红趴馆"展示赛/12月辩题征集/院外、校外单位联系；

11月：辩题确定，共建单位确定；

12月：组织开展本年度第二次"真辩明红趴馆"活动；

次年1月：收集各支部活动开展材料，进行总结工作，听取各支部开展活动的情况反馈。

借由丰富多样的辩题，计算机学院在全体学生群体中开展诚信教育、爱国主义教育、学风建设、职业生涯规划等多方位各维度的思想政治教育，充分体现学院全方位育人的教育理念，真正将育人纳入日常工作之中。

（二）"真辩明红趴馆"中的支部共建

自2019年8月项目落地以来，在开展"真辩明红趴馆"活动的过程中，学院党委将一方面深入推进师生共建开展"真辩明红趴馆"活动，一方面积极鼓励并帮助联系院外、校外党支部与学生党支部共建开展"真辩明红趴馆"

活动,将"红色1+1"的工作开展推进到支部日常活动之中,鼓励跨学科、跨方向的交流。2018级研究生第六党支部在联合清华大学人文学院博181党支部开展"红色1+1"联合活动时,便以"真辩明红趴馆"的形式与清华大学的博士生党员们探讨了留学归国是个人问题或是社会问题。在10月,学院邀请了在6月组织开展得力的支部书记参与到组织开展"真辩明红趴馆"展示赛的过程之中,指导活动开展。

同时,进一步加强党团联合开展活动,在低年级本科支部中组织积极分子开展"真辩明红趴馆"活动,一方面提升积极分子理论学习成效,端正入党动机,另一方面在广大青年团员中形成强大向心力,为后期指导团支部独立开展"真辩明红趴馆"活动打下坚实的基础,形成全员育人的大格局,促进党建带团建、党建带班建工作的深入落实。

二、存在不足

经过一年的实践探索,"真辩明红趴馆"新型互动党课模式已日趋日常化,连贯性和交互性有了较大的提升,但仍存在一些不足,具体而言,大致有以下几点。

(一)活动交互性有待提升

"真辩明红趴馆"这一党建活动形式交互的重要性不言而喻,就目前而言,活动的交互性主要体现在两个方面,一为活动形式为辩论形式,强调双方你来我往,交流互动;二为活动参与方强调支部小组间交流、支部与支部的交流、师生的交流、跨校的交流。在这两个交互性上,仍存在需要提升的空间。

(1)就活动内容本身而言,仍需对辩题设置、辩论流程设计有更多的调研和思考。在活动后与学生支部的交流和后期总结过程中,我们发现,学生支部的辩题选择十分局限。每一期征集上来的辩题通过学院筛选会形成十三个左右的推荐辩题,但各支部通常集中其中一两个辩题开展活动,无法对热点进行充分讨论,对于切身相关的生活类话题敏感度较高,对于时政热点的讨论频次偏低。

另外,在辩论流程设计中,各支部常常落入传统辩论形式的框架中,而忘记活动的初衷。"真辩明红趴馆"的辩论并非为了判定一个胜负高低，而是借由辩论的形式，通过前期准备学习和集中交流探讨的过程，加深理论指导实践成效，并对国家和社会形势有更清晰明了的认识。传统的辩论形式中，八至十分钟的自由辩论时间并不能完整保证交流的有效性。

（2）就活动参与者而言，预想中设计包含师生支部共建、院外支部共建、校外支部共建的三维共建机制未形成体系，师生支部共建活动形式能保障，但余下两种共建形式只在部分支部有试点。2020年上半年由于疫情原因，与院外、校外组织联系搁浅，期待能在后续工作中完善改进。

（二）活动奖励机制尚待完善

对于高年级支部而言，"真辩明红趴馆"渐渐褪去了新鲜的外表，成为一项日常的党建活动，在这样的形势下，不可避免地造成了活动材料的质量下降，辩题征集不走心，活动开展无新意，针对这样的情况，适度的奖励机制建立势在必行，但如何设置奖励机制促使活动质量提高，仍是当前存在的不足。

（三）活动指导精细化程度有待提高

针对新成立党支部的精细化指导仍显示出不足、不够的情况。新支部在组织活动方面热情充沛、积极性高，但是在组织活动的系统性和成熟度上相较于高年级支部仍有不少欠缺。对于这部分支部，学院上学期仅举办一次"真辩明红趴馆"展示赛，而原定于上学期组织开展的支部书记校外培训与学校安排冲突，今年上半年由于疫情原因也未能成行，新上任党支部书记缺少精细化的指导，需要在后期进行重点突破。

三、进一步研究方向

从目前来看，针对上述三点不足，需要重点做以下三点工作。

（一）提升"真辩明红趴馆"的交互性

接下来的工作中，面对"真辩明红趴馆"的交互性提升，主要还是从两方面的工作着手。

(1) 对于活动内容和活动形式的交互性来讲，一方面要着力提升辩题质量，从各支部征集是一部分，学院党委也要积极联合青年教师党员的力量，寻求青年党员关注的社会热点话题和专业热点话题，并在推荐辩题中涵盖社会热点、专业热点、生涯规划、修养品德等各方面内容，结合实际，考虑将固定几道辩题分配给适合交流讨论的支部；另一方面要鼓励各支部创新形式，增加"真辩明红趴馆"的活动内涵，或者扩大活动外延，做好前期理论学习和后期风采展示的相关工作，提升活动交互性。

(2) 对于活动参与者的交互性来讲，一方面需要学生党支部加强主观能动性，主动联系同学所在的其他高校党组织，已毕业师兄师姐的企业或事业单位党组织，实习所在单位党组织，联合开展活动，提升活动宣传成效；另一方面，学院党委应借助合作企业资源、校友资源和校内资源帮助学生党支部找到共建单位，推动活动参与者交互性的落实落地。

（二）保持"真辩明红趴馆"的新鲜度

在这一点上，除开第一点所提到的交互性之外，还要更多把握时间节点和学生阶段特征，因地制宜地开展活动，并根据不同的特征设置不同的奖励方案。一方面，对于新成立的党支部要以鼓励为主，鼓励他们提出新鲜方案，创新思考，设置创新类奖项予以奖励；另一方面，对于高年级党支部而言，由于科研和社会活动压力较大，可以灵活开展活动，但在质量上不能松劲，可以在毕业年级党支部中设置最佳一辩稿/最佳四辩稿等奖项，鼓励同学们扎实理论学习，有自己的见解和思考。

（三）加强"真辩明红趴馆"的指导力

只有保证了"传帮带"的活动系统，才能帮助特色活动永葆活力，从这一点出发，对于新成立支部的指导工作势在必行。从这一角度，有两项重点工作需要完成。一方面是支部间的沟通交流，利用实验室的传承关系打造党支部的朋辈帮扶可行性，并积极开展形式多样的交流座谈活动；另一方面是组织学工干部党员定点帮扶新成立支部，帮助他们了解学院党建特色工作和日常工作开展范式，提升工作效率，加速支部发展。

党员网络安全意识培养专题研究

"智慧党建"的网络安全保障理论与实践研究

课题负责人：杨德全

> **摘　要**：大数据、人工智能等信息技术的影响日益深入，为高校党建工作带来了新的挑战和机遇。利用信息化打造的"智慧党建"平台能增强党和群众之间的联系，提升党员的信息化素养，突出党的先进性。增强网络安全防御能力和水平是保障包括"智慧党建"在内信息系统的内在要求。本课题致力于网络安全体系的探索和建立。
>
> **关键词**：智慧党建　网络安全　防御体系　零信任

一、智慧党建

《中共中央关于加强党的政治建设的意见》明确指出："增强党内政治生活的时代性，主动适应信息时代新形势和党员队伍新变化，积极运用互联网、大数据等新兴技术，创新党组织活动内容方式，推进'智慧党建'，使党内政治生活始终充满活力，坚决防止和克服党内政治生活不讲创新、不讲活力、照搬照套的倾向。"信息技术在高校建设以及党建中承担着愈来愈重要的任务。"智慧党建"是运用网络、大数据等信息技术提升党员教育、党员管理、党费管理、党员吸收等工作的一个范畴。

"智慧党建"是智能时代背景下党的工作特色，通过对党建数据的分类统计、智能分析,有效引领信息化的工作,实现党建工作和信息技术的深度融合,提升党建科学化,促进党的建设,把"智慧党建"的优势转化为推动北京理工大学双一流的竞争力。

二、高校网络安全形势

近年来,党中央高度重视网络安全和信息化工作,习近平总书记在《中央网络安全和信息化领导小组第一次会议上的讲话》中指出:"网络安全和信息化是一体之两翼、驱动之双轮,必须统一谋划、统一部署、统一推进、统一实施。做好网络安全和信息化工作,要处理好安全和发展的关系,做到协调一致、齐头并进,以安全保发展、以发展促安全,努力建久安之势、成长治之业。"网络安全受到各国政府的关注,在我国,《中华人民共和国网络安全法》自2017年6月1日起施行。"智慧党建"中的网络安全需要多方位保障。

公开资料显示,信息系统使用者的安全意识较低会导致安全事件的发生。如普遍存在的弱口令现象,用123456、生日等设置密码。信息系统自身的健壮性不足也会产生数据泄露、数据篡改等安全事件。网络空间的病毒和攻击也层出不穷,"勒索"病毒、篡改数据等事件时有发生。切实保障信息系统的安全是我们亟须研究解决的一个命题。

三、网络安全保障体系

《2006—2022年国家信息化发展战略》明确指出:"坚持积极防御,综合防范,探索和把握信息化与信息安全的内在规律,主动应对信息安全挑战,实现信息化与信息安全协调发展。"

目前信息安全技术遵循的标准是"政府部门信息安全管理基本要求(GB/T 29245—2012)"。我校依托现行网络安全标准开展网络安全工作,设置组织架构、建立防御体系。

(一)组织管理,制度建设

学校加强网络安全领导,建立健全信息安全责任制和工作机制,设立网络安全和信息化委员会。网络安全科室制定适应部门发展的网络安全制度体系矩阵,分别是制度汇总、信息资产安全、内控应急、安全管理员以及外部人员等五个部分，如图1所示。

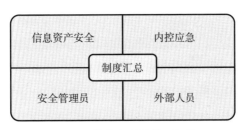

图1 网络安全制度体系矩阵

具体内容涵盖安全总体方针和安全策略、组织及职责管理、制度管理等共计18项规定和办法。

（二）技术防御体系建设

众所周知，网络处于危险的环境，存在内部和外部威胁，所有的用户和设备均应经过认证和授权。传统的边界安全模型给内部网络默认赋予了一定程度的信任，而由于"零日漏洞"等高危风险的存在，这种信任在目前的网络环境中被证实不能完全生效。传统网络安全架构如图2所示。

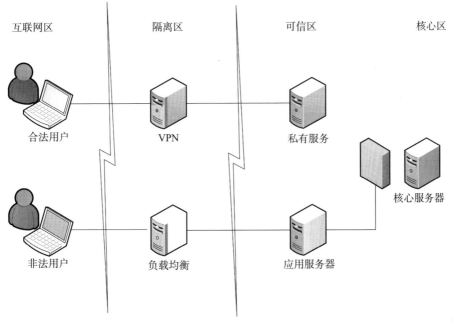

图2 传统网络安全架构

与传统网络安全架构对应的是"零信任"架构,其支撑系统为控制平面,其他部分称为数据平面,数据平面由控制平面配置,控制平面调度所有的进出流量。"零信任"网络安全架构如图3所示。

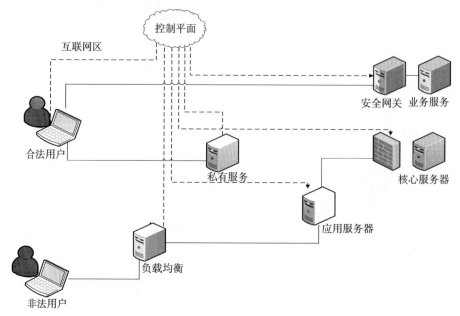

图3 "零信任"网络安全架构

我们从用户认证、全流量过滤和安全意识等三个关键点入手建立"零信任"架构,为党建等相关信息系统建立安全防御体系,如图4所示。

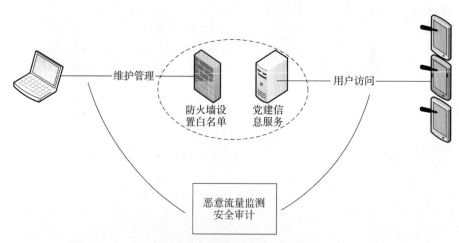

图4 党建信息化安全防御体系

防御体系中设计三道防线,打造信息安全中的"铁布衫"。

通过设置白名单建立第一道防线,即在特定的管理端口只允许经过备案的 IP 地址和用户在指定的时间段登录维护,并对维护流量进行安全审计。

通过对所有的应用流量进行细粒度的恶意流量监测,搭建第二道防线,确保实时识别恶意流量,保障业务系统安全。

通过网络安全意识培训,紧紧依靠群众,搭建第三道防线。以网络安全宣传周等为契机提高师生员工、党员群众的网络安全意识。

其中,恶意流量监测能够通过态势感知监控平台,可视化细节包括攻击源、攻击类型以及攻击详情等信息,如图 5 所示。

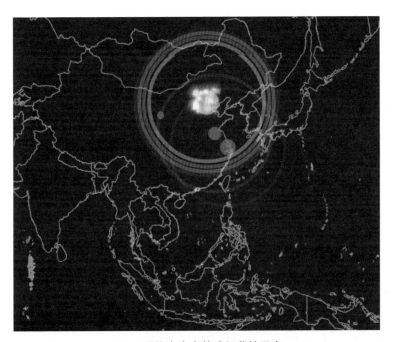

图 5　网络安全态势感知监控平台

在党建信息化安全保障体系取得一定成效后,可将该保障体系拓展推广到校内其他业务系统,提升学校整体的网络安全防御水平。

四、总结

本课题重点内容是做好"智慧党建"中的安全工作并同步带动校内其他信息系统安全水平的提高。

通过该课题的实施，完成以下目标：

（1）完善部门网络安全防御的理论体系。

（2）加强"智慧党建"基础设施网络安全防护，实现关口前移，纵深防御，防患于未然。

（3）提高我校专职工作人员的网络安全意识和安全防护水平。不定期开展网络安全知识技能宣传普及活动，提高师生网络安全意识和防护技能，提升师生在网络安全方面的获得感。

正如习近平总书记所讲："网络安全和信息化是一体之两翼，必须统一谋划"，网络中心协同有关部门在开展信息化工作时做到协调一致，以安全保发展、以发展促安全，做到"为党分忧，为国尽责，为民奉献"，继续为构建安全可靠的信息化服务平台提供理论支撑和技术保障。

新时代我国高校学生网络意识形态安全研究

课题负责人：张纪海

> **摘　要：**新时代网络环境下，意识形态安全问题研究的重要性日益凸显，我国高校学生意识形态安全面临着巨大的挑战。课题采用文献分析法和问卷调查法研究新时代网络环境与意识形态安全之间存在的关联性，在分析相关概念的内涵和特征的基础上，剖析了新时代我国高校学生意识形态安全以及相关工作存在的问题及原因，并从国家、高校、学生三个层级提出加大网络意识形态安全治理力度、加强网络意识形态高校阵地建设、加强高校学生网络意识形态理论武装等举措。
>
> **关键词：**新时代　高校学生　网络环境　意识形态安全

一、引言

习近平总书记在党的十九大报告中明确指出："必须推进马克思主义中国化时代化大众化，建设具有强大凝聚力和引领力的社会主义意识形态，使全体人民在理想信念、价值观念、道德观念上紧紧团结在一起。"特别是在新时代环境下，我国在巩固社会主义意识形态的思想统领地位工作中面临着一系列新的风险与挑战。网络意识形态作为意识形态的重要组成部分，它的建设对于意识形态的发展具有非常重要的作用。广大青年学生作为社会主义建设的中坚力量，在新时代网络环境下，如何确保学生的网络意识形态安全已经成为各高校的重要任务。北京理工大学作为中国共产党创办的第一所理工科大学，"延安根、军工魂"的精神，"德以明理、学以精工"的校训，"团结、勤奋、求实、创新"的校风，"实事求是，不自以为是"的学风等都深深地镌刻进我校的红色基因中。因此，我校对学生网络意识形态领域建设尤为重视。

正是由于网络环境的复杂性和多样性，致使高校学生网络意识形态安全面临着严峻的挑战。如何面对冲击和应对挑战是当前迫切需要我们研究的议题。本课题"新时代我国高校学生网络意识形态安全研究"以马克思主义意识形态理论为指导，秉承"问题导向"的原则，以意识形态安全问题为导向，旨在明确我国高校学生网络意识形态安全的相关概念和基础理论，梳理新时代我国高校学生网络意识形态安全存在的问题，分析这些问题产生的原因，提出应对新时代我国高校学生网络意识形态安全问题的对策。

该项课题研究对于我校了解现状、发掘问题、引导学生树立正确的网络意识形态安全观，具有重要意义。既可以从对网络意识形态安全的相关学理性分析中获取一些规律和思想指引，也可以从对高校学生的实际调查中发掘现实问题，突出问题导向，使研究内容和成果在学校党建工作中切实发挥作用，在学校党建制度建设方面形成支持效力，从而有利于进一步改善现状，更有效和高效地开展相关党建工作。

二、研究方法

在本课题的研究过程中，为保证研究成果的合理性和可靠性，得到切实可行的改进措施，采用理论与实践相结合的方法，通过文献内容参考分析以及面向研究对象（我国高校学生）进行实践问卷调查，二者结合推进本课题的研究。

（一）文献分析法

在进行本课题研究前，大量阅读相关参考资料，包括书籍、重大会议报告、期刊论文、硕博士学位论文等。了解新时代意识形态相关研究动态，学习重点成果内容，深入思考内在逻辑和观点，提取问题，寻求解决方案。通过对相关研究文献的梳理与总结，从中总结研究要点及拟解决的重点问题，从而确立本课题的研究方向，并为进一步的研究奠定良好的文献基础。以本报告所参考引用的文献为例，如图 1 所示，基于与本课题研究相关性强、理论指导作用明显等原则，重点选取精读其中下载量和被引量较多的文献。另外与课题关键词之一"新时代"的要求保持契合，所选取文献以近五年内（2016—2020 年）的居多，且所选文献所对应的参考文献和引证文献也集中在近五年内，旨在突出新时代、新环境、新条件的特点，对于本课题研究借鉴作用更为明显。

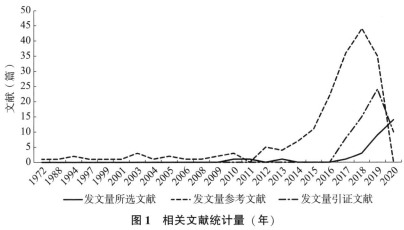

图1 相关文献统计量（年）

（二）问卷调查法

为全面准确把握影响我国高校学生网络意识形态安全的自媒体使用情况、网络意识形态安全现状，以及网络意识形态安全建设工作现状，本课题研究者于2020年4月至5月组织了问卷调查，设计问卷"新时代我国高校学生网络意识形态安全研究调查问卷"，并组织发放，总计回收有效问卷378份，并开展问卷的整理、统计、分析等工作。调查问卷共24题，其中有4题为多选题、2题为开放式问答题，问题涉及面广泛，但也集中服务于所作研究。问卷从多个维度对"新时代我国高校学生网络意识形态安全"进行调查，体现在问卷具体内容上，共分为四个部分：

第一部分是对样本基本情况的调查，包括研究对象的性别、政治面貌、学历和专业背景以及所属院校类型。在设计该部分问卷时充分考虑实际受众情况，特别是对研究对象所属院校进行划分时，突出对于本校情况的调查了解以及对于学校党建工作的实际支持作用，样本中一部分为我校在校生（军工院校）以及国防大学在校生（军队院校）等，具体划分情况如图2所示。

第二部分对应研究内容的第一点"新时代网络环境与我国高校学生意识

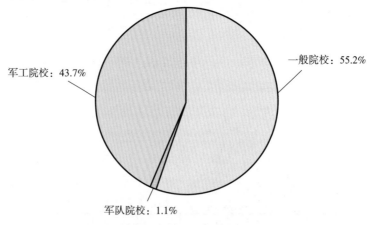

图 2　样本所属院校划分

形态安全的关联分析",对高校学生网络自媒体的使用类型、频次和用途等进行调查,有利于考察新时代环境下五花八门的网络自媒体对高校学生意识形态认同的影响,分析二者的关系。

第三部分对应研究内容的第二点"新时代我国高校学生网络意识形态安全现状及分析",包括受调查者对于意识形态安全相关知识的了解程度、认同情况以及所持态度等,该部分是调查的核心内容,可以从中发掘新时代我国高校学生网络意识形态安全存在的问题,有利于有针对性地提出优化意识形态认同的措施。

第四部分对应研究内容的第三点"新时代我国高校学生网络意识形态安全建设工作现状及分析",该部分主要调查研究对象所在高校的意识形态安全教育活动以及建设工作的开展情况和效果,以及学生对于该类工作的绩效评价等,有利于分析新时代我国高校学生网络意识形态安全问题的产生原因,同时总结现状提取问题,对于我校党建工作以及制度建设具有较强的参考和指引作用。

三、研究内容

在对研究内容进行选定和侧重时,基于课题主题"新时代我国高校学生网络意识形态安全研究",把握关键词"新时代"和"意识形态安全"的内涵,突出问题导向,在对相关基本概念和理论进行分析的前提下,重点探讨三个拟解决的重点问题：①新时代的网络环境与高校学生意识形态安全的关联性；②新时代我国高校学生网络意识形态安全存在的问题及原因；③促进新时代我国高校学生网络意识形态安全的措施。其中对于第 2 个问题的探讨是本课题研究的主体内容，包含"新时代我国高校学生网络意识形态安全现状及分析"和"新时代我国高校学生网络意识形态安全建设工作现状及分析"两大模块，对于发掘实际问题和对应建设工作中存在的漏洞具有重要的意义。

（一）新时代网络环境与我国高校学生意识形态安全的关联分析

1. 新时代网络环境的特征

网络是意识形态工作的主阵地、最前沿。对于网络空间层面的意识形态建设工作尤为关键，任何时候都不能放松。随着网络高新技术的不断发展，用户人数不断增长以及对自媒体的依赖度越来越高，新时代网络环境所呈现的复杂性、多样性、危险性等特征愈发显著。具体体现在两个方面：新时代网络自媒体发展和新时代网络意识形态信息传播。

如图 3，调查问卷显示：新时代网络自媒体发展速度较快，调查对象所使用的网络自媒体种类十分丰富，除 QQ、微信、微博这三类传统社交自媒体占据主要地位外，知乎、贴吧、抖音等也占据着相当大的使用比率，尤其是近些年兴起的抖音也有不少的使用率。在自媒体高速发展的背景下，高校学生对于网络自媒体的使用时间也普遍较高。如图 4 所示，2 h 及以下仅占

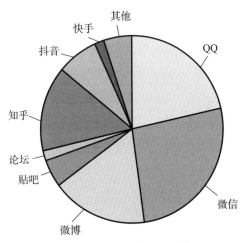

图 3　网络自媒体使用种类

16.4%，6 h 以上占到 26.2%。

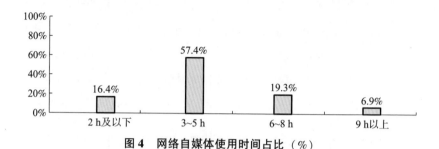

图 4　网络自媒体使用时间占比（%）

另外，新时代网络意识形态信息传播也呈现出以下特点：网络信息覆盖的范围广阔，网络自媒体使用者可以在各种平台上获取信息、发布言论、传播信息，且几乎未经筛选和处理的各类信息传播速度极快，而且具有自主、开放以及隐蔽等特征，把控网络舆论的操作有非常大的难度。如图 5 所示，除"通信、社交"作为主要选项占比高以外，"获取信息、发布言论"选项的占比也很高，还有学生选择"学习专业知识"和"关注国家时事、高校新闻等"。

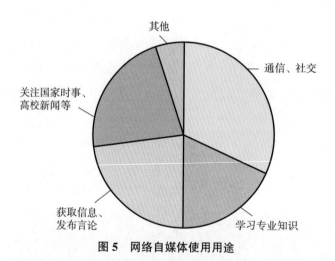

图 5　网络自媒体使用用途

2. 新时代网络环境与我国高校学生意识形态安全的关联分析

结合新时代网络环境特征和问卷统计数据，分析其与我国高校学生意识形态安全之间存在的关联性，可以看出网络环境已然成为新时代我国高校学生意识形态安全建设工作的主战场。由于新时代网络环境自媒体高度发达和普及，高校学生作为自媒体主要使用者，尤其是新兴自媒体方面比其余使用者更为普遍，使用时间更长，接触频次更高，且在网络意识形态方面更容易受到各类信息（尤其是带有恶意煽动性质的信息）所带来的思想和精神上的影响。以知乎和抖音为例，用户可以在平台上使用自己的账号随意发布言论和视频，知乎甚至有匿名评论和发布言论的功能。在此环境下，不乏涉及社会思潮、网络文化侵蚀等网络信息，严重影响高校学生的思想道德、价值观以及行为方式等，即使系统对于发布内容存在一定程度的监管和审核，但是"漏网之鱼"时有存在，对于一些隐蔽性极强的不良信息更是束手无策。与此同时，新时代网络环境给高校学生意识形态安全教育工作也带来巨大威胁和挑战。新时代网络环境下社交媒体鱼龙混杂，用户能够自主生产资讯产品并广泛传播，一定程度上是导致最终全面引发网络意识形态危机的根源所在。在此情形下，我国高校学生网络意识形态安全教育工作的实际作用和所能发挥的引导力量将大打折扣，相应地，我国高校学生网络意识形态安全将受到严重威胁。

（二）新时代我国高校学生网络意识形态安全现状及分析

通过对问卷中第三部分（9~17题）的数据结果进行统计和思考，可充分了解新时代我国高校学生网络意识形态安全现状，提取存在的主要问题并做分析。

1. 少数学生对于主流意识形态观点认知模糊

问卷题9~10统计结果显示，在回答问题"您认为高校学生网络意识形态安全问题是否重要？"时有1.1%的学生回答"不重要"或"说不准"；在回答问题"您对倡导社会主义核心价值观的必要性有何看法？"时居然有1.9%的学生回答"无关紧要"或"说不清"。问卷题12统计结果如图6所示，在回答问题"您认为在进行网络意识形态建设工作中马克思主义思想是否应占据统领地位？"时，10.1%的学生回答"不是"，24.3%的学生表示不清楚，仅有65.5%的学生对这个基本问题给出肯定回答。

认知是认同的基础和前提，如果在涉及社会主义主流意识形态方面存在认知模糊甚至偏差的情况，则会严重阻碍最终认同感的产生。新时代青年高校学生是社会主义建设的重要力量，尤其是如今青年在主流意识形态话语权

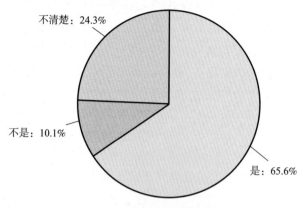

图 6　问卷题 12 统计结果

不断增加的状况下，如果在主流意识形态认同方面存在知识欠缺、立场摇摆的情形，后果是不可想象的。

2. 部分学生缺乏意识形态安全意识，重视程度不足

问卷题 11 统计结果如图 7 所示，仅有 62.4%的学生在通过网络聊天或发表言论时会严格约束自己，遵守网络道德规范。5.6%的学生对此认知并不笃定，在是否时刻保持网络道德规范的问题上出现动摇。另外在面对网络自媒体上的高热度信息时，仅有 89.4%的学生会慎重考虑其真实性而转载或分享，10.1%的学生仅偶尔考虑，甚至有极少数学生从不考虑，直接转载分享。如

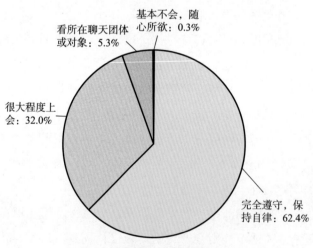

图 7　问卷题 11 统计结果（1）

图 8 所示,在平时使用网络自媒体过程中仅有 39.9% 的学生会十分注意一些西方国家在文化输出过程中的价值观和意识形态渗透现象,高达 60.1% 的学生仅偶尔注意甚至从未注意到,而西方国家对我国的文化输出及意识形态渗透现象是从未中断过的,常用手段是利用网络的开放性、隐蔽性等特点,将其政治制度、意识形态、价值观念、思维方式等夹杂在各类文化产品中一并输出,通过网络媒体炒作公共舆论、颠倒事物黑白。这些或明显或隐蔽的意识形态渗透对于我国社会主义制度建设会造成一定程度的不良影响,同时这也属于蓄意干涉我党社会主义主流意识形态巩固的一种表现。

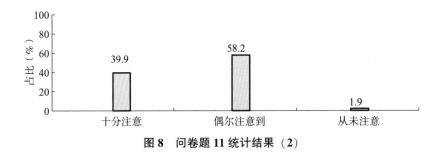

图 8 问卷题 11 统计结果(2)

3. 部分学生对维护意识形态安全积极性不高

问卷题 15 统计结果如图 9 所示,当"在网络中看到恶意抹黑党和国家的负面信息"时,仅有 82% 的学生选择积极举措,即"直接举报""发表言论反驳""提醒发布者删除";8.5% 的学生选择"与我无关,不管不顾"。问卷题 17 统计结果如图 10 所示,在面对网络文化恶搞、黑化等现象时,95.3% 的学生选择积极举措,即"强制杜绝""适当限制""引导转变";3.4% 的学生甚至认为"属于网络自由,不应限制"。

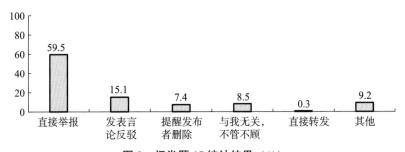

图 9 问卷题 15 统计结果(%)

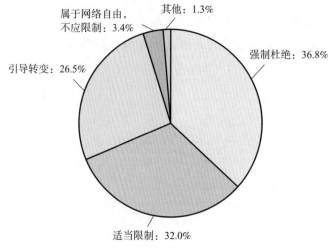

图 10　问卷题 17 统计结果

统计结果表明新时代我国高校大多数学生在中国特色社会主义制度认同以及网络意识形态安全维护工作重要性认可等方面持积极态度。但在理论和思想层面，意识形态安全常识较为匮乏，对潜移默化的意识形态安全问题重视程度明显不足，对于相关指导理论和主流观点认同度不高，在制度自信、理论自信和文化自信等方面不够坚定，在受到外界舆论干扰或者意识形态恶性渗透时可能会发生动摇，存在潜在危险性；具体到实践层面，对于意识形态安全建设实际工作的积极性和参与度不高，缺乏主观能动性，一定程度上反映出一种政治冷漠。

（三）新时代我国高校学生网络意识形态安全建设工作现状及分析

新时代我国高校学生网络意识形态安全的建设工作与意识形态安全本身几乎同等重要，甚至更为重要。因为对于意识形态方面的教育和引导是让人思想从无到有、从有到坚定的过程。由问卷题 18~22 的定性调查结果统计可以看出目前我国高校学生网络意识形态安全建设工作现状如下：高校所开设马克思主义系列课程的教学方式仍存在较为明显的传统灌输方式问题；高校官方微信、官方微博及其他官方网络媒体发布有关主流意识形态教育内容或信息的频次较低，宣传力度、广度、深度不足；校园媒体对高校学生形成正确价值观的帮助甚微等。为了客观全面地发掘新时代我国高校学生网络意识形态安全建设工作中存在的问题，本模块从两个主体（即意识形态安全建设工作的执行者和接受者）方向出发，深入探讨从学生自身出发影响高校网络意识形态安全教育质量的原因和从事高校学生意识形态安全教育的相关工作者存在的问题，如图11和图12所示。

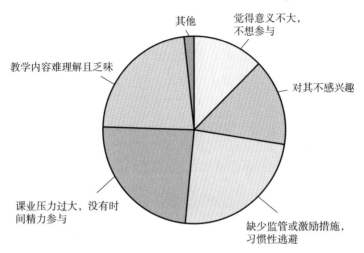

图11 学生自身原因

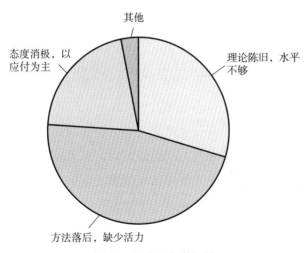

图12 相关工作者问题

统计结果显示，从学生自身角度出发，课业压力过大、觉得意义不大、对其不感兴趣、觉得教学内容枯燥乏味、缺少监管或激励措施等均是影响意识形态安全教育质量和建设工作效果的原因；从意识形态安全教育相关工作者的角度出发，大多数的学生评价"方法落后，缺少活力"，较多的学生评价"理论陈旧，水平不够"，小部分的学生评价"态度消极，以应付为主"，另外在"其他"选项中有学生补充填写"与学生主动交互不足"。通过调查统计结果总结可知，导致意识形态安全教育质量较低和建设工作效果不佳的原因是多方面的，一方面学生自身意识、素质及能力的欠缺使学生对于意识形态安全建设工作配合度不高，重视程度明显不足，久而久之对意识形态安全教育工作者的积极性也是一种打击和消磨；另一方面意识形态安全建设工作者教育形式较为死板，理论相对陈旧，态度积极性不足，缺少主动与学生交流、引导高校学生树立正确意识形态安全观的决心和毅力。

(四) 新时代我国高校学生网络意识形态安全问题的对策

面对以上课题研究内容中提取出的新时代我国高校学生网络意识形态安全问题所带来的挑战，应从加强网络意识形态治理（宏观层面，国家）、加强高校意识形态阵地建设（中观层面，高校）、加强高校学生意识形态理论武装（微观层面，学生）等方面入手，多层次、多维度改进新时代我国高校学生网络意识形态安全相关工作，保持上下层级针对问题的举措协同性，以此来提升高校网络意识形态安全建设工作中的针对性与实效性，切实在高校党建制度建设和具体工作过程中发挥作用。

1. 加大网络意识形态治理力度

从国家层面上来看，应巩固马克思主义在意识形态工作中的思想指导地位，坚持我党在指导意识形态安全建设工作中的领导权和话语权，充分发挥社会主义核心价值观强大的感召力、凝聚力和引导力；增加对网络意识形态安全教育的重视程度和实际投入，将其与国家安全达成主要联系；建立健全相关法律制度，提高意识形态领域的法治地位，完善对网络意识形态问题的评测和监管工作，尤其需要抵制西方不良思潮通过网络自媒体等渠道侵害我国意识形态安全、干扰我国意识形态安全教育的行为；增加对培育意识形态宣传教育人才队伍的支持程度，自上而下向社会公众以及高校学生输送意识形态教育知识和力量。

2. 加强网络意识形态高校阵地建设

从高校层面上来讲，作为学生意识形态安全教育工作的主战场和直接执行者，一定要加强阵地建设。塑造高校官方网络平台在学生群体中的公信力，提高高校在教育引导学生主流意识形态认同方面的话语权和主导权；加大高校官方微信、官方微博及其他 App 对意识形态安全教育知识的宣传力度，引导学生逐渐树立正确意识形态安全观，更加坚定社会主义核心价值观；规范高校学生网络意识形态安全工作标准，建立高校学生网络意识形态安全工作的规章制度，把学生网络意识形态安全工作摆在突出位置，逐级明确责任，强化工作措施，整合各方面力量，切实加强领导和指导力量，努力保障学生的网络意识形态安全；加强高校思政课教师、高校网络辅导员以及高校网络评论员的队伍建设，改善高校政治课教学状况，实现教育方法和内容的流程优化，建立同时面向学生以及意识形态教育工作者的奖惩制度，充分调动教育工作者对于引导学生维护意识形态安全的积极性，发挥学生自觉学习相关知识和接受合理意识形态教育的主观能动性；高校应足够重视意识形态安全教育工作，鼓励师生之间主动交流氛围的形成，建立健全意识形态问题反馈与处理机制，确保学生的意见及时有效地被接收和反馈；发展、支持网络安全宣传等相关学生志愿者队伍，以点带面，推动高校全校范围内维护意识形态安全的风气建设。

3. 加强高校学生网络意识形态理论武装

从高校学生自身角度出发，应主动加强社会主义核心价值观等方面的思想理论学习；提高对于不良信息及思想的辨别能力和抵制能力，尤其是西方媒体通过网络直接或间接传播恶意制造我国社会舆论混乱的言论；树立意识形态底线和信仰，对于中国特色社会主义主流意识形态的认同立场必须坚定不移；拒绝过度政治冷漠，保持忧患意识；提高对维护网络意识形态安全的重视程度，积极响应和配合高校内意识形态安全教育工作。

四、讨论及展望

本课题研究过程坚持问题导向原则，落实理论与实践结合思想，基于科学合理的研究方法（文献分析法和问卷调查法）提取拟解决的新时代我国高校学生网络意识形态安全重点问题，并作详细讨论和分析。研究解决了新时代网络环境与意识形态安全之间存在的关联性问题、新时代我国高校学生网络意识形态安全现状分析问题以及新时代我国高校学生网络意识形态安全建设工作现状分析问题，并针对问卷调查得出的现状和存在问题，从国家、高校、学生三个层级创新性地提出各自针对意识形态安全问题的举措。举措中有意侧重高校层面的做法使本课题研究成果更为实用：在强调结合我校实际、充分考察我校学生的前提下，研究结果可切实发挥在学校党建工作中的作用，形成对学校党建制度建设方面的支持效力。

当然本课题研究也存在一些不足之处，如在理论研究方面可能不够全面深入，把握高校意识形态整体建设情况的同时可能对于一些前瞻性观点或细节的关注不够详细具体。今后可进一步加深对于新时代我国高校学生网络意识形态安全问题的学理性研究，探索发掘问题产生的原因和机理，结合重点区域（如中国香港等）实地调研的举措，更加全面缜密地收集调查数据，理论与实践结合，力求抓住高校学生网络意识形态安全问题的本质，找到突破口，得到更加有针对性的研究成果。

参考文献

[1] 赵宇. 新时代网络文化背景下高校意识形态教育研究［J］. 卫星电视与宽带多媒体，2019（22）：76，78.

[2] 刘谷生，尹莉莉. 新时代基于社交媒体的网络主流意识形态引导［J］. 管理观察，2019（35）：86-88.

[3] 李玉春，李姗姗. 高校新时代网络主流意识形态话语权建构对策研究［J］. 科技风，2020（6）：219-220.

[4] 王玮，许镇江，张琳. 新时代网络意识形态安全建设刍议［J］. 中国建设信息化，2020（4）：70-71.

[5] 张蕾. 新时代高校网络意识形态建设的路径［J］. 汉字文化，2019（23）：122-123.

[6] 郭鹏. 新时代网络意识形态工作探析［J］. 现代交际，2020（2）：232-233.

[7] 卢文静. 新时代网络意识形态探究［J］. 南方论刊，2020（2）：15-17.

[8] 夏慧，刘婉婉. 增强新时代网络意识形态话语权的策略探析［J］. 社科

纵横，2020，35（1）：23-27.

[9] 肖唤元，郑晶晶．新时代网络意识形态话语权构建的四重"论"域透视——学习习近平总书记关于网络意识形态工作的重要论述［J］．社会主义研究，2020（1）：9-16.

[10] 王晓利，唐文玲．新时代高校主流意识形态培育研究［J］．邯郸学院学报，2020，30（1）：112-119.

[11] 范文文．网络新媒体视域下的高校意识形态安全教育研究［J］．改革与开放，2020（3）：45-47.

[12] 郭方园．网络媒体视阈下大学生主流意识形态认同：释义、困境和出路［J］．未来与发展，2020，44（3）：53-57.

[13] 杜鹏东，闫妍．新时代高校网络意识形态安全建设探析［J］．法制与社会，2020（9）：171-172.

[14] 张一蝶．论新时代网络意识形态治理问题［J］．现代商贸工业，2020，41（15）：99-100.

[15] 王永利．网络时代高校意识形态安全建设面临的挑战及应对思路探索［J］．当代教育实践与教学研究，2020（9）：36-37.

[16] 韩影．新媒体视域下加强高校学生网络意识形态教育的效能和路径分析［J］．中国多媒体与网络教学学报（上旬刊），2020（6）：192-194.

[17] 鄂宇鹏．新时代我国主流意识形态网络话语权建设研究［J］．理论观察，2020（4）：38-40.

[18] 孙炳炎．新时代网络意识形态工作的意义、主要内容和基本策略——学习习近平关于网络意识形态工作的重要论述［J］．社会主义研究，2019（2）：1-7.

[19] 卢成观，李文勇．十八大以来习近平总书记关于网络重要论述的研究综述［J］．佳木斯大学社会科学学报，2019，37（6）：1-6.

[20] 杨樱．我国高校网络意识形态安全问题及对策研究［J］．南方农机，2019，50（24）：90.

[21] 郭东方，邹绍清，李军．论新时代中国特色网络意识形态治理的实践逻辑［J］．马克思主义研究，2019（3）：85-92.

[22] 周文云．新时期高校党建创新研究［D］．秦皇岛：燕山大学，2010.

[23] 余晓青．新时代意识形态网络舆情治理探析［J］．马克思主义研究，2019（3）：93-101．

[24] 卢建有．新时期我国高校网络意识形态安全问题研究［D］．长春：东北师范大学，2018．

[25] 何茜．西方文化渗透下我国网络意识形态安全发展态势与对策研究［J］．中国社会科学院研究生院学报，2018（3）：55-63．

[26] 张永梅．互联网对大学生意识形态教育的影响及对策分析［D］．重庆：重庆工商大学，2011．

[27] 冷文勇．网络"微"时代我国高校学生意识形态认同安全研究［D］．北京：中国地质大学，2018．

[28] 李良田．新时代高校辅导员通过网络舆情引导意识形态研究［J］．湖北开放职业学院学报，2019，32（22）：108-109，115．

[29] 倪敬丽．网络时代大学生主流意识形态教育问题研究［D］．济南：山东师范大学，2013．

[30] 张志丹．新媒体时代我国网络意识形态建设：危局、误读与突围［J］．河海大学学报（哲学社会科学版），2017，19（1）：1-7，88．

新时代海归人才党建专题研究

归国留学人员统战工作机制研究

课题负责人：刘晓俏

> **摘 要**：留学人员是人才队伍的重要组成部分，是统战工作新的着力点。通过对北京56所高校归国留学人员开展问卷调查，梳理了当前归国留学人员的群体特征，结合当前统战工作开展的现状及存在的不足，从思想引领、建言献策、增强归属感、新时代留联会和侨联作用发挥等5个方面提出了新时代归国留学人员统战工作的思考和对策。
>
> **关键词**：新时代 归国留学人员 统战工作

归国留学人员统战工作是新形势下党外知识分子工作的重要组成部分。习近平总书记在中央统战工作会议上强调，留学人员是人才队伍的重要组成部分，是统战工作新的着力点。在新的历史节点上，归国留学人员已经发展成为一个重要的特殊群体，他们是科技创新的开拓者，是治国理政的智囊团，是党的重点团结对象，在我国经济社会发展中发挥了越来越重要的作用。据教育部统计，从1978年到2018年年底，已有超过365万人在完成学业后选择回国发展，占已完成学业群体的84.46%①。归国留学人员数量的不断增多、情况的多样化，给新时代统战工作带来了新的挑战，提出了新的课题，因此

---

① 来源：回国潮，从人回到才归，http：//www.sohu.com/a/347587985_243614.

做好新时代归国留学人员的统战工作,创新统战工作模式,拓展工作平台载体,探索新的工作方式方法,对国家"两个一百年"战略目标的实现具有重要的现实意义。基于此,为进一步研究新时代归国留学人员的统战工作,北京理工大学面向北京市56所高校发放调查问卷开展实证调查,从归国留学人员群体特征、当前统战工作存在的问题、归国留学人员对于统战工作的期待等方面进行统计分析,并提出工作对策。

一、归国留学人员群体特征

问卷主要从工作满意度、压力状态及来源、人生价值、参政议政态度四个方面调查归国留学人员的群体特征。其中,本次参与问卷调查的有效人数共518人,男生262人,女生256人;职称和党派性质包括正高级职称,副高级职称,中级职称,民主党派成员,未加入任何党派人员,中共、民主党派交叉党员,具体情况详见表1。从数据来看,当前归国留学人员群体特征有四点,一是大多数人对目前的工作状态感到很满意或比较满意;二是大部分人认为当前工作压力过大或较大,较少部分人认为工作压力一般;三是人生价值排在前两位的是为国家社会做贡献和实现自我价值;四是绝大部分人积极参政议政。

表1 样本特征

参与调研	518人		
其中:男生	262人	其中:35岁及以下	74人
女生	256人	36~45岁	203人
其中:正高级职称	201人	46~55岁	207人
副高级职称	230人	56岁及以上	34人
中级职称	79人	其中:学士学位	7人
民主党派成员	240人	硕士学位	90人
未加入任何党派人员	262人	博士学位	418人
中共、民主党派交叉党员	16人	其他	3人

(一)工作状态满意度高

21%的人对当前的工作状态很满意,59%的人对当前的工作状态较为满意。目前，国家、北京市以及各高校在引进归国留学人员时，制定了许多扶持政策，包括为留学人员科研工作提供资金支持方面的政策、为留学人员提供生活环境支持的政策等。这些政策解决了留学人员回国工作、为国服务面临的一些具体困难和部分后顾之忧，有效保障了归国留学人员基本的教学科研条件。

（二）工作压力较大

9%的人认为工作压力过大，65%的人认为工作压力较大。分析压力来源，认为压力来源于教学科研任务的人数占比最多，认为压力来源于工作业绩评价的人数占比排在第二位，压力来源于收入压力的人数占比排在第三位。在调研中，同时进行了压力排序。在排位第一的压力中，科研教学压力占比最大，工作压力和子女教育压力占比次之；在排位第二的压力中，仍然是教学科研任务占比最大，工作业绩评价次之，收入压力占比第三。在排位第三的压力中，个人健康状况占比最大，工作业绩评价次之，人际关系占比第三。

（三）积极追求人生价值实现

绝大部分归国留学人员认为，人生价值在于发挥自身作用、实现自我价值和为国家建设出力，为社会做贡献。归国留学人员具有良好的学历背景，在教学科研等方面有着较高的人生追求，希望通过努力，能够实现人生理想，能够为国家和社会做贡献。尤其是回国之后，更希望将多年所学变为报效国家的实际行动。因此，归国留学人员群体具有浓厚的家国情怀和高远的人生理想。

从思想容易受哪些因素影响看，排在第一位的就是受党和政府的方针政策影响，其次是中国传统文化影响，排在第三位的是亲属的价值取向。这也进一步说明，归国留学人员的人生价值追求与国家发展建设息息相关。

（四）参政议政积极性高

从调查结果看，59%的人参政议政积极性高，愿意积极参与；37%的人参政议政积极性一般。从关心关注的内容来看，对于党和国家的方针、国家层面的重要会议、高等教育领域的重要会议和习近平总书记的重要讲话精神、国际关系等都非常的关心。正所谓家事国事天下事，事事关心。

二、当前归国留学人员统战工作开展情况及存在问题

（一）统战部门作用发挥不充分

从统计数据来看，当前统战部门为归国留学人员排忧解难的作用体现还不明显。当归国留学人员遇到困难时，更愿意求助于所在基层学院（单位）和亲朋好友，其中，排在第一位的是求助于亲朋好友（392 人），排在第二位的是求助于所在基层学院/单位（287 人），而选择求助于统战部门的仅有 61 人。可见，统战部门在为归国留学人员服务中，并未发挥出应有的作用。

（二）政策保障、畅通渠道、激励机制等方面还需加强

目前来看，归国留学人员所在院系/单位都比较重视发挥他们的作用，53% 的人认为很受重视或比较受重视。但是在实际工作中，归国留学人员发挥作用的政策保障、建言献策渠道和激励机制还不够健全。调查显示，要想更好地发挥归国留学人员的作用，最需在政策保障、建言献策渠道和激励机制上进一步加强。

（三）教育引领、学习实践活动总体评价一般

调查显示，归国留学人员对于教育引领、学习实践活动的主题、内容、形式、活动设计、活动宣传、总结提升、人力物力支持等方面评价一般，还有一定的提升空间。这与当前统战部门的人员编制较少、工作思路不够开阔等有很大关系。图 1 为教育实践活动评价。

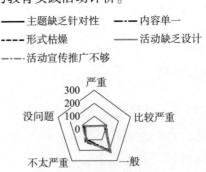

图 1　教育实践活动评价

三、构建新时代归国留学人员统战工作机制

党的十九大报告明确指出,统一战线是党的事业取得胜利的重要法宝,必须长期坚持。要高举爱国主义、社会主义旗帜,牢牢把握大团结、大联合的主题,坚持一致性和多样性统一,找到最大公约数,画出最大同心圆。各高校要树立大统战思维,构建大统战格局,聚焦当前归国留学人员统战工作困境,充分把握归国留学人员群体特征,从归国留学人员的思想政治引领、学校良好环境营造、利益表达机制建立、活动载体创新等多方面构建归国留学人员统战工作机制。

(一)加强思想政治引领,提高归国留学人员的思想理论水平

从调查的数据来看,88.61%的归国留学人员认为有必要开展学习实践活动,其中54.44%认为非常有必要。可见,当前归国留学人员对统战部门组织开展的学习实践活动非常认可。从学习实践活动的主题来看,归国留学人员期待学习习近平新时代中国特色社会主义思想、国家战略方针、政策和社会热点、国情民情。其中,在最想学习的主题中,排在第一位的是习近平思想(190人),第二位的是国家战略仿真政策(124人)。第三位的是社会热点、国情民情(123人)。因此,在思想引领主题、形式等方面应进一步提升工作的针对性,精准切合归国留学人员的需求。

坚持以习近平新时代中国特色社会主义思想为指导,充分发挥统一战线法宝作用,为中华民族伟大复兴构筑共同的思想基础,凝聚磅礴的智慧力量。统战部门要组织归国留学人员等党外知识分子全面学、系统学、反复学习近平新时代中国特色社会主义思想,准确把握新思想新观点新论断,引导广大统一战线成员树立正确的政治意识,始终在思想上政治上行动上同以习近平同志为核心的党中央保持高度一致,自觉维护党中央权威和集中统一领导,坚定"四个自信"①、十九届四中全会精神,对标党的十九大提出的发展目标、总体布局和任务要求,做好战略谋划,更好地发挥执政兴国和实现中华民族伟大复兴中国梦的重要法宝作用,群策群力共谋国家发展。从调研结果

---

① 来源:求是。

可以看出，统战人士更希望开展参观考察、现场教学、社会公益、社会服务、科研项目研究、案例研究等形式的学习实践活动。因此，在具体活动开展中，可依托各地区社会主义学院、干部学院等开展教育实践活动。活动时长以一天或两天为主，根据具体安排可适当延长，可选择寒暑假初期或工作日时间。在理论学习方面，可充分发挥党外知识分子联席会作用，开展党外高层次人才学习会议、同心讲堂等，跟进学习习近平总书记最新讲话精神以及党的最新理论等。针对归国留学人员关注的经济发展、生态环境、教育改革等问题，邀请专家进行分析解读，引导他们思考解决问题的根本途径，并通过自己所学为国家、社会、高校做出贡献。

（二）完善体制机制，提供建言献策、参政议政的平台

建立归国留学人员信息库，掌握归国留学人员信息，这是做好归国留学人员统战工作的前提。高校成立归国留学人员统战工作领导小组，定期研究归国留学人员工作，做好相应服务。建立优秀归国留学人员的推荐、培养和选拔制度。定期召开情况通报会和征求意见座谈会，让党外知识分子充分了解学校情况，并针对人才培养、学科建设、队伍建设等方面提出意见和建议。践行党外知识分子联谊会职能，发挥党外知识分子智库作用，为党外知识分子建言献策、参政议政提供渠道和平台。充分发挥各级人大代表、政协委员的作用，定期召开提案征求会或专项工作讨论会，积极为地区发展、学校发展献计献策。

（三）营造优良教学科研环境，增强归国留学人员回国就业的归属感

统战部门要积极发挥作用，切实做好"了解情况、掌握政策、调整关系、安排人事、增进共识、加强团结"，同学校各部门协调配合，为归国留学人员提供良好的环境保障。为他们教学科研创造条件，尤其是刚刚回国的一段时间，人际关系、校园环境等各方面还不是很熟悉，需要完善的服务体系，帮助他们缩短适应期限，尽快融入学校环境，投身教学科研。构建完善的子女入托、入学保障机制，解除教师的后顾之忧。提供周转房等，缓解经济压力。开展座谈沙龙、心理辅导等，关注教师的心理健康。增强归国留学人员的学校归属感，激发归国留学人员的主人翁意识，使他们能够爱校、荣校、共同

建设学校。

（四）发挥留学人员联谊会作用，增进归国留学人员的沟通交流

习近平在欧美同学会成立100周年庆祝大会上的讲话指出，面对新形势、新任务，中国留学人员联谊会（以下简称"留联会"）要努力成为留学报国的人才库、建言献策的智囊团、开展民间外交的生力军，把广大留学人员紧密团结在党的周围。新时代，归国留学人员数量不断增多，留联会要充分发挥优势，在思想引领、凝聚力等方面发挥作用，切实把留学人员思想凝聚起来、行动引导起来。目前，大部分高校的留联会班子成员都由知名专家学者组成，他们具有强劲的科技创新能力、较大的学术影响力、广泛的国内外人脉。应充分发挥留联会班子成员传、帮、带、引的作用，积极为新留学回国人员提供信息交流与沟通、人员活动场所等帮助。通过留联会了解归国留学人员政治诉求、愿望、意见建议等。通过定期开展理论讲堂、学习论坛等活动，引导广大归国留学人员深入学习贯彻习近平新时代中国特色社会主义思想，形成政治共识。组织开展适合留联会成员特点的联谊活动、社会公益活动，丰富文化生活，加强高校间、教师间的沟通和交流，适应国内生活和工作环境。通过开展报国论坛、创业论坛等激发归国留学人员的爱国热情，推动报国实践。开展科研相关领域的交流与合作，尤其是在项目申报、科技攻关、实验室建设等工作中组织和推动海外留学人员为国服务。

（五）发挥侨联纽带作用，增强归国留学人员的凝聚力

在归国留学人员中，有很大一部分具有归侨身份，侨联组织要发挥桥梁和纽带作用，深入学习贯彻习近平总书记关于侨务工作的重要论述，不断推进侨联工作改革创新。深入侨胞，深入实际，了解侨胞所思、所需，为侨胞多办实事和好事。发挥典型示范、引导带动作用，积极开展形式多样、富有"侨"特色的创新活动，广泛凝聚侨心、汇聚侨智、发挥侨力。利用侨联的平台优势，积极发挥归国留学人员的特色优势。构建"地方侨联+大学侨联+校友会"模式，不断扩大联系面、增强凝聚力。探索建立以项目为牵引，广泛联络海外校友、校内外具有归侨身份专家学者的合作模式，为学校事业发展、地区经济建设等凝聚力量，为国家科技、经济、社会发展等发挥独特作用。

参考文献

[1] 贺俊杰,伍小龙.新时代归国留学人员统战工作机制研究[J].浙江理工大学学报(社会科学版),2016,3(36):292-297.

[2] 杨卫敏."两个一百年"视阈下统一战线发展战略前瞻[J].统一战线学研究,2018,2(1):5-18.

[3] 高瑞静,白莽.新时代首都高校归国留学人员统战工作的对策与思考[J].北京教育·高教,2019(7-8):121-122.

[4] 刘亮红.习近平总书记关于加强党对统一战线工作的领导思想研究[J].湖南省社会主义学院学报,2019(5):7-11.

[5] 张俊杰.新时代归国留学人员统战工作现状与对策研究[J].福建省社会主义学院学报,2018(6):78-84.

我校留学归国青年教师的入党动机及影响因素调查研究

课题负责人：王　娟

绪言

一、研究意义

随着改革开放的深入推进和对外文化交流的频繁开展，越来越多的青年人才留学海外。党和政府始终非常重视对留学归国人才工作的支持，海归人才一直是国内高校与科研机构引进人才的主体。近年来，高校中的留学归国青年教师逐渐成为教师群体的新生力量和中坚力量。

根据《国家自然科学基金青年科学基金项目管理办法》以及《国家社会科学基金青年科学基金项目管理办法》等文件的相关规定，本课题特界定我们的研究对象"留学归国青年教师"是指，年龄在 40 周岁以下，在国外或境外获得学历或者完成访学任务后，归国在高校从事教育教学或者科研工作的专职一线教师。留学归国青年教师属于高层次人才，他们拥有扎实的专业底蕴与开阔的国际化视野，具有学历高、潜在业务能力强的优势，同时通常具有较强的个性追求和多元的价值取向。高校应关注他们的成长成才，提供必要的服务和保障，加强思想引领和政治导向，积极培养并鼓励他们加入党组织。留学归国青年教师应当坚定理想信念，不断追求进步，坚持社会主义核心价值观，坚持走中国特色社会主义道路，加强对社会主义理论体系的学习和掌握，回馈祖国，服务社会。

近年来，我校高度重视人才引育工作，实施"人才强校"战略，推进实施各种人才项目，完善人才引进与人才培养的各项政策，厚植人才扎根沃土，优培人才发展生态,为优秀人才提供良好的发展平台和条件保障,面向海内外延揽青年优秀人才。随着政策的不断完善,我校留学归国青年教师的数量日益增多。这些青年教师在教学和科研中直接面对广大学生,其思想和言行对学生的影响很大。同时,这些青年教师的思想政治水平和具体行为,对于所在工作团队和学科发展也产生直接的促进作用。

"办好我国高等教育,必须坚持党的领导,牢牢掌握党对高校工作的领导权,使高校成为坚持党的领导的坚强阵地。这一点任何时候都不能有丝毫动摇"。针对习近平总书记的要求,我校党委切实发挥领导核心作用,不断加强和改善对学校思想政治工作的领导。我校倡导大思政的教育理念,不断全面加强党建和思想政治工作,以思想工作作为生命线,把立德树人作为检验学校一切工作的根本标准,坚持把提高青年教师思想政治素质和师德水平放在青年教师队伍建设的首要位置,特别强调各级党组织应不断加强对包括留学归国青年教师在内的青年教师群体的思想引领和政治把握,统筹高端人才工作全局,把促进该群体的业务能力提升与政治素养培养有机统一起来,确保学校始终成为培养社会主义事业建设者和接班人的坚强阵地。为深入学习贯彻习近平新时代中国特色社会主义思想和党的十九大精神,学校加强对新入职教师包括广大留学归国青年教师的理想信念教育,强化思想引领,传承延安精神。学校面向这些青年教师开设"觅寻延安根,重塑军工魂"延安培训班,在学校诞生的"红色原点"延安,青年教师集体回顾学校创校发展的奋斗历程,促使"延安根、军工魂"的思想教育入脑入心。

因此,全面、深入调研我校留学归国青年教师的基本生活状态、思想动态特别是其入党动机等政治倾向及其影响因素,有利于各级党组织及时掌握该群体的思想政治状况,从而不断拓展工作思路,创新工作载体,创新开展针对性的工作,帮助留学归国青年教师扎根北理校园,传承延安精神,不忘初心,再展宏图,深度打造一支政治素质过硬、业务能力精湛、育人水平高超的高素质青年教师队伍,以加速推进学校"双一流"建设宏伟目标的实现。

概言之,本课题拟以问卷调查、个案访谈等方法,对我校留学归国青年教师群体的基本生活状态、思想动态特别是入党动机等政治倾向及其影响因素进行调研,针对存在的共性以及典型问题,从思想教育、人文关怀、制度建设等方面,提出加强和改进我校留学归国青年教师思想政治工作的指导原则与具体对策、建议,因此本课题具有深刻的现实意义和理论指导意义。

二、研究思路和方法

1. 研究目标

针对当前我校留学归国青年教师数量的日益增多,以及他们在我校立德树人教育事业中的独特优势,为充分激发该部分教师群体的工作热情,更好地发挥党对他们的思想引领与政治把握的关键作用,本课题拟以问卷调查、个案访谈等基本调研方法,辅以文献分析、比较研究的手段,对于我校留学归国青年教师的基本生活状态、思想动态特别是其入党动机等政治倾向及其影响因素进行实际调研,针对存在的共性问题以及典型问题,尝试从思想引领、人文关怀、制度建设等方面,提出加强和改进我校留学归国青年教师的思想政治工作的指导原则与具体对策,帮助留学归国青年教师扎根北理校园、传承延安精神,有效促进该教师群体的个人成长和我校教育教学工作的共同发展,由此加速推进学校"双一流"建设宏伟目标的实现。

2. 研究思路

(1) 利用现有研究成果和相关基础文献,对于改革开放以来高校留学归国青年教师的思想状况进行历史性回顾,阐述高校党组织加强对留学归国青年教师群体的思想引领和政治把握、统筹高端人才工作全局的重要战略意义。

(2) 制定科学合理的调研问卷,以问卷调查为主、辅以个案访谈等基本调研方法,依托学校组织部、人事处、教务处、国际交流处、教师工作部、学生工作部等部门以及各学院的支持与帮助,面向我校留学归国的青年教师实施调研,全面了解该群体的思想动态特别是其入党动机等政治倾向及其影响因素,在此基础上概括主要特点与发展规律。

(3) 将调研数据的量化处理与调研内容的质性分析有机结合起来,分析我校留学归国青年教师的思想政治状况出现的共性问题与典型问题,尝试从思想引领、人文关怀、制度建设等方面,有针对性地提出加强和改进留学归国青年教师思想政治工作的指导原则与具体对策、建议,旨在深度打造一支政治素质过硬、业务能力精湛、育人水平高超的高素质人才队伍。

3. 研究方法

(1) 文献分析。利用现有研究成果和相关基础文献,对于改革开放以来高校留学归国青年教师的思想状况进行历史性回顾，以期发现现存问题和努力方向。

（2）个案访谈。择取不同学科领域的典型个案，对我校部分留学归国青年教师进行一对一的深度访谈，并对访谈内容进行理论分析和总结概括，为本项调研积累鲜活案例和具体素材。

（3）问卷调研。面向我校留学归国的青年教师，认真制定科学合理的调研问卷，在学校各职能部门的支持与帮助下，尽可能实施全员式调研，以全面了解该群体的思想政治状况，在此基础上概括其主要特点与发展规律，并根据存在的共性问题与典型问题提出针对性的指导原则与具体对策、建议，为学校各级党组织出谋划策，帮助广大留学归国青年教师积极向党组织靠拢，增强思想素质、坚定理想信念，努力培养社会主义事业的建设者和接班人。

三、研究过程

本课题于2019年8月获批立项，9—12月的主要工作是关注学界动态，进行文献梳理；咨询专家意见，完善研究框架；搜集调查选项，设计调研问卷。预计实施全员式调研，以了解和掌握全校范围内所有40岁以下留学归国的青年教师的政治思想状况。

2020年1月，在相关学院的党务干事及学院领导的支持和帮助下，通过电子邮箱发布调研问卷。然而由于新冠肺炎疫情的突然爆发和蔓延，调研问卷的回收效果并不理想。

2020年春节之后，课题主持人及主要成员由于参加繁重的网课授课任务，教学工作量很大。及至5月，针对邮箱调研的反馈率较低的实际情况，课题组再次在问卷星平台上投放了匿名调研问卷，而且根据疫情的变化以及中国和世界人民抗疫的实际进展，问卷增加了关于疫情和抗疫的调研。总计回收有效问卷46份，涉及理工和人文社科领域，具体包括材料学院、化学学院、宇航学院、机电学院、人文学院、外语学院和马克思主义学院等，调研对象的覆盖面有所扩大，调研数据因此具有一定的代表意义。

此外，对五位留学归国青年教师采取了一对一的深度访谈，作为辅助研究手段帮助我们了解这些青年教师的政治思想动态。

2020年5月，根据组织部党建研究会的统一部署，整理分析调研数据，撰写调研报告，提交结项申请。

第一部分　我校留学归国青年教师的基本信息分析

本课题设计了一份调研问卷，采取量表式测量法，实行全员调研和单一样本相结合的方法。设计内容分为五个方面，即个人基本信息、留学归国基本情况、政治面貌、入党动机及其影响因素。此部分重点介绍留学归国青年教师的个人基本信息、留学归国情况、政治面貌三大方面的情况，并进行必要的分析。

（一）个人基本信息

1. 性别

数据显示：参与调研的青年教师男女性别比例为67.39%与32.61%（图1），与我校男女教师整体性别比例基本吻合。

2. 年龄

数据显示：参与调研的40岁以下青年教师年龄分布主要集中在30~35岁，其次是36~40岁，分别为47.83%与43.48%；有少部分小于30岁，占比8.7%（图2），这显示出我校留学归国青年教师整体年轻化的状况与趋势。

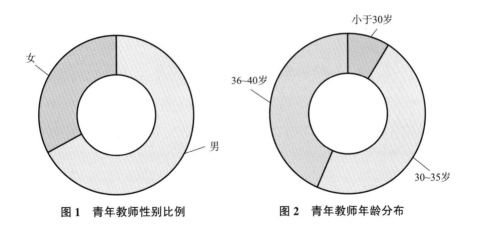

图1　青年教师性别比例　　　图2　青年教师年龄分布

3. 民族

数据显示：参与调研的青年教师绝大部分为汉族，极个别为少数民族（图3）。

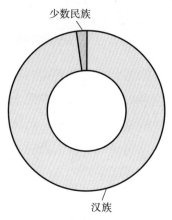

图 3　青年教师民族分布

4. 籍贯

数据显示：参与调研的青年教师籍贯所在地大多为中东部地区，多来自我国当前区域经济、社会发展、教育水平比较发达的地区（图4）。

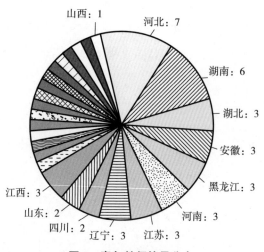

图 4　青年教师籍贯分布

5. 最高学历或学位

数据显示：参与调研的青年教师绝大多数拥有博士学位（或者博士后出站），仅个别为硕士学位，这显示出这些青年教师普遍高学历化，拥有优质的教育资源与背景（图5）。

6. 专业或学科分布

数据显示：参与调研的青年教师从学院/学科或者专业分布来看，大部分为自然科学/理工学科或者交叉学科，少部分为人文哲社经管学科，与学校理工经管人文综合发展的办学态势基本吻合（图6）。

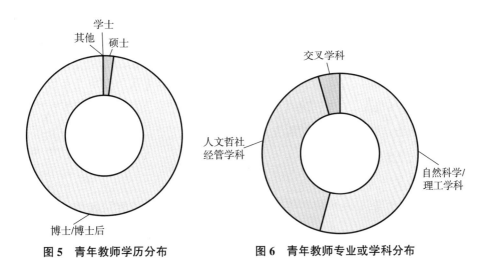

图5　青年教师学历分布　　　　图6　青年教师专业或学科分布

7. 宗教信仰

数据显示：参与调研的青年教师绝大部分没有特定的、明确的宗教信仰，极个别选择"说不清楚"或者"不愿谈这个问题"（图7）。

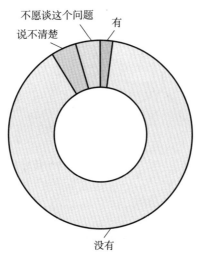

图7　青年教师宗教信仰分布

小结：调查数据显示，我校 40 岁以下留学归国教师男性教师居多，汉族居多，多来自中东部经济发达地区，几乎全部拥有博士学位，无特殊的宗教信仰，大部分是理工科专业，少部分是人文社科专业，显示出鲜明的年轻化态势和高学历的特点。

（二）留学归国基本情况

8. 曾经留学的次数

数据显示：参与调研的青年教师大部分出国留学 1 次，其次为 2 次，分别占比 76.09% 与 19.57%；另有极少数出国学习或访学的次数超过 3 次（图 8）。这显示出这些青年教师拥有丰富的出国留学经历，这是他们开展教学与科研工作的坚实基础和有利条件。

9. 单次留学持续的时间

数据显示：参与调研的青年教师大部分拥有出国学习时间超过 1 年的经历，我们看到，甚至一半左右的青年教师在国外留学时间为 3 年以上（图 9）。长时间的留学生涯，必定会对他们的知识提升、思想感悟、生活能力、文化互鉴乃至政治信仰产生不可忽视的作用。

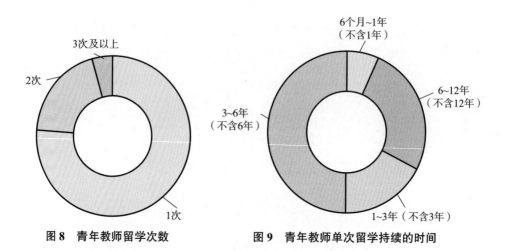

图 8　青年教师留学次数　　　图 9　青年教师单次留学持续的时间

10. 留学年代

数据显示：参与调研的青年教师绝大部分是在 21 世纪出国留学，特别是有超过 4/5 的青年教师是在 2010 年以后出国留学的（图 10）。这显示出他们是在新时期成长起来的新生一代的鲜明特点。

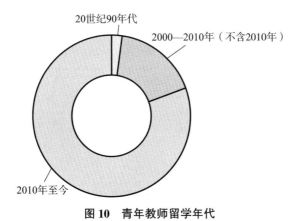

图10 青年教师留学年代

11. 在何处留学

数据显示：参与调研的青年教师大部分选择欧美发达国家与地区出国学习，另有少数到澳洲与亚洲学习（图11）。其中，不出意料的结果显示，到世界头号大国美国留学/访学是多数人的选择（图12）。

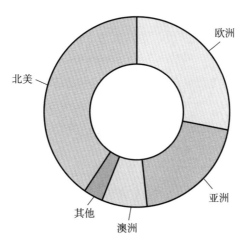

图11 青年教师留学国家或地区（1）

12. 留学基金支持

数据显示：参与调研的青年教师一半以上受到国家留学基金委的资助支持，其次是外方学校或者科研项目组的邀请、自费以及学校或者单位的资助（图13）。

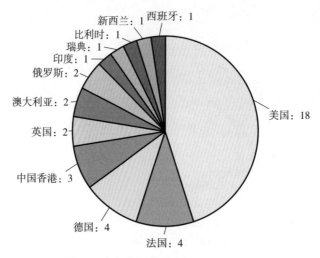

图 12　青年教师留学国家或地区（2）

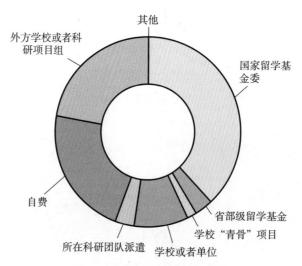

图 13　青年教师留学基金支持

13. 归国时间

数据显示：参与调研的青年教师大部分是近 5 年以来归国，仅有 1/5 左右是 5 年前归国，最近一两年归国占比一半（图 14）。这显示出这些青年教师作为学校教学科研工作的新生力量，必须予以重视他们的工作、生活、思想状况。

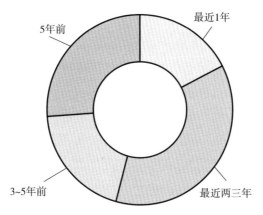

图 14 青年教师归国时间

小结：调查数据显示，我校留学归国青年教师大部分出国留学次数超过 2 次，单次出国学习时间基本超过 1 年，甚至一半左右留学时间为 3 年以上，超过 4/5 的青年教师是在 2010 年以后出国留学的，大部分选择赴欧美发达国家与地区留学，一半以上受到国家留学基金委的资助支持，最近一两年归国者占比一半。这显示出他们是在新时期成长起来的新生一代的鲜明特点。

（三）归国后的基本情况

14. 归国后对自己生活状况的满意程度

数据显示：参与调研的青年教师对于归国后自己的生活状况，大多选择非常满意、满意和基本满意，占比大致分别为 32%、52%、13%，结果比较令人欣慰（图 15）。

15. 归国后对自己工作状况的满意程度

数据显示：参与调研的青年教师对于归国后自己的工作状况，大多选择非常满意、满意和基本满意，占比大致分别为 28%、50%、20%，结果比较令人

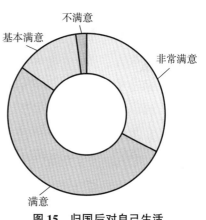

图 15 归国后对自己生活状况的满意程度

欣慰（图 16）。但可以看出，对于工作的满意程度相比对于生活的满意程度，他们选择"基本满意"的比分略有增加、选择"非常满意"的比分略有下

降，显示出他们对于工作的满意程度稍差。

16. 归国后对自己专业发展的满意程度

数据显示：参与调研的青年教师对于归国后自己的专业发展状况，大多选择非常满意、满意和基本满意，占比大致分别为26%、52%、20%，结果比较令人欣慰（图17）。这一项与他们对于工作的满意程度基本吻合。

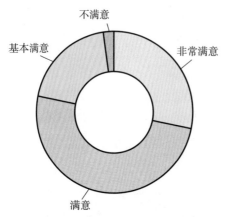

图16 归国后对自己工作状况的满意程度　　图17 归国后对自己专业发展的满意程度

17. 归国后面临的主要困难

数据显示：参与调研的青年教师遇到的困难，主要集中在科研压力、经济负担、教学任务、身体锻炼、职业发展等方面，按照比例多少，他们遇到的困难依次为：第一，学术资源有限，评价指标较高，科研压力大；第二，经济负担过重，特别是住房问题没有得到很好解决；第三，教学任务繁重，投入时间很多；身体状况不佳，没有足够时间进行锻炼；第四，职业发展空间有限，脱颖机制不健全；第五，家庭中教育子女、赡养父母或配偶关系出现问题；第六，情绪低落，感觉有心理问题。也有少数表示遇到的困难还表现为团队建设机制不佳、会议太多等具体问题。这些青年教师遇到的方方面面的实际困难，提示我们应该给予充分的关注，应解决他们的后顾之忧，创造条件推动他们的教学与科研工作更好地发展。具体见图18。

18. 归国后遇到问题时，通常寻求的解决途径

数据显示：参与调研的青年教师在归国后遇到困难的时候，往往会通过家庭成员或者自我消解，占比7/10；也有少部分会寻求学校或者学院党组织

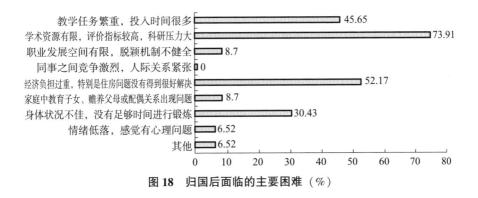

图 18 归国后面临的主要困难（%）

帮助解决；还有少数通过网络或者社会人员予以解决。这提示学校或者学院党组织应发挥积极作用，帮助这些优秀青年教师解决各种实际困难，从而增强他们的归属感和集体意识。具体见图 19。

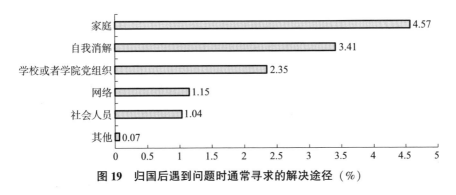

图 19 归国后遇到问题时通常寻求的解决途径（%）

19. 十八大以来主要关注哪些问题

数据显示：参与调研的青年教师十八大以来主要关注的问题，按照占比多少依次为：民生问题、国际形势、科技创新、环境保护、文化建设、金融财政、反腐倡廉、军事问题等，显示出他们既普遍地关注与切身利益相关的民生问题，也关注天下大事，了解国际形势；同时也关注体现学校办学特色的科技创新方面；另外对关乎民族发展前途的环境、文化建设、党建等重大问题，也落入他们的观察视野，这都是值得肯定和令人欣慰的表现。具体见图 20。

20. 对于中国特色社会主义理论体系及习近平新时代中国特色社会主义思想的认知状况

数据显示：参与调研的青年教师对于中国特色社会主义理论体系及习近

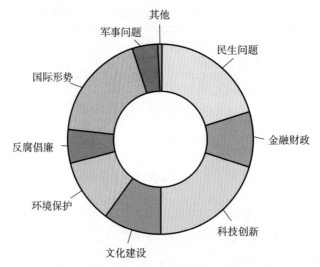

图20 青年教师十八大以来主要关注的问题

平新时代中国特色社会主义思想这些重大的政治问题,绝大多数选择"非常了解,并强烈认同",其次是"有一定了解,比较认同";只有极个别选择"不太了解"与"不关心、不感兴趣"。这提示我们对于这些优秀的青年教师,政治思想教育一刻不可松懈,要常抓常落实。具体见图21。

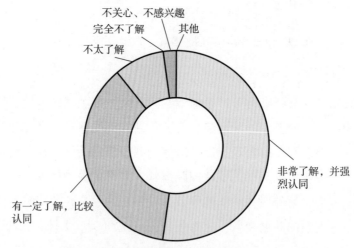

图21 青年教师对于重大政治问题的认知状况

21. 对于此次新冠肺炎疫情的认识

数据显示:参与调研的青年教师对于此次新冠肺炎疫情中国抗疫战斗的

实践认识比较一致,大家对于以下几个方面形成高度的共识:第一,彰显了中国特色社会主义的制度优势,是中国制度自信的直接反映;第二,疫情防控阻击战取得重大战略成果,是中国国家治理体系优势的直观体现;第三,中国抗击疫情的实践,表明中国愿同世界各国一起,共同构建人类卫生健康共同体,共同构建人类命运共同体;第四,也暴露出我国公共卫生应急管理体系建设存在短板和不足,一些国家借疫情对中国"污名化";第五,疫情对全民提供了一次有利的国情教育,是一堂生动的思政大课;第六,国际社会对于中国抗击疫情的努力,总体上给予充分肯定。这显示出他们成熟的理性认知程度和较强的理论判断力。具体见图22。

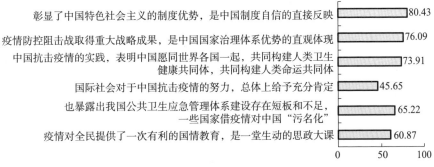

图22 青年教师对于新冠肺炎疫情的认识(%)

小结:数据显示,青年教师对于归国后自己的生活状况、工作状况、专业发展,大多比较满意,结果比较令人欣慰。归国后遇到的困难,主要集中在科研压力、经济负担、教学任务、身体锻炼、职业发展等方面。遇到困难时,他们往往会通过家庭成员或者自我消解,也有部分会寻求学校或者学院党组织帮助解决。归国后主要关注的国家大事依次是民生问题、国际形势、科技创新、环境保护、文化建设等;他们对于中国特色社会主义理论体系及习近平新时代中国特色社会主义思想表示认同,也有一定的了解。对于此次新冠肺炎疫情的认识比较一致,形成较为高度的认识,认为彰显了中国特色社会主义的制度优势,是中国制度自信的直接反映;疫情防控阻击战取得重大战略成果,是中国国家治理体系优势的直观体现;中国抗击疫情的实践,表明中国愿同世界各国一起,共同构建人类卫生健康共同体,共同构建人类命运共同体。

（四）政治面貌

22. 政治面貌

数据显示：参与调研的青年教师大多数已加入中国共产党（图23），显示出他们积极的政治觉悟和我校教师党员队伍的壮大。

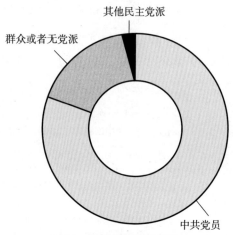

图 23　青年教师政治面貌

23. 党龄

数据显示：参与调研的青年教师有一半以上拥有10年的党龄，有1/3的党龄在5~10年，党龄在5年以内者占也有一小部分（图24）。这显示出他们较早地选择了对于共产主义的信仰和实践。

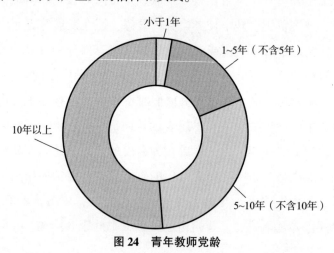

图 24　青年教师党龄

24. 在何时何地入党

数据显示：参与调研的青年教师大部分在国内大学或者研究生时期就加入了党组织，甚至有小部分早在高中时期就光荣地加入了中国共产党，另外有少数是归国工作时期加入党组织的（图25）。

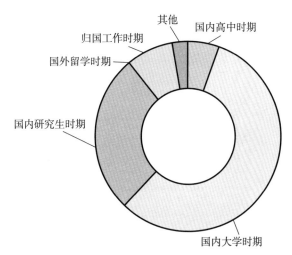

图 25　青年教师入党时间地点

小结：调研显示，我校留学归国青年教师大部分已加入中国共产党，有一半以上拥有10年的党龄，有1/3的党龄在5～10年。大部分在国内大学或者研究生阶段就加入了党组织，另外有少数是归国工作时期加入党组织的。

第二部分　我校留学归国青年教师的入党动机分析

25. 如果你是党员，那么你的入党动机是什么？

根据这些留学归国青年教师的年龄、学习、受教育背景，专业基础，学科特点等基础和实际情况，本课题组尽可能全面考虑，设计、罗列了以下几项入党动机。第一，积极自愿入党：深切了解党史，敬仰优秀党员人物，对中国特色社会主义共同理想充满信心，愿意奉献自己的才智，服务社会，实现自身价值；第二，务实心理：认为入党可以促进个人事业更好地发展，比如利于职称评定、评优等，从而更好地自我发展；第三，随波逐流的心态：感觉无所谓，愿望不强烈，某个时机合适就选择了入党；第四，政策规定：个人工作性质需要党员身份。概括而言，入党动机无外乎四种：端正的入党动机；务实心理；随波逐流的心态；政策规定，以及其他。

数据显示：参与调研的青年教师大多数的入党动机很端正、积极。他们选择自愿入党，他们认为自己对于党史有比较深切的了解，对中国特色社会主义共同理想充满信心，愿意通过加入党组织，不断地锻炼和提高自己，奉献自己的聪明才智，服务社会，从而也实现自身的价值。

当然，我们也看到小部分的青年教师，他们认为自己入党动机很务实，一方面入党可以显示自己追求上进的政治态度，另一方面同时可以很好地促进个人事业的发展，有利于工作岗位职称评定、评优等工作，从而更好地发展自我，可谓一举两得。

还有极小数的青年教师心态比较随意，采取随波逐流的态度，入党的心愿不是很积极，也不是很主动，愿望也不是很强烈，在某个合适的机会选择加入了党组织。

具体情况如图26所示。

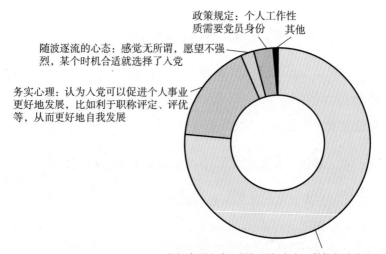

图26　留学归国青年教师入党动机分析

以上这些入党动机尽管具有分层化特征，但是我们应该自信地认为，这些留学归国青年教师的入党动机从主流上而言是积极的、端正的，值得肯定和鼓励。这也从一个侧面反映出我校人才引进工作非常成功，引进的高端年轻人才的政治素养是合格的、优秀的。

第三部分 我校留学归国青年教师入党动机的影响因素分析

26. 如果你已是党员，你的入党动机的影响因素有哪些？

考虑到这些留学归国青年教师的实际经历以及他们所处的成长与工作环境，我们经过讨论后尽可能全面地设计了一些影响因素，主要包括党建因素、国情因素、家庭因素、教育因素、工作环境因素、网络舆论因素、人际关系因素、个人性格因素、留学经历因素、宗教因素等。我们试图观察到底是哪些因素发挥主要作用，导致这些青年教师选择加入党组织。

数据显示，56.76%的青年教师认为，是家庭的正面教育和氛围影响了自己的决定；43.24%的青年教师认为，是上学时期学校的思想政治理论教育发挥了推动作用；37.84%的青年教师认为，是党自身执政能力的表现与影响，对自己产生了深深的吸引力、感召力；分别有大致16.22%的青年教师认为，是媒体舆论的积极影响，身边人际网络中某些优秀人物的积极影响，国外留学期间的学习、生活经历，使自己对党和祖国产生深沉的感情，促使自己做出入党的决定；还有8.11%的教师指出，是工作时期所在单位的思想政治理论教育发挥了引领作用；另外，18.92%的青年教师承认，上学时期或工作单位曾指派入党名额或者下达入党任务，自己在这种情况下加入了党组织。具体情况如图27所示。

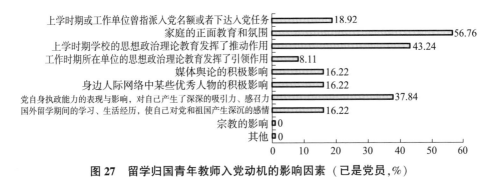

图27 留学归国青年教师入党动机的影响因素（已是党员,%）

由数据可知，多数留学归国青年教师党员选择入党，做出加入党组织的庄重抉择，是受到正能量的影响，受到正面的推动作用，例如党自身的感召力、良好的家庭教育、学生时代以及工作阶段接受到较好的政治思想理论教育、网络以及现实人际关系中正面优秀人物的潜移默化的影响、留学归国期间通过对比和思考做出的严肃的选择，等等。这提示我们，对于青年教师应该继续进行政治思想理论教育，积极树立典范人物，不断提高党员的党性修养和理论水平，锤炼自己的党性原则。

27. 如果你目前还不是党员，那么你会选择入党吗？

数据显示，目前仍未加入党组织的青年教师，他们表示今后愿意加入党组织的比例高达77.78%，犹豫不决者的比例为11.11%（图28）。这说明党对于这些优秀人才具有强大的吸引力和感召力，成功吸收他们加入党组织是值得期待的事情。

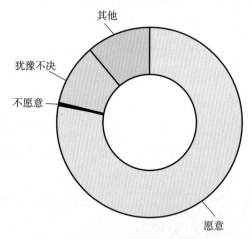

图28　选择入党的因素（不是党员）

28. 如果你目前不是党员，你的入党动机的影响因素有哪些？

同样地，由于少部分留学归国的青年教师目前仍未加入党组织，我们也需要调研他们未来自愿选择入党的影响因素有哪些。考虑到这些留学归国青年教师的实际经历以及他们所处的成长与工作环境，我们经过讨论后尽可能全面地设计了一些影响因素，这些因素与上面已经入党的党员的影响因素大致类似，主要也包括党建因素、国情因素、家庭因素、教育因素、工作环境因素、网络舆论因素、人际关系因素、个人性格因素、留学经历因素、宗教因素等。我们也试图考察到底是哪些因素促使这些青年教师选择加入或者不加入党组织。

对于这些仍未加入党组织的青年教师而言，对他们入党动机发挥重要影响作用排列前几位的因素依次是：党自身执政能力的表现与影响（55.56%）、工作时期所在单位的思想政治工作（55.56%）；国外留学生活经历的影响（44.44%）、现实生活或身边人际关系中某些人物的影响（22.22%）；除此之外，还有宗教因素、个性因素以及网络的影响等。具体如图29所示。

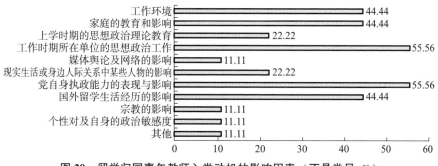

图29　留学归国青年教师入党动机的影响因素（不是党员,%）

这些影响因素的发现和判定极具理论指导意义。特别是对于留学归国的青年教师，他们的心智发育、价值观和政治信仰已经相当成熟，有自己较为明确而坚定的判断力，但调研显示他们还是愿意看到自身执政能力不断走向成熟的党的吸引力，他们也承认学校现阶段开展政治思想教育的必要性。这提示我们必须持续开展政治思想教育工作，加强党对这些优秀人才的帮助和引导，争取尽可能多的优秀人才早日加入党组织，从而壮大党员队伍。

第四部分　党加强留学归国青年教师政治思想教育工作的建议

29. 如果你已经是党员，你认为学校各级党组织应该从哪些方面加强对于留学归国青年教师政治思想状况的引导作用？

数据显示，接受调研的已经加入党组织的青年教师中，更关注队伍建设、个性化发展、基本生活保障以及制度化的政治思想教育机制等。其中，81.08%的人认为，应该加强队伍建设，关心教师的成长环境、专业发展、学术能力的发挥；78.38%的人认为，应该搭建有利平台，创造宽松的工作环境，尊重个性化发展；56.76%的人认为，应该满足物质生活基本保障的需求；43.24%的人认为，在政治思想引领方面，学校应该制定相应的评价、奖惩、督促、激励等机制；还有35.14%的人认为，应该进行必要的思想政治理论教育及培训。具体如图30所示。

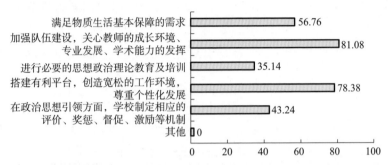

图30 学校各级党组织加强留学归国青年教师政治思想状况引导的方面（已是党员,%）

30. 如果你目前仍未是党员，你认为学校各级党组织应该从哪些方面加强对于留学归国青年教师政治思想状况的引导作用？

数据显示，接受调研的仍未加入党组织的青年教师的建议，与已经加入党组织的青年教师的建议基本一致，也是比较关注队伍建设、个性化发展、基本生活保障以及制度化的政治思想教育机制等方面。其中，66.67%的人认为，应该加强队伍建设，关心教师的成长环境、专业发展、学术能力的发挥；应该搭建有利平台，创造宽松的工作环境，尊重个性化发展；应该满足物质生活基本保障的需求；22.22%的人认为，在政治思想引领方面，学校应该制定相应的评价、奖惩、督促、激励等机制；应该进行必要的思想政治理论教育及培训。具体如图31所示。

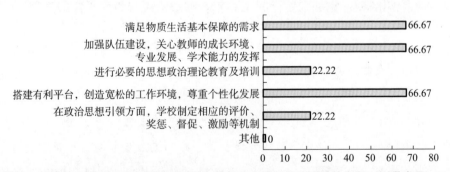

图31 学校各级党组织加强留学归国青年教师政治思想状况引导的方面（不是党员,%）

建议与对策

根据调查结果显示，我校留学归国青年教师的思想状况和政治认知态度总体是很好的，是令人欣慰的。他们思想活跃，热爱生活，知识渊博，对未来充满憧憬，拥护党的各项方针政策，对于社会主义国情有较多的了解，对个人和国家的未来普遍充满信心，是服务于学校立德树人目标的有生力量。

但是不可否认，仍然存在一些不容忽视的问题，主要表现为：政治敏感度不高，思想多元化趋势显著；对于政治理论学习的热情度不高，积极性不够；国内外生活条件反差较大，可能会产生不满和失望情绪。由于小部分留学归国人员受西方价值观念和生活方式影响较深，对我国的国情政策缺乏深刻的了解，他们可能既不满意西方意识形态，同时对于中国特色社会主义理论了解有限，加上个人的政治敏感度较弱，甚至可能具有较强的个性防御性，因此不轻易表达自己的政治诉求。因此我们应当在尽力创造条件满足他们的物质生活需求、提高他们对于生活和工作的满意度的同时，多进行人文关怀、思想教育和政治引导。

根据调研显示我校留学归国青年教师的思想动态的特征和实际，学校应遵循"以人为本、科学发展"的原则来开展工作和创新思路。在具体调研结果的基础上，我们提出加强留学归国青年教师政治思想教育工作的具体建议和对策如下：

加强党对留学归国青年教师的思想指导和政治引领，统筹全局发展，积极创新工作思路，既高瞻远瞩，又因地制宜，开展各项针对性工作。各级党组织应统筹全局发展，拓展工作思路，创新工作平台，将提升该群体的业务能力和政治素质的任务统一起来，因地制宜地开展针对性的工作。例如为他们设置思想导师，及时解答现实困惑；举办留学归国青年教师联谊会，开展各种形式的沙龙、座谈会、论坛等活动，加强联系和联络，增进感情，增加他们对于学校的归属感、亲近感、自豪感；运用现代科技手段，建立留学归国人员统战工作专门网站，制作相关网页，鼓励建立留学归国人员的微博或微信群，加强联系，增强引导；推荐和支持他们参加各种形式的政治培训班，增加党史、党建知识，增加对于当前新时代中国特色社会主义国情和理论的理解，提高党性认识，不断提高归国留学人员的思想理论水平，加强政治引导。

　　深化制度体制改革,加强和完善对于留学归国优秀人才的管理体制、沟通体制、保障机制等;进行人文关怀,加强联络联系。坚持公平公正,深化职称改革体制、收入分配制度、岗位竞聘制度等,切实帮助解决实际生活当中的困难和问题,提高生活质量,从而解决后顾之忧,增加组织的凝聚力;建立畅通高效的沟通机制,设立"领导接待日""校长信箱"等亲民项目,及时听取他们的意见、建议和想法;设立广泛的民主监督和听证制度,充分允许他们合理表达意愿,体现出组织上对他们的合理愿望的保护和尊重;注重制度建设和人文关怀,增强高校归国留学人员的归属感和向心力;实行定期走访制度,加强与归国留学青年教师的联系;主动向他们通报情况,听取意见,并积极引导归国留学青年教师参加学校重要科研活动及重大科研决策,引领他们围绕学校改革发展建言献策。

　　总之,学校应关注他们的成长成才,切实提供必要的服务和保障,加强思想引领和政治导向,积极培养并鼓励他们加入党组织。各级党组织应积极帮助广大留学归国青年教师积极向党组织靠拢,深度打造一支政治素质过硬、业务能力精湛、育人水平高超的高素质人才队伍,帮助他们增强思想素质、坚定理想信念,努力培养社会主义事业的建设者和接班人。留学归国青年教师应当坚定理想信念,不断追求进步,坚持社会主义核心价值观,坚持走中国特色社会主义道路,加强对社会主义理论体系的学习和掌握,回馈祖国、服务社会,实现教师群体的个人成长和我校教育教学工作的共同发展,由此加速推进学校"双一流"建设宏伟目标的实现。

　　特别需要说明的是,尽管我们投入了不少的时间、精力,但由于本项研究自身的复杂性以及受到突发疫情的影响,所以不可否认这份研究报告仍存在一些薄弱之处,主要表现为:未能实现预期的全员调研,被迫实施了局部抽样调研,因此并不足以准确地反映全貌。今后如果有条件的话,我们应该扩大调查范围、增加样本数量,力争全面反映真实情况。此外,从比较研究的角度而言,事实上,我们发现人文社科和理工科留学归国青年教师的政治思想动态是存在差异的,本课题未能进行展开对比,不利于全面总结共性和差异性。总之,由于时间仓促和突发疫情等客观原因,加上课题组主持人及核心成员在疫情时期承担着繁重的网课教学任务,所以本次调研我们的重点是了解掌握学校留学归国青年教师的基本信息和政治思想动态，特别是侧重了解他们的入党动机和影响因素，为学校开展教师政治思想教育工作提供有效的素材和现实参考；但是对于深入思考党加强留学归国青年教师政治思想工作的实务操作方面，还存在一定的薄弱之处，恳请专家批评指正。

最后，衷心感谢对于本课题的调研活动提供大力帮助的以下各部门、学院、教师和学生：党委组织部、马克思主义学院、人文学院、材料学院、化学学院、机电学院、宇航学院等；张荣凤、刘小宁、姚梦迪、谢雨珈、陈禹洪、张爱秀、郑佳然、云玲、郝新红、吴小胜、杨如刚诸位老师；王星乐、张恩箔诸位研究生。感谢大家在课题进行过程中提供的各种帮助和指导。

参考文献

[1] 戴道昆. 留美中国学生学者政治思想状况分析［J］. 长春工业大学学报（高教研究版），2011（3）.

[2] 李萍，吕晓霞. 新时期高校青年留学归国人员思想特点及政治引导思考［J］. 佳木斯教育学院学报，2014（2）.

[3] 万立明，李蕾. 高校归国留学人员统战工作的思考——基于同济大学的调研分析［J］. 上海市社会主义学院学报，2014（3）.

[4] 顾华宁，丁恒康［J］. 留学归国教师思想政治引领工作的途径探析［J］. 重庆职业技术学院，2018（3）.

[5] 郑青. 高校留学归国人员发挥作用的有效途径［J］. 山西煤炭管理干部学院学报，2015（2）.

[6] 叶继红. 江苏留学归国人员国情认知状况调查与思考［J］. 统战理论与实践，2019（3）.

[7] 季燕萍. 新时期下高校留学归国人员思政［J］. 教师教育论坛，2019（3）.